TRAINING

Realschule

Deutsch 7. Klasse

Marion von der Kammer

STARK

© 2020 STARK Verlag GmbH, Claudius-Keller-Str. 3c, 81669 München, info@stark-verlag.de
www.stark-verlag.de
1. Auflage 2008

Inhalt

Autorin: Marion von der Kammer
Illustrationen: Karin Bauer

Hinweise zum ActiveBook

Arbeitest du gerne am **Computer** oder **Tablet?** Der Test am Ende dieses Bandes steht dir als „**ActiveBook**“ auch digital zur Verfügung. Zum ActiveBook gelangst du über die Online-Plattform *MyStark*. Nutze dafür den vorne im Umschlag eingedruckten **Link** und deinen persönlichen **Zugangscode**.

ActiveBook
Interaktives Training

Das ActiveBook bietet es dir:

Einen **interaktiven Abschlusstest**, den du direkt am Computer oder Tablet bearbeiten kannst. Dieser wird sofort ausgewertet, sodass du gleich eine Rückmeldung erhältst, wie gut du deine Sache gemacht hast.

Ein digitales Glossar zum schnellen Nachschlagen der **wichtigsten Fachbegriffe**.

Vorwort

Liebe Schülerin, lieber Schüler,

mit diesem Buch kannst du den **Stoff der 7. Klasse trainieren** und wirst so fit in Deutsch. Das Buch besteht aus vier Teilen:

- Zu Beginn findest du einen **Kompetenzcheck**. Mit ihm kannst du stets deinen aktuellen Leistungsstand festhalten und siehst so auf einen Blick, welche Bereiche du schon bearbeitet hast. Die Checkliste hilft dir auch weiter, wenn du ein ganz bestimmtes Themengebiet suchst.
- In den **10 Kapiteln** erwarten dich vielfältige Texte mit Aufgaben zu allen Bereichen des Deutschunterrichts. Die **Merkkästen** liefern dir das nötige Basiswissen und geben hilfreiche Erklärungen mit Beispielen.

  Zum Trainieren der verschiedenen **Grundkompetenzen** besteht jedes Kapitel aus diesen Abschnitten:
  - *Textsorten kennen* (Textsorten und ihre Merkmale)
  - *Lesestrategien entwickeln* (Verfahren zum cleveren Umgang mit Texten)
  - *Den Text verstehen* (Leseverstehen)
  - *Die Sprache untersuchen* (z. B. Wortarten, Satzbau, Satzarten)
  - *Richtig schreiben* (Rechtschreibung und Zeichensetzung)
  - *Sich schriftlich äußern* (Verfassen von eigenen Texten)

  Schwierigere Aufgaben sind mit diesem Symbol gekennzeichnet. Wenn du sie lösen kannst, hast du schon große Fortschritte gemacht.
- Zum Schluss kannst du mit dem **Test** dein Können in Deutsch unter Beweis stellen. Du hast dabei zwei Möglichkeiten: Entweder löst du den Test **handschriftlich** oder im **ActiveBook**. Das Ergebnis zeigt dir, ob du die Kapitelinhalte insgesamt gut verstanden hast.
- Anhand der **Lösungen** überprüfst du, wie erfolgreich du gearbeitet hast. Sieh aber erst nach, wenn du versucht hast, die Aufgabe selbstständig zu lösen!
- Die wichtigsten **Fachbegriffe** findest du am Ende des Buches oder im digitalen Glossar. Hier kannst du nachschlagen, wenn du etwas nicht verstehst oder vergessen hast.

Viel Spaß und Erfolg beim Üben wünscht dir

So arbeitest du mit dem „ActiveBook“!

Interaktive Aufgaben

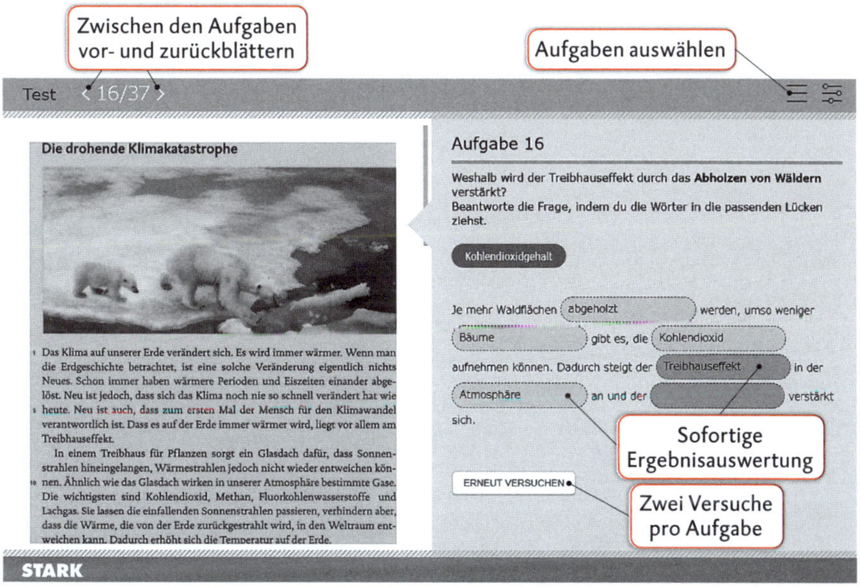

Digitales Glossar

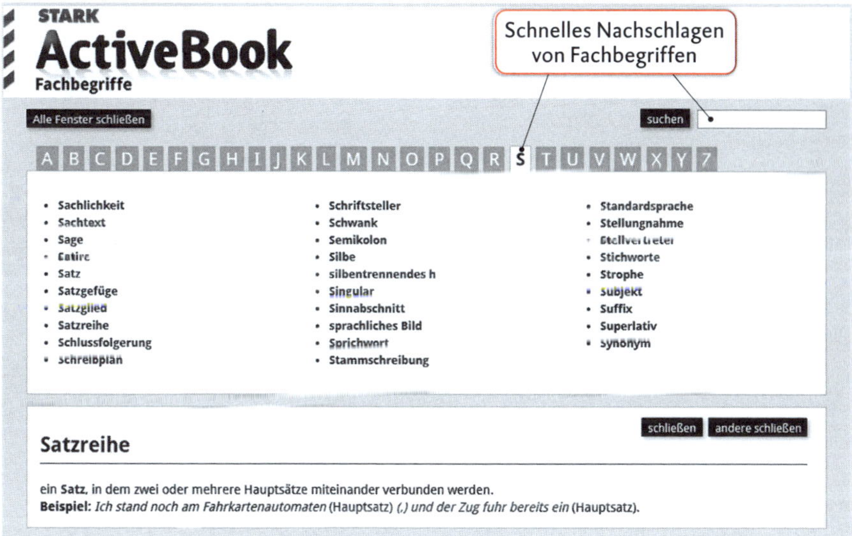

Das kann ich! – Dein Kompetenzcheck

Anhand des Kompetenzchecks kannst du deine Fähigkeiten im Fach Deutsch **selbstständig überprüfen**. Auf diese Weise erkennst du deine **Stärken und Schwächen** – und das ist wichtig für deinen Lernprozess. Denn nur wenn du dich selbst richtig einschätzt, kannst du gezielt das üben, was dir noch Schwierigkeiten bereitet, und deine Leistungen so weiter verbessern.

Geordnet nach den großen Bereichen des Faches Deutsch – **Lesen**, **Schreiben**, **Sprachwissen** – führt die Checkliste alle im Buch behandelten Teilkompetenzen auf (z. B. „Diagramme richtig lesen“, „Satzgefüge“). Dabei ist jeweils auch angegeben, auf welchen Seiten du dazu etwas lernen und üben kannst. Für jede Teilkompetenz nimmst du in der Liste eine Einschätzung deiner Fähigkeiten vor.

Am besten gehst du so mit dem Kompetenzcheck um:

- Zuerst bearbeitest du in einem Kapitel einen bestimmten Abschnitt.
- Anschließend schlägst du den zugehörigen Lösungsteil hinten im Buch auf und überprüfst, welche Aufgaben du richtig bearbeitet hast.
- Erst danach nimmst du im Kompetenzcheck deine Selbsteinschätzung in der entsprechenden Teilkompetenz vor. Kreuze dazu die passende Spalte an:

  Das kann ich gut und sicher.
  Alle deine Lösungen sind richtig.
  → Du kannst dich gleich dem nachfolgenden Abschnitt zuwenden.

  Hier bin ich nicht immer ganz sicher.
  Du hast hin und wieder einen Fehler gemacht.
  → Sieh dir noch mal gezielt die Aufgaben an, die du falsch gelöst hast, und versuche zu verstehen, warum eine andere Lösung richtig ist.

  Das habe ich anscheinend noch nicht richtig verstanden.
  Viele deiner Lösungen sind falsch.
  → Lies in dem Kapitel noch einmal gründlich den entsprechenden Erklärungstext durch. Löse danach die zugehörigen Aufgaben ein zweites Mal. (Decke deine ursprünglichen Antworten einfach ab.)

- So gehst du Abschnitt für Abschnitt vor – bis du alle Kapitel behandelt hast.

Auf diese Weise erhältst du eine **Übersicht** über die von dir bearbeiteten Kapitel und Aufgaben und über deine Kenntnisse auf den jeweiligen Gebieten.

Lesekompetenz

	Seite(n)	🙂	😐	🙁
Textsorten kennen				
Tagebuch	3	☐	☐	☐
Sachtext	19	☐	☐	☐
Diagramm	31 f.	☐	☐	☐
Jugendbuch	46	☐	☐	☐
Kurzgeschichte	61 f.	☐	☐	☐
Lexikoneintrag	75	☐	☐	☐
Sonett	87 f.	☐	☐	☐
Kalendergeschichte	103	☐	☐	☐
Ballade	119	☐	☐	☐
Heldenepos	134	☐	☐	☐
Lesestrategien entwickeln				
Literarische Texte *Handlungsmotive ableiten* *Die Perspektive des Erzählers verstehen* *Textstellen deuten* *Schlüsselstellen markieren*	 5 47 f. 135 136	☐	☐	☐
Sachtexte *Die Meinung des Verfassers verstehen* *Zusatzinformationen einbeziehen* *Den Aufbau eines Textes untersuchen*	 20 33 f. 77	☐	☐	☐
Entstehungszeit von Texten *Den gesellschaftlichen Hintergrund berücksichtigen* *Epochenmerkmale kennen: Der Barock*	 63 89 f.	☐	☐	☐

Genaues Lesen				
Sprachbilder unterscheiden	94 f.	☐	☐	☐
Attribute beachten	104			
Den Klang der Wörter beachten	120			
Schlüsselstellen markieren	136			

Schreibkompetenz

	Seite(n)			
Richtig schreiben				
Groß- und Kleinschreibung				
Großschreibung	13 f.	☐	☐	☐
Nomen mithilfe der Weglassprobe erkennen	14 f.			
Großschreibung von Nominalisierungen	83 f.			
Zeichensetzung				
Satzgrenzen richtig markieren	26 f.			
Komma bei der Aufzählung	55 f.			
Komma zwischen Gegensätzen	56 f.	☐	☐	☐
Zeichensetzung bei wörtlicher Rede	70			
Zitate richtig kennzeichnen	71			
Kommasetzung in Satzgefügen	145			
Zahlwörter richtig schreiben	40–42	☐	☐	☐
Komposita richtig schreiben	54 f.	☐	☐	☐
Getrennt- und Zusammenschreibung	97 f.	☐	☐	☐
Rechtschreibstrategien				
Den Wortstamm berücksichtigen	113	☐	☐	☐
Wörter verlängern oder verkürzen	114			
Fremdwörter	127 f.	☐	☐	☐
Die Konjunktion „dass“ vom Pronomen „das“ unterscheiden	143 f.	☐	☐	☐

	Seite(n)	🙂	😐	🙁
Sich schriftlich äußern				
Einen Tagebucheintrag schreiben	16	☐	☐	☐
Stichhaltige Argumente formulieren	27	☐	☐	☐
Aussagen miteinander verbinden	28	☐	☐	☐
Materialgestütztes Schreiben	42	☐	☐	☐
Einen Perspektivwechsel vornehmen	58	☐	☐	☐
Den Inhalt zusammenfassen	72	☐	☐	☐
Eine Anleitung schreiben	85	☐	☐	☐
Einen Appell verfassen	99	☐	☐	☐
Eine Nachricht oder einen Bericht schreiben	115 f.	☐	☐	☐
Eine Schilderung schreiben	129 f.	☐	☐	☐
Eine literarische Vorlage umgestalten	146	☐	☐	☐

Sprachkompetenz

	Seite(n)	☺	😐	☹
Die Sprache untersuchen				
Wortarten				
Konjunktion	23 f.			
Pronomen	140 f.			
Besonderheiten bei Demonstrativpronomen	142	☐	☐	☐
Konjunktionen und Konjunktionaladverbien unterscheiden	110 f.			
Wortformen im Satz	8 f.	☐	☐	☐
Vergleiche zum Ausdruck bringen	38 f.	☐	☐	☐
Gleichzeitigkeit und Vorzeitigkeit	51–53	☐	☐	☐
Sätze				
Der einfache Hauptsatz	10			
Sätze erweitern	11 f.			
Satzgefüge und Satzreihe	25	☐	☐	☐
Sätze mithilfe von Adverbien verbinden	109 f.			
Mit Adverbien und Konjunktionen Zusammenhänge herstellen	112			
Synonyme und Antonyme	96	☐	☐	☐
Sprache im Wandel	124 f.	☐	☐	☐
Redewiedergabe				
Indirekte Rede	68	☐	☐	☐
Besonderheiten bei der indirekten Rede	69			
Bedeutung von Wiederholungen im Text	67	☐	☐	☐
Aktiv und Passiv				
Aktiv und Passiv verwenden	81			
Vorgangspassiv und Zustandspassiv	82	☐	☐	☐
Das Pronomen „man“	82			
Konjunktiv II	125 f.	☐	☐	☐

Texte und Aufgaben

Kapitel 1: Die Geschichte vom Ei

VON SIMONE SCHNEIDER

23. 8. Heute war ein besonderer Tag. Ich hatte nämlich Geburtstag. Nun bin ich dreizehn Jahre alt. Schon lange wollte ich dreizehn sein, und nun ist es so weit. Ein komisches Gefühl ist das! BoBo, also mein Vater, hat heute Morgen Frühstück gemacht. „Ein Geburtstagsfrühstück für meine Große", sagte er. Am Nachmittag kamen dann die Verwandten. Das Schönste ist immer, wenn Oma zu meinem Geburtstag kommt, die hat meistens die besten Geschenke. Diesmal hatte sie allerdings etwas sehr Seltsames für mich: ein Tagebuch. Oma sagte, ich könnte in dieses Buch alles schreiben, was ich sonst keinem erzählen will. Wenn ich ehrlich sein soll – eigentlich weiß ich gar nichts, was ich keinem anderen erzählen will. Ich will meistens alles erzählen. Deswegen habe ich auch jetzt erst einmal aufgeschrieben, was heute so alles passiert ist, selbst wenn das nicht so geheim ist. Vielleicht passiert ja bald etwas Geheimes.

---

24. 8. Direkt heute ist natürlich auch etwas Tolles passiert, was ich gleich in mein Tagebuch schreiben muss. Ich hatte heute meine erste Englischstunde[1]. Die Lehrerin ist ganz nett. Sie hat uns allen ein Buch mitgebracht, und wir haben die erste Lektion durchgenommen. Das Tolle ist, dass ich in dieser ersten Englischstunde einen Gedanken bekommen habe, den ich keinem erzählen will, auch nicht meinen Eltern, denn die würden bestimmt lachen.
Im Englischen gibt es das Wort „I", und dieses Wort wird genauso ausgesprochen wie im Deutschen das Wort „Ei". Übersetzt bedeutet „I" „ich". In meiner Sprache ist mir dieses Wort „ich" noch nie so aufgefallen. Es ist ja auch nichts Besonderes. Aber dieses „I", das wie „Ei" ausgesprochen wird, fasziniert mich. Also, wenn man sich das einmal bildlich vorstellt: Jedes Ei hat doch ein Eidotter, also so etwas, was ganz im Inneren des Eis ist. – Und dann habe ich mich gefragt, wie das mit dem „Ich" ist. Habe ich auch so etwas, was im Innersten von mir drin ist? Und was keiner sehen kann? Im Grunde müsste das ja so sein.

---

1 Es gibt Schulen, in denen erst in Jahrgang 7 mit dem Englischunterricht begonnen wird, weil zuerst eine andere Fremdsprache gelernt wird (z. B. Französisch oder Latein).

30. 8. Mutti will mein Innerstes nicht herauslassen. Das habe ich heute gemerkt. Alles, was ich allein machen möchte, verbietet sie mir! Ich habe ihr heute nämlich vorgeschlagen, dass ich demnächst alle meine Anziehsachen selber aussuchen werde. Und dass ich mein Zimmer umstellen will. Und dass ich selber bestimme, wann ich meine Hausaufgaben mache und wann ich zu einer Freundin gehe. Irgendwie versuchen alle, mich zu unterdrücken, indem sie mir alles vorschreiben wollen. Ich kann sie alle nicht leiden!

---

7. 9. Eine Woche lang habe ich jetzt nur das getan, was ich wollte, also, was mein Innerstes wollte! Ich war fast gar nicht mehr zu Hause, habe meine Schulaufgaben nicht mehr gemacht, habe sogar zweimal die Schule geschwänzt und bin statt zur Schule in die Stadt gegangen, und außerdem habe ich nur noch das angezogen, was mir gefällt. Ich habe mir nichts mehr vorschreiben lassen. Aber es war eine schreckliche Zeit! Mutti hat nur noch geschimpft. Manchmal hat sie mich sogar angeschrien. Auch meine Lehrerin wurde wütend. Vor zwei Tagen hat sie sich sogar mit Mutti zusammengesetzt, und die beiden haben beratschlagt, was man mit mir machen soll. Meine Freundinnen haben nicht mehr mit mir gesprochen, weil ich ihnen gesagt habe, dass sie ja noch kleine Kinder wären, die sich alles vorschreiben ließen. Heute war dann der schlimmste Tag! Irgendwie hatte ich Lust, anders auszusehen. Ich habe meine Spardose aufgebrochen und bin zum Friseur gegangen. Ich konnte die blöden Zöpfe einfach nicht mehr sehen! Jeden Morgen bestand Mutti darauf, mir Zöpfe oder einen Pferdeschwanz zu machen. Dem habe ich jetzt aber einen Riegel vorgeschoben, – ich habe mir nämlich meine Haare ganz kurz schneiden lassen!!! Als ich mit der neuen Frisur nach Hause kam, schrie meine Mutter laut auf und gab mir eine Ohrfeige. Dann hat sie nur noch geheult, und ich saß dabei und wusste nicht, was ich machen sollte. Dann kam BoBo nach Hause. Er war eine Woche lang nicht da und hatte von dem ganzen Ärger noch gar nichts mitgekriegt. Der hat sich natürlich gewundert. Mutti und BoBo haben zuerst einmal miteinander geredet, dabei musste ich rausgehen. Dann kam BoBo zu mir. Ich dachte, dass er jetzt bestimmt auch schimpfen würde, aber er gab mir das Reiseandenken, das er aus Holland mitgebracht hatte. Es ist ein Fläschchen Parfüm. Ich habe mich so sehr darüber gefreut, dass ich ihm gleich alles erzählt habe, also das mit meinen Gedanken über das Ei. Er hat das sogar verstanden und nicht gelacht. Er sagte, ich hätte da ganz recht, jeder Mensch hat so etwas wie ein Dotter, ein Innerstes. Nur würde es dauern, bis es herauskönnte. Das kann man nicht in einer Woche machen, sagte er. Er sagte sogar, dass auch sein Innerstes noch ziemlich eingeschlossen ist, obwohl er doch schon viel älter ist als ich. Ich glaube, dass BoBo das ehrlich so meint.

Auch Mutti ist nicht so, wie sie diese Woche war. Sie wusste nur nicht, was sie anders machen sollte, sagte BoBo. Selbst Erwachsene wissen manchmal nicht, wie sie es richtig machen sollen. Es ist wohl alles recht schwierig ...

Textsorten kennen

Tagebuch

Im Text „Die Geschichte vom Ei“ wird eine **Geschichte** erzählt. Allerdings ist sie so erzählt, dass sie dem Leser **wie ein Tagebuch** erscheint, denn die Handlung ist so dargestellt, als hätte die Ich-Erzählerin ihre Erlebnisse einem Tagebuch anvertraut.

Alle **Merkmale eines Tagebucheintrags** sind enthalten:

- Vor jedem Abschnitt steht das **Datum**. (Allerdings enthält es hier nur die Angaben zu Monat und Tag; eine Jahreszahl fehlt.)
- Die Aufzeichnungen der Ich-Erzählerin wirken **spontan**. Beim Lesen hat man das Gefühl, dass sie ihre Gedanken so niedergeschrieben hat, wie sie ihr in den Sinn gekommen sind.
- Die Ich-Erzählerin schildert in den einzelnen Abschnitten nicht nur die Erlebnisse, die sie an dem jeweiligen Tag gehabt hat, sondern äußert auch ihre **Gedanken und Gefühle**.
- Hin und wieder stellt sich die Ich-Erzählerin selbst **Fragen**. Daran kann der Leser erkennen, dass sie sich bezüglich einiger Dinge nicht ganz sicher ist.
- Die Ich-Erzählerin benutzt eine **Sprache**, die zu einem **Mädchen ihres Alters** passt. Das merkt man z. B. daran, dass ihre Sätze des Öfteren mit der Konjunktion „und“ beginnen. Auch verwendet sie häufig das **Tempus Perfekt**, das man normalerweise nur in der gesprochenen Sprache gebraucht. In einem Tagebuch ist es aber passend, wenn man so schreibt, wie man sprechen würde.

1 Über welchen Zeitraum erstreckt sich das Tagebuch?

Das Tagebuch erstreckt sich über ...

- ☐ wenige Tage.
- ☐ eine Woche.
- ☐ zwei Wochen.
- ☐ mehr als zwei Wochen.

2 Suche nach den **Fragen**, die die Ich-Erzählerin **an sich selbst** richtet. (Du findest sie im zweiten Tagebucheintrag.)
Schreibe mit eigenen Worten auf, in welcher Hinsicht sie unsicher ist.

Fragen: ______________________________

____

____

Unsicherheiten der Ich-Erzählerin: ______________________________

____

____

____

3 

a Unterstreiche im Text alle Sätze, die mit einem Ausrufezeichen beendet werden. Schreibe jeweils mit einem Bleistift an den Rand, welches Gefühl die Ich-Erzählerin mit dem Ausrufezeichen zum Ausdruck bringt.
Du kannst aus dem folgenden Kasten auswählen:

Ärger, Angst, Aufregung, Befriedigung, Begeisterung, Belustigung, Empörung, Freude, Genugtuung, Hass, Mitleid, Protest, Ratlosigkeit, Scham, Selbstmitleid, Sorge, Spaß, Stolz, Traurigkeit, Trotz, Verzweiflung, Wut, Zorn, Zufriedenheit

b Welche Gefühle überwiegen: die positiven oder die negativen?
Triff eine Entscheidung und begründe sie anschließend.

☐ positive Gefühle ☐ negative Gefühle

Begründung: ______________________________

____

____

____

____

____

____

Lesestrategien entwickeln

Handlungsmotive ableiten

- Um eine Erzählung gut zu verstehen, musst du aus dem Verhalten, von dem im Text erzählt wird, **Rückschlüsse auf die Handlungsmotive** der entsprechenden Figur ziehen. Versuche nachzuvollziehen, **warum** die Figur **das entsprechende Verhalten** zeigt.
- Wenn das im Text nicht direkt gesagt wird, solltest du dich als Erstes an deinem **Erfahrungswissen** orientieren. Frage dich:
  - Wann tut man so etwas normalerweise?
  - Was könnte dahinterstecken, wenn die Figur sich so verhält?
- Oft gibt es **mehrere Möglichkeiten**, die als Erklärung für eine bestimmte Verhaltensweise infrage kommen. Lies deshalb als Nächstes noch einmal genau im Text nach, **in welcher Situation** die Figur dieses Verhalten zeigt. So kannst du herausfinden, was sie dazu veranlasst hat. Der **Grund** für ihr Verhalten ist das **Motiv** für ihr Handeln.

Beispiel: In Zeile 37 heißt es: „Ich war fast gar nicht mehr zu Hause […].“
Dafür kann es **unterschiedliche Gründe** geben. Es ist möglich, dass die Ich-Erzählerin …

- neue Freunde gefunden hat, mit denen sie sich täglich treffen will,
- ein neues Hobby hat, dem sie ihre ganze Zeit widmet (z. B. Fußball spielen),
- einen Job angenommen hat, weil sie ihr Taschengeld aufbessern will,
- sich zu Hause nicht wohlfühlt.

Im Umfeld dieser Textstelle findest du eine Erklärung für das Verhalten der Erzählerin: „Irgendwie versuchen alle, mich zu unterdrücken, indem sie mir alles vorschreiben wollen.“ (Z. 34 f.)
→ Hier wird klar, warum die Ich-Erzählerin nur noch selten zu Hause war: Weil sie sich von ihrer Familie bevormundet fühlte und das nicht ertragen hat, ist sie so oft weggegangen.

4 Welche Motive hat die Ich-Erzählerin, als sie zum Friseur geht und sich die Haare kurz schneiden lässt (vgl. Z. 48–51)?
Finde zwei Erklärungen. Schreibe jeweils einen vollständigen Satz.

___

___

___

___

Den Text verstehen

5 Wie viele Geschwister hat die Ich-Erzählerin?
Antworte mit einem vollständigen Satz und begründe deine Aussage kurz.

____

Begründung: ______________________________________

____

6 Erkläre, warum der Vater „meine Große" (Z. 6) zu ihr sagt. Sie ist doch erst dreizehn Jahre alt geworden!

____

____

7 Beschreibe die Gedanken, die der Ich-Erzählerin nach ihrer ersten Englischstunde in den Sinn gekommen sind. Trage die passenden Wörter in die Lücken ein.

Ihr ist aufgefallen, dass das englische Wort ____________, das auf Deutsch __________ bedeutet, so ähnlich klingt wie das deutsche Wort __________. Sie weiß, dass sich in der Mitte des ______________ der ________________ befindet. Jetzt fragt sie sich, ob es in ihrem __________________ auch so etwas gibt, das man von außen nicht ________________ kann.

8 Was wird der Ich-Erzählerin von der Mutter verboten? Beende die Sätze.

Ihr wird verboten, ______________________________________.

Ihr wird verboten, ______________________________________.

Ihr wird verboten, ______________________________________.

Ihr wird verboten, ______________________________________.

9 Auf welche Weise tut die Ich-Erzählerin eine Woche lang das, was ihr „Innerstes" will? Formuliere zu allem, was sie tut – oder unterlässt – jeweils einen Satz. Schreibe mindestens vier Sätze in dein Heft.

10 Warum haben die Freundinnen nicht mehr mit ihr gesprochen?
Nenne den Grund.

____

____

11 Erkläre, weshalb die Mutter ihre Tochter ohrfeigt. Schreibe einen ganzen Satz.

____

____

12 Welches Geschenk hat die Ich-Erzählerin von ihrem Vater bekommen? Warum hat sie sich so darüber gefreut? Trage die passenden Wörter ein.

Das Geschenk ist ______________________.

Sie hat sich darüber gefreut, weil ______________________

____.

13 Mit wem versteht sich die Ich-Erzählerin besser – mit ihrem Vater oder mit ihrer Mutter? Begründe deine Entscheidung anschließend.

Sie versteht sich besser …

☐ mit ihrer Mutter. ☐ mit ihrem Vater.

Begründung: ______________________

____

14 Welche der folgenden Aussagen passt zum Text? Kreuze an.
Schreibe anschließend eine ausführliche Begründung in dein Heft.

Die Ich-Erzählerin …

☐ findet alles, was sie getan hat, richtig.
☐ bereut am Ende das, was sie getan hat.
☐ ist sich nicht sicher, ob sie richtig gehandelt hat.

15 Wie bewertest du das Verhalten der Ich-Erzählerin?
Nimm begründet dazu Stellung. Schreibe ungefähr 100 Wörter in dein Heft.

Die Sprache untersuchen

Wortformen im Satz (1)

Die in einem Satz verwendeten Wortformen vermitteln verschiedene Informationen. **Nomen** und ihre **Begleiter** sowie **Adjektive** zeigen durch ihre Formen im Satz Folgendes an:

- **das Genus:** Maskulinum, Femininum oder Neutrum
- **den Numerus:** Singular oder Plural
- **den Kasus:** Nominativ, Genitiv, Dativ oder Akkusativ

Einige **Formen** sind allerdings **gleich,** z. B. haben der Nominativ und der Akkusativ des Femininums sowohl im Singular als auch im Plural die gleiche Form. In solchen Fällen muss man den **Satzzusammenhang** berücksichtigen, um zu verstehen, um welche Form es sich handelt.

Beispiele: Unsere Nachbarin war im Kino.
Wer? Unsere Nachbarin. → Femininum Singular Nominativ
Ich habe unsere Nachbarin im Kino getroffen.
Wen? Unsere Nachbarin. → Femininum Singular Akkusativ
Meine Freundinnen kommen heute zu Besuch.
Wer? Meine Freundinnen. → Femininum Plural Nominativ
Ich habe meine Freundinnen eingeladen.
Wen? Meine Freundinnen. → Femininum Plural Akkusativ

16 Welche Auskünfte geben die folgenden Formen von Artikel, Adjektiv und Nomen? Trage sie in die Tabellen ein. Ein Beispiel ist schon gelöst.

Hinweis: Wenn du nicht sicher bist, welcher Kasus vorliegt, kannst du bei den Fachbegriffen unter „Kasus“ (S. 231) nachschauen.

Wortformen	Genus	Numerus	Kasus
der kleine Vogel	Maskulinum	Singular	Nominativ
die kleinen Vögel			*oder:*
dem kleinen Vogel			
der kleinen Vögel			

Wortformen im Satz (2)

Verben können durch ihre Formen im Satz unter anderem Folgendes anzeigen:

- **die Person:** 1. Person (*ich* oder *wir*), 2. Person (*du* oder *ihr*), 3. Person (*er*/*sie*/*es* oder *sie*)
- **den Numerus:** Singular oder Plural
- **das Tempus:** Präsens, Präteritum, Perfekt, Plusquamperfekt, Futur I oder Futur II

Auch einige **Verbformen** sind **gleich**. In solchen Fällen muss man wieder den **Satzzusammenhang** berücksichtigen, um zu verstehen, wer (oder was) etwas tut.

Beispiele: Wir schreiben einen Brief. → 1. Person Plural, Präsens
Sie schreiben einen Brief. → 3. Person Plural, Präsens

17 Welche **Auskünfte** geben die Verben in den folgenden Sätzen? Unterstreiche alle **Verbformen** und trage die entsprechenden Informationen in die Tabelle ein.

Hinweis: Wenn du bei den Tempora unsicher bist, kannst du ab S. 229 nachschlagen.

Sätze	Person	Numerus	Tempus
a Sie lachten über den Scherz.			
b Du wirst dich noch wundern.			
c Ihr kommt zu spät.			
d Er hatte den Bus verpasst.			
e Das Telefon klingelte.			

18 Notiere die Verbformen. Ergänze weitere Wörter, um sinnvolle Sätze zu bilden.

a schwimmen (1. Person Plural, Futur I)

____

b hören (2. Person Plural, Plusquamperfekt)

____

c schreiben (1. Person Singular, Perfekt)

____

d tanzen (2. Person Plural, Präteritum)

____

Der einfache Hauptsatz

Ein Satz gibt immer Auskunft über eine **Handlung** oder eine **Aktivität**, die stattfindet. Außerdem sagt er, **wer** (oder **was**) diese Aktivität **ausführt**. Deshalb enthält jeder vollständige Satz mindestens **zwei Satzglieder:** ein **Prädikat** und das zugehörige **Subjekt**.

Der folgende Beispielsatz ist zwar kurz, aber trotzdem vollständig. Weil er **auch ohne zusätzliche Informationen verständlich** ist, handelt es sich um einen (wenn auch sehr kurzen) **Hauptsatz**.

Beispiel: [Opa] [schläft].

Opa ↓ Subjekt; schläft ↓ Prädikat

19 Verwende die folgenden Verben, um **kurze Hauptsätze** zu formulieren. Denke dir jeweils ein passendes Subjekt aus.

a lesen: ______

b spielen: ______

c lachen: ______

d essen: ______

20 **Verkürze** die folgenden Sätze so, dass sie nur noch aus einem **Prädikat** und dem zugehörigen **Subjekt** bestehen. Schreibe die verkürzten Sätze auf. Kennzeichne dann jeden dieser Sätze mit ✓, wenn er ohne zusätzliche Informationen als **vollständiger Hauptsatz** angesehen werden kann.

a Luise feierte in diesem Jahr ihren zwölften Geburtstag.

______

b Ihre Verwandten kamen am Nachmittag zu Besuch.

______

c Sie gratulierten dem strahlenden Geburtstagskind.

______

d Die Oma schenkte ihr ein Tagebuch.

______

Sätze erweitern

Nicht immer genügt es, wenn ein Satz nur ein Prädikat und das zugehörige Subjekt enthält. Ob noch **weitere Satzglieder** erforderlich sind, hängt vom **Verb** ab. Es gibt viele Verben, die nicht damit „zufrieden" sind, wenn neben der Aktivität nur das Subjekt genannt wird:

- Oft ist es nötig zu sagen, **wer** von einer Handlung **betroffen ist**. Dann ist ein **Objekt** erforderlich. (Mitunter sind sogar zwei Objekte erforderlich.)
- Manchmal klingt ein Satz seltsam, wenn nichts über die **Umstände oder Bedingungen** einer Handlung gesagt wird. Dann ist zusätzlich ein **Adverbiale** erforderlich.

Zur Erinnerung: Was ist ein Objekt? Was ist ein Adverbiale?

- Das **Objekt** ist die Person (oder Sache), auf die sich eine Handlung bezieht. Ein Objekt, vor dem eine **Präposition** steht, nennt man **Präpositionalobjekt**.

  Beispiele: [Luise] [liebt] [ihren Vater].
  ↓ Subjekt ↓ Prädikat ↓ Objekt

  (*Nicht möglich:* „Luise liebt." Man will schließlich wissen, wen sie liebt.)

  [Die Oma] [schenkte] [ihrer Enkeltochter] [ein Tagebuch].
  ↓ Subjekt ↓ Prädikat ↓ Dativobjekt ↓ Akkusativobjekt

  (*Nicht möglich:* „Die Oma schenkte." Man will wissen, was sie schenkte – und wem.)

- **Adverbialien** können Auskünfte erteilen
  - über die **Zeit**, zu der eine Handlung stattfindet (**Temporaladverbiale**),
  - über den **Ort**, an dem eine Handlung stattfindet (**Lokaladverbiale**),
  - über die **Art und Weise**, wie eine Handlung stattfindet (**Modaladverbiale**),
  - über den **Grund**, der zu einer Handlung geführt hat (**Kausaladverbiale**).

  Beispiel: [Das Mädchen] [stieg] [auf den Hügel].
  ↓ Subjekt ↓ Prädikat ↓ Lokaladverbiale

  (*Nicht möglich:* „Das Mädchen stieg." Man will wissen, wohin es stieg.)

21 Erweitere die kurzen Sätze des folgenden Textes und verkürze den langen Schlusssatz. Füge bei den ersten zehn Sätzen **möglichst viele weitere Satzglieder** (Objekte und/oder Adverbialien) hinzu. Beim letzten Satz gehst du genau umgekehrt vor: **Entferne** möglichst viele **Satzglieder**. Schreibe die Sätze in dein Heft.

Schulalltag

Wir sitzen.

Wir hören zu.

Wir schreiben.

Wir lesen.

Wir rechnen.

Wir lernen.

Der Lehrer fragt.

Wir antworten.

Wir gähnen.

Der Lehrer ermahnt.

Viel lieber würden wir jetzt stattdessen wild auf den Tischen tanzen!

22 Welche Version des Texts „Schulalltag“ gefällt dir besser? Begründe deine Meinung anschließend.

☐ die Originalversion

☐ die Version mit den erweiterten Sätzen

Begründung: ______________________________

____

____

____

____

____

____

Richtig schreiben

Großschreibung

- Nomen schreibt man groß. Es ist aber nicht immer eindeutig, **ob ein Wort ein Nomen ist**. Es gibt eine Reihe von Wörtern, die sowohl der Wortart Nomen als auch einer anderen Wortart zugeordnet werden können.

  Beispiel: Ernst, der (Nomen) – ernst (Adjektiv)

  Ob du ein Wort wie *Ernst/ernst* groß- oder kleinschreibst, hängt davon ab, **wie es im Satz verwendet wird**.

- Ein Wort, das in einem Satz als Nomen verwendet wird, erkennst du in der Regel an einem der typischen „**Nomen-Begleiter**". Jedes Wort, das einen solchen Begleiter hat, ist ein Nomen und wird **großgeschrieben**.

  Typische „Nomen-Begleiter" sind:
  - bestimmte und unbestimmte **Artikel:** *der, die, das; ein, eine*
  - manchmal ist ein **Artikel mit einer Präposition** verschmolzen: *beim* (= bei dem), *ins* (= in das), *am* (= an dem) …
  - **Possessivpronomen** (besitzanzeigende Fürwörter): *mein, dein, sein, unser, euer, ihr*
  - **Demonstrativpronomen** (hinweisende Fürwörter): *dieser, diese, dieses; jener, jene, jenes*
  - **Indefinitpronomen** (unbestimmte Fürwörter): *alle, jeder, einige, manche, mehrere, etwas, kein, nichts*
  - **Zahlwörter:** *ein(s), drei, achtundzwanzig, hundert, erster, zweiter …*
  - **Adjektive**, die einem Nomen als **Attribut** vorangestellt sind: z. B. *großes* Lob

23 Ordne den unterstrichenen Begleitern in den folgenden Beispielen die passenden Fachbegriffe zu.

a In der Mitte eines Eis befindet sich ein Dotter. ____________________

b Dein Verhalten gefällt mir nicht. ____________________

c Beim Lernen wird Mark immer müde. ____________________

d Ich kenne dieses Buch schon. ____________________

e Wir waren drei Wochen verreist. ____________________

f Viele Schüler mögen keine Prüfungen. ____________________

g Du hast tolle Ideen. ____________________

24 Unterstreiche alle „**Nomen-Begleiter**“ und die zugehörigen Nomen.
Schreibe jeweils auf, um welche Art von Begleiter es sich handelt.

a Eines Tages passierte etwas Tolles. ______

b Luise schrieb das gleich in ihr Tagebuch. ______

c In der Englischstunde lernte sie, wie man das Wort „ich“ im Englischen sagt. ______

d Es klingt so ähnlich wie das deutsche Wort „Ei“. ______

e Da kam dem Mädchen ein seltsamer Gedanke. ______

f Diesen Gedanken wollte es für sich behalten. ______

g Es wollte ihn auch nicht seinen Eltern erzählen. ______

h Luise dachte: „Jedes Ei hat ein Dotter.“ ______

i Das Dotter ist das Innerste eines Eis. ______

j Und sie fragte sich: „Habe ich auch so etwas, das mein Innerstes ist?“

______

Nomen mithilfe der Weglassprobe erkennen

- Nicht immer steht ein Artikel unmittelbar vor dem zugehörigen Nomen. Manchmal hat sich auch ein anderes **Wort zwischen** den **Artikel** und das zugehörige **Nomen** gedrängt (z. B. ein Adjektiv). **Großgeschrieben** wird aber immer **nur** das Nomen, auf das sich der Artikel bezieht.

  Beispiel: Falsch: Das ~~Englische wort~~ „I“ klingt wie das ~~Deutsche wort~~ „Ei“.
  Richtig: Das englische Wort „I“ klingt wie das deutsche Wort „Ei“.

- Um sicherzugehen, auf welches Wort sich ein Begleiter bezieht, kannst du die **Weglassprobe** durchführen:
  Suche nach dem **ersten** typischen „**Nomen-Begleiter**“ im Satz und streiche (im Geiste) alle Wörter durch, die rechts daneben stehen und die nicht unbedingt nötig sind. Wenn du auf ein Wort stößt, das du **nicht** durchstreichen kannst, ohne dass der Satz unsinnig wird, handelt es sich um das gesuchte Nomen. Dieses schreibst du groß.

  Beispiel: In der Mitte des Eis befindet sich eine ~~dicke gelbe~~ Masse.

25 Führe die **Weglassprobe** durch. Gehe so vor:

- Unterstreiche jeweils den ersten typischen „Nomen-Begleiter“.
- Streiche dann alle Wörter durch, die rechts davon stehen und nicht unbedingt notwendig sind.
- Unterstreiche das Wort (das zugehörige Nomen), das nicht entfallen darf.
- Schreibe den verkürzten Satz richtig darunter.

Beispiel:

Eine ~~ganze~~ Woche lang tat Luise nur noch, was sie wollte.

Eine Woche lang tat Luise nur noch, was sie wollte.

a Nachmittags traf sie sich mit ihren besten Freundinnen.

____

b Sie machte keine einzige Schulaufgabe mehr.

____

c Sie ging nicht mehr in den langweiligen Unterricht.

____

d Stattdessen ging sie in das nächste Einkaufszentrum und sah sich die schön dekorierten Schaufenster an.

____

____

e Ihr chaotisches Zimmer räumte sie nicht mehr auf.

____

f Einmal brach sie ihre schon halb gefüllte Spardose auf.

____

g Mit dem ersparten Geld ging sie zu einem bekannten Friseur.

____

h Von ihm ließ sie sich ihre schönen langen Haare ganz kurz schneiden.

____

____

Sich schriftlich äußern

Einen Tagebucheintrag schreiben

- Ein Tagebuch führst du, um deine **Erinnerungen** an einen bestimmten Tag festzuhalten. Dazu gehören nicht nur **Erlebnisse**, die du an diesem Tag gehabt hast, sondern auch **Gedanken und Gefühle**, die du mit diesen Erlebnissen verbindest.
- In ein Tagebuch schreibst du **nur für dich selbst** und vertraust darauf, dass niemand außer dir es liest.
  Du kannst also einem Tagebuch auch **geheime** Gedanken und Gefühle anvertrauen. Das ist für viele Tagebuchschreiber auch wichtig: Indem sie von ihren Freuden, ihrem Ärger und ihren Sorgen schreiben, verarbeiten sie die Gedanken und Gefühle, die sie bewegen. Das gilt sowohl für gute als auch für ungute Gefühle und Gedanken.
- Du kannst beim Schreiben eines Tagebuchs auch **umgangssprachliche Ausdrücke** verwenden, also Ausdrücke, die normalerweise nur gesprochen, aber nicht geschrieben werden. (Du solltest es aber nicht übertreiben.)

26  Schreibe den nächsten **Eintrag in Luises Tagebuch** (vgl. Seite 1–2). Berücksichtige, was ihr durch den Kopf gehen könnte:

- Sie hat verstanden, dass sie vieles falsch gemacht hat.
- Sie will trotzdem nicht aufhören, nach ihrem Innersten zu suchen.
- Sie hat verstanden, dass sie ihr Innerstes nicht finden kann, wenn sie sich nur an Äußerlichkeiten, z. B. an der Kleidung oder an der Frisur, orientiert.
- Sie weiß, dass sie künftig nach anderen Wegen suchen muss, um ihrem Innersten näherzukommen.

Schreibe ungefähr 200 Wörter in dein Heft.

Kapitel 2: Kringel fürs Leben

Schon seit Jahrtausenden verzieren Menschen ihren Körper mit Mustern und Bildern. Eine Geschichte über die Wandlungen eines seltsamen Brauchs.

Popstar sein ist nicht leicht. Robbie Williams hat sich ja daran gewöhnt, dass ihn Menschen beneiden: Klar, wer wäre nicht gern so reich und berühmt wie der britische Sänger? Aber muss man sich wirklich wegen ein paar Kringeln auf dem Oberarm aufregen?

Heftigen Protest gab's nämlich, als sich Williams eine Tätowierung verpassen ließ, ganz im Stil der Maori, der Ureinwohner Neuseelands. Die fanden das gar nicht heiter. Kein Wunder, denn solch ein „Moko", wie die kunstvollen Schnörkel bei den Maori heißen, ist ihnen heilig. Jede Familie hat ihre eigenen Muster und Figuren. Die erzählen die Geschichte der Ahnen, erklären Stammeszugehörigkeit und Ansehen des einzelnen Moko-Trägers. Eine Tätowierung ist für manche Maori fast so etwas wie Personalausweis, Geburtsurkunde und Familienalbum zusammen – und gehört nicht auf den Arm eines britischen Popstars.

Maori-Krieger

Robbie Williams

Die Kunst des Tätowierens war schon den Menschen der Steinzeit bekannt. Ägyptische Priesterinnen schmückten sich damit, die Römer markierten auf diese Weise Sklaven und Verbrecher. Archäologen fanden in Südamerika Indianermumien, deren Haut kunstvolle Muster aufwies. Bei den Dayak auf der Insel Borneo wurde jedem Krieger die Hand tätowiert, wenn er einen Feind getötet hatte – eine Art Orden auf der Haut. Frauen trugen besondere Zeichen, wenn sie etwa Stoffe weben konnten. Das verbesserte ihre Heiratschancen. Auch bei vielen Völkern Europas waren früher Tätowierungen verbreitet, bis Papst Hadrian I. sie im Mittelalter verbot und diese Art des Körperschmucks in Vergessenheit geriet.

1 000 Jahre später machten europäische Seefahrer daher große Augen, als sie in der Südsee auf bemalte Menschen stießen. Der Engländer James Cook brachte 1774 nicht nur einen dieser seltsam gemusterten Männer mit nach Hause. Cook hatte auf der Insel Tahiti auch gelernt, wie diese Kunst dort hieß: „tatau" – woraus im Englischen „tattoo" und auf Deutsch „Tätowierung" geworden ist. Es bedeutet „kunstvoll hämmern".

Das passt. Denn im Gegensatz zu Lippenstift oder Lidschatten wird eine Tätowierung nicht auf, sondern in die Haut gemalt. Deshalb hält sie auch ein Leben lang. Allerdings wird in modernen Tätowierstudios nicht gehämmert, sondern gestochen. An der Spitze eines pistolenförmigen Gerätes sitzen Nadeln, die sich rasend schnell auf und ab bewegen – wie bei einer Nähmaschine – und dabei Farbtröpfchen unter die Haut tropfen. Das tut ziemlich weh und hinterlässt eine Wunde, die erst nach gut einem Monat verheilt ist.

Damit nicht genug: Manche der Farben gelten als gesundheitsschädlich, einige sollen sogar krebserregende Stoffe enthalten. Das kann auch die „abgeschwächte" Variante betreffen: Tätowierungen mit Henna, die nur aufgemalt werden und nach ein paar Wochen wieder verblichen sind.

All das schreckt immer weniger Menschen. Musste James Cook noch in die Südsee fahren, um tätowierte Körper zu bestaunen, braucht man heute nur vor die Tür zu gehen: Rund vier Millionen Menschen haben sich in Deutschland schon tätowieren lassen. Tätowieren ist schwer in Mode!

Aber keine Mode hält ewig. Einen alten Pullover kann man irgendwann ausrangieren. Aber die Zeichen in der Haut? Mit viel Aufwand und für noch mehr Geld lässt sich die alte Farbe etwa per Laserstrahl „wegschießen". Bei etwas Glück bleibt am Ende nicht einmal eine Narbe zurück. Vielleicht denkt auch Robbie Williams darüber eines Tages nach. Zur Freude der Maori.

Textsorten kennen

Sachtext

Der Text „Kringel fürs Leben" ist ein **Sachtext**.

- Sachtexte informieren über **Dinge** oder **Geschehnisse**, die es **wirklich gibt** – oder gegeben hat.

  Beispiele: geschichtliche Ereignisse (z. B. die Französische Revolution)
  die Lebensgeschichte eines Menschen (z. B. die von Albert Einstein)
  die Aufzucht von Tieren (z. B. von Hamstern)
  eine Sportart (z. B. Tennis)
  Erscheinungen der Natur (z. B. Blitz und Donner)

- Das Thema wird häufig im **Titel** genannt. So erfährt der Leser von vornherein, ob ihn der Text interessieren könnte.
- Sachbuchautoren wollen **Informationen** über das Thema vermitteln, die über das übliche Alltagswissen hinausgehen. Sie bemühen sich darum, **Einzelheiten oder Zusammenhänge** zu nennen, von denen sie annehmen, dass sie für ihre Leser **neu** und **interessant** sein könnten.

27 Bestimme das **Thema** des Textes „Kringel fürs Leben".

____

28 Was werden die meisten Leser schon über das Thema wissen?
Nenne **zwei Informationen** aus dem Text, die deiner Meinung nach zum **Alltagswissen** gehören. Formuliere dazu zwei Sätze.

____

____

____

29 Was dürfte für viele Leser **neu** sein?
Wähle **zwei Informationen** aus dem Text aus. Schreibe wieder zwei Sätze.

____

____

____

____

Lesestrategien entwickeln

Die Meinung des Verfassers verstehen

- Manchmal vertritt der Verfasser zu dem Thema, über das er schreibt, eine **Meinung**. Das bedeutet: Er findet das, was er mitteilt, **gut** (richtig, verständlich, vernünftig …) oder **schlecht** (falsch, unverständlich, unvernünftig …).
- Nicht immer bringt er seine Meinung **direkt** zum Ausdruck, indem er z. B. sagt: „Das ist richtig/gut/zu begrüßen …" Manchmal stellt er seine **Ansicht nur indirekt** dar.
- Indirekte Meinungsäußerungen erkennt man an **versteckten Hinweisen:**
  - Der Verfasser benutzt **Wörter**, mit denen die meisten Leser etwas **Schönes/Unschönes** verbinden.
  - Er vermittelt **Informationen**, die die Sache eher **in einem guten/schlechten Licht** erscheinen lassen.
  - Er kommt ausdrücklich auf etwas zu sprechen, das man als **Chance** oder **Problem** ansehen könnte. Solche Aussagen findet man in der Regel **am Ende** eines Textes.

30 Wie stellt der Verfasser den Brauch des Tätowierens dar? Kreuze an.
Begründe deine Entscheidung anschließend; schreibe in dein Heft.

☐ Er findet es eher problematisch, dass dieser Brauch wieder in Mode gekommen ist.

☐ Er findet es gut, dass sich neuerdings viele Menschen tätowieren lassen.

☐ Er informiert nur sachlich über die Entwicklung dieses Brauchs.

Den Text verstehen

31 Wofür steht das Pronomen „man" in Zeile 3? Kreuze an.
Das Pronomen „man" steht für …

☐ Robbie Williams.

☐ die Maori.

☐ Menschen, die sich tätowieren lassen.

32 Wer sind die Maori? Schreibe als Antwort einen vollständigen Satz.

____

33 Wie nennen die Maori ihre Tätowierungen? Schreibe das Wort auf.

____

34 Nenne drei Auskünfte, die ein Maori mit seiner Tätowierung gibt. Stichworte genügen.

____

____

35 Welchen Fehler hat der britische Popstar Robbie Williams gemacht? Kreuze an.

- ☐ Er hat sich eine kunstvolle Tätowierung machen lassen.
- ☐ Er hat sich eine Tätowierung nach Art der Maori machen lassen.
- ☐ Er hat für seine Tätowierung zu viel Geld bezahlt.
- ☐ Er hat seine Tätowierung in aller Öffentlichkeit gezeigt.

36 Tätowierungen hatten in der Geschichte der Menschheit **unterschiedliche Bedeutungen**. Ordne die Bedeutungen im Kasten zu, indem du hinter den Personengruppen die jeweils passende Zahl einträgst.

ein Körperschmuck (1) – ein Zeichen für eine besondere Leistung (2) – ein Zeichen für eine besondere Fähigkeit (3) – eine Markierung, die jemanden abwertet (4)

a Bei ägyptischen Priesterinnen: ______________

b Bei Sklaven der Römer: ______________

c Bei Verbrechern unter den Römern: ______________

d Bei Kriegern auf der Insel Borneo: ______________

e Bei Frauen der Dayak: ______________

37 Wer hat Tätowierungen verboten?
Nenne den Namen dieser Person.

Verboten hat sie ______________.

38 In welchem Jahrhundert erfolgte das Verbot? Kreuze an. Begründe deine Entscheidung danach im Heft.

- ☐ im 8. Jahrhundert
- ☐ im 10. Jahrhundert
- ☐ im 18. Jahrhundert

39 Wo hat der Seefahrer James Cook tätowierte Menschen gesehen?
Schreibe als Antwort einen vollständigen Satz.

____

____

40 Wie ist das Wort „Tätowierung" entstanden?
Trage die fehlenden Wörter in die Lücken ein.

Zuerst hieß das Wort ______________. Dieses Wort benutzten die ______________. Die ______________ machten daraus das Wort ______________. In ______________ wurde daraus das Wort ______________.

41 Welche Bedeutung hatte das Wort „tätowieren" ursprünglich?
Schreibe als Antwort einen vollständigen Satz.

____

42 Wie lange dauert es, bis die Wunde, die durch eine Tätowierung entsteht, wieder vollkommen verheilt ist? Kreuze an.

Der Heilungsprozess dauert …

- ☐ etwas weniger als einen Monat.
- ☐ genau einen Monat.
- ☐ etwas länger als einen Monat.

43 Warum können Tätowierungen gesundheitsschädlich sein?
Erkläre. Formuliere einen vollständigen Satz.

____

____

44 Lassen sich Tätowierungen wieder entfernen? Kreuze an.

- ☐ Nein, sie bleiben ein Leben lang erhalten.
- ☐ Ja, es ist aber nicht sicher, ob Narben zurückbleiben.
- ☐ Ja, Tätowierungen lassen sich mit Laserstrahlen problemlos entfernen.

Die Sprache untersuchen

Wortart Konjunktion

Konjunktionen sind „Bindewörter“. Ihre Form bleibt immer gleich.

- Einige Konjunktionen können sowohl einzelne **Wörter** als auch **Wortgruppen** oder **Sätze** miteinander verbinden. Dazu gehören z. B. *und, oder, aber, als, seit* und *wie.*

  Beispiele: Einige Völker verwendeten Tätowierungen **als** Markierung.
  → Verbindung von Einzelwörtern

  Die Maori haben ihre kunstvollen Tätowierungen **als** eine Art Personalausweis angesehen.
  → Verbindung von Wortgruppen

  Tätowierungen gerieten in Vergessenheit, **als** Papst Hadrian I. sie verbot.
  → Verbindung von Sätzen

- Manche Konjunktionen können nur Sätze miteinander verbinden. Hier unterscheidet man nebenordnende und unterordnende Konjunktionen.

  Nebenordnende Konjunktionen verbinden **Hauptsätze** miteinander.
  Beispiele: und, oder, denn, aber, doch, sondern

  Unterordnende Konjunktionen verbinden **Nebensätze** mit Hauptsätzen.
  Beispiele: weil, wenn, obwohl, indem, wie, dass, sodass, ob, seit, während, falls

  Die Grenze zwischen zwei Sätzen wird in der Regel mit einem Komma markiert.
  Ausnahme: Vor „und“ und „oder“ muss kein Komma stehen.

45 Unterstreiche in den folgenden Sätzen jeweils die **Konjunktion**. Schreibe anschließend auf, was durch die Konjunktion miteinander verbunden wird: Einzelwörter, Wortgruppen oder Sätze?

a Als sich Robbie Williams eine Tätowierung im Stil der Maori verpassen ließ, ärgerten sich diese darüber. ______

b Eine Tätowierung ist für sie fast eine Art Personalausweis, Geburtsurkunde und Familienalbum zusammen. ______

c Bei den Dayak war eine Tätowierung wie eine Art Orden auf der Haut.

______

d Frauen trugen besondere Zeichen, wenn sie etwa Stoffe weben konnten.

______

46 Verbinde die folgenden Satzpaare jeweils durch eine **passende nebenordnende Konjunktion**. Vergiss nicht, die erforderlichen **Satzzeichen** zu setzen.

Hinweis: Wenn beide Sätze das gleiche Subjekt haben, kannst du es im zweiten Satz auch weglassen.

a Viele Jugendliche möchten sich eine Tätowierung machen lassen. Tätowierungen sind in Mode.

b Sie fassen den Entschluss. Sie gehen in ein Tätowierstudio.

c Sie suchen sich eine Zeichnung aus. Diese wird ihnen mithilfe eines Gerätes auf ein Körperteil übertragen.

d Tätowierungen halten ein Leben lang. Die Farbtröpfchen werden unter die Haut gespritzt.

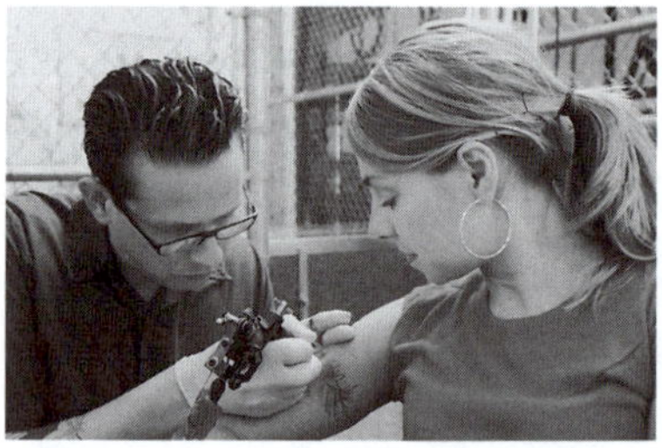

e Nur mithilfe von Laserstrahlen lassen sich Tätowierungen wieder entfernen. Vielleicht bleiben dann Spuren zurück.

Satzgefüge und Satzreihe

- Wenn ein **Hauptsatz** durch eine **unterordnende Konjunktion** mit einem **Nebensatz** verknüpft ist, spricht man von einem **Satzgefüge**. (Haupt- und Nebensatz sind miteinander „verfugt".)
- Mithilfe der **Position des finiten Verbs** (= das konjugierte Verb mit der Personalendung) kannst du Hauptsätze und Nebensätze voneinander unterscheiden:
  - Im **Hauptsatz** steht das **finite Verb** meist auf der **zweiten Satzgliedposition**.
  - Steht in einem Satzgefüge der **Hauptsatz** jedoch **nach dem Nebensatz**, so steht das **finite Verb** des Hauptsatzes auf der **ersten Satzgliedposition**.
  - In einem **Nebensatz** steht das **finite Verb** in der Regel **am Ende des Satzes**.
- **Nebensätze** werden stets durch **Komma** von anderen Sätzen getrennt.
  - Wenn der **Hauptsatz an erster Stelle** steht, setzt du das Komma **vor die Konjunktion**, die den Nebensatz einleitet.

    Beispiel: [Robbie Williams **verärgerte** die Maori] , weil [er sich tätowieren **ließ**] .

    ↓ Hauptsatz ↓ Nebensatz
  - Wenn der **Nebensatz** die **erste Stelle** einnimmt, steht das Komma **nach dem finiten Verb** des Nebensatzes.

    Beispiel: Wenn [man sich tätowieren **lässt**] , [**bleibt** die Tätowierung lebenslang.]

    ↓ Nebensatz ↓ Hauptsatz
- **Nebenordnende Konjunktionen** verbinden Sätze miteinander, die die gleiche Wichtigkeit haben, also **gleichrangige Hauptsätze**. Hauptsätze, die durch eine nebenordnende Konjunktion miteinander verbunden sind, bilden eine Art **Reihe**, deshalb bezeichnet man eine solche Satzkonstruktion auch als **Satzreihe**.

47 Unterstreiche den **Hauptsatz** in den folgenden Satzgefügen jeweils schwarz. Kreise anschließend die **unterordnende Konjunktion** am Anfang des Nebensatzes ein und unterstreiche das **finite Verb** im Nebensatz rot.

a Ehe man sich eine Tätowierung machen lässt, sollte man gründlich darüber nachdenken.

b Man darf nicht vergessen, dass sich Tätowierungen nur schwer wieder entfernen lassen.

c Weil sie in die Haut geritzt werden, lässt sich die Farbe der kunstvollen Zeichnungen nicht einfach wieder abwaschen.

d Wenn man seine Tätowierung nicht mehr leiden mag, muss man eine aufwendige Behandlung mit Laserstrahlen über sich ergehen lassen.

48 Markiere die Grenze zwischen Hauptsatz und Nebensatz durch ein **Komma**.

a Meine Freunde sagen mir manchmal dass ich mir endlich eine Tätowierung machen lassen sollte.

b Aber ich weiß genau dass meine Eltern mir das nie erlauben würden.

c Sie sind gegen Tätowierungen weil sie die Farbstoffe für krebserregend halten.

d Da fast alle meine Freunde eine Tätowierung haben ärgert mich die Einstellung meiner Eltern.

e Allerdings ist es natürlich nicht sicher ob mir eine Tätowierung immer gefallen würde.

f Falls ich die Tätowierung eines Tages nicht mehr leiden mag müsste ich sie mir für viel Geld entfernen lassen.

Richtig schreiben

Satzgrenzen richtig markieren

Nicht immer markiert man die **Grenze zwischen zwei Hauptsätzen** mit einem Punkt. Du hast die Wahl: Soll die Grenze zwischen zwei Hauptsätzen …

- **stark** erscheinen, dann setzt du einen **Punkt**.

  Beispiel: Tätowierungen sind den Maori heilig. Jede Familie hat ihre eigenen Muster. (Jeder Satz ist von Bedeutung. → starke Grenze → Punkt)

- **schwach** erscheinen, markierst du sie durch ein **Komma**. Das bietet sich vor allem bei Aufzählungen an.

  Beispiel: Ägyptische Priesterinnen schmückten sich mit Tätowierungen, die Römer markierten damit Sklaven und Verbrecher. (Aufzählung von Ähnlichem → schwache Grenze → Komma)

- **weder** besonders **stark noch** besonders **schwach** erscheinen, kannst du ein **Semikolon** (einen Strichpunkt) setzen. Das bietet sich an, wenn zwei Hauptsätze inhaltlich zusammengehören.

  Beispiel: Eine Tätowierung ist für die Maori sehr bedeutsam; sie gehört nicht auf den Arm eines Popstars. (Die Sätze gehören inhaltlich zusammen. → mittlere Grenze → Semikolon)

49 Bestimme bei den Satzpaaren die **Grenze zwischen den Sätzen**. Schreibe die Sätze in dein Heft und markiere die Grenze zwischen ihnen durch **Punkt, Komma oder Semikolon**. Achte auf die richtige Groß- und Kleinschreibung.

a IM JAHRE 1769 KAM KAPITÄN JAMES COOK NACH NEUSEELAND ER NAHM DIE INSEL FÜR ENGLAND IN BESITZ.

b DIE MAORI BOTEN IHM EINEN UNGEWÖHNLICHEN ANBLICK SIE WAREN GRÖßER UND KRÄFTIGER ALS DIE MEISTEN EUROPÄER.

c AUßERDEM TRUGEN SIE TÄTOWIERUNGEN AM GANZEN KÖRPER SOGAR IM GESICHT HATTEN SIE KÖRPERBEMALUNGEN.

d REGELMÄßIG FÜHRTEN SIE KRIEGSTÄNZE AUF DABEI RISSEN SIE IHRE AUGEN WEIT AUF UND VERDREHTEN SIE TEUFLISCH.

e GLEICHZEITIG STRECKTEN SIE IHRE ZUNGE HERAUS SIE SANGEN AUCH FURCHTERREGENDE LIEDER.

Sich schriftlich äußern

Stichhaltige Argumente formulieren

Wenn du zu einem Thema eine Meinung vertrittst und andere Menschen davon **überzeugen** willst, genügt es nicht, nur zu sagen, was du davon hältst. Du brauchst gute Argumente!

- Jedes überzeugende **Argument** besteht aus **drei Teilen:**
  - Mit der **Behauptung** (These) sagst du, was du von einer Sache hältst.
    Beispiel: „Tätowierungen sind gut."
  - In der **Begründung** erklärst du, **warum** du dieser Meinung bist.
    Beispiel: „Sie sind etwas sehr Persönliches."
  - Zur **Veranschaulichung** solltest du noch **Beispiele** ergänzen.
    Beispiel: „Man kann sich z. B. einen eigenen Entwurf auf die Haut zeichnen lassen."
- Um gute Begründungen zu finden, solltest du zuerst **Gedanken und Ideen** zu deiner Behauptung **sammeln**, z. B. mithilfe eines **Clusters**. Dabei gehst du so vor:
  - Schreibe deine **Behauptung** (z. B. „Tätowierungen sind gut.") in Kurzform **in die Mitte** eines Blatt Papiers und kreise sie ein.
  - Notiere alle **Ideen**, die dir dazu einfallen (auch Beispiele), stichwortartig an einer anderen Stelle des Blattes. Kreise auch jedes dieser Stichworte ein und verbinde es durch eine Linie mit dem Kreis in der Blattmitte.
  - Wenn dir zu einer Idee noch eine **Zusatzidee** kommt, machst du dir wieder eine Notiz und verbindest sie mit der ursprünglichen Idee.

50 Vervollständige das angefangene Cluster, indem du weitere Ideen ergänzt.

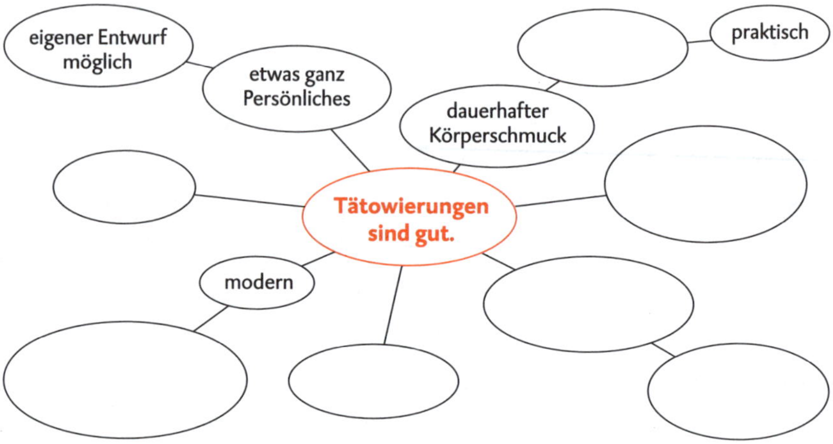

51 Fertige ein weiteres **Cluster** an. Vertrete diesmal die **gegenteilige Position**. Schreibe als Behauptung in die Mitte eines Blattes: **„Tätowierungen sind schlecht“.** Kreise den Satz ein und ergänze weitere „Blasen“, in die du stichwortartig deine Ideen einträgst, die gegen das Tätowieren sprechen.

Aussagen miteinander verbinden

Es genügt nicht, wenn du die Ideen, die du zu einem Argument gefunden hast, einfach nur aneinanderreihst. Du solltest deine **Aussagen** auch geschickt miteinander **verbinden**, z. B. mithilfe von

- **Konjunktionen:** *weil, da, obwohl, sodass …*
- **Adverbien:** *deswegen, daher, trotzdem …*

Beispiel: Tätowierungen sind gut *(Behauptung)*. Da man im Tätowierstudio sein Motiv sorgfältig auswählen oder vielleicht sogar einen eigenen Entwurf anfertigen kann, gewinnt das eigene Aussehen durch einen solchen Körperschmuck eine ganz persönliche Note *(Begründung)*. Heutzutage sehen doch fast alle Teenager gleich aus, denn die meisten Jugendlichen tragen Jeans, T-Shirts und Turnschuhe. Deshalb ist eine Tätowierung eine Besonderheit, durch die man sich von anderen unterscheidet *(Beispiel)*.

52 Verwende einige der Ideen in deinen beiden Clustern, um je **ein Pro- und ein Kontra-Argument** auszuformulieren. Setze deine Behauptung (These) einmal an den Anfang und einmal an den Schluss des Arguments.

Schreibe für jedes Argument mindestens 100 Wörter in dein Heft.

Kapitel 3: Kinderarmut – Das ist unfair!

Was bedeutet es eigentlich für ein Kind oder einen Jugendlichen, arm zu sein? Je nachdem wo man lebt, zeigt sich Armut auf ganz unterschiedliche Weise. Sicher ist aber leider: Kinder aus Familien mit ganz wenig Geld haben schlechtere Chancen.

Wenn wir an Armut denken, haben wir schnell die Bilder von hungernden oder arbeitenden Kindern in Dritte-Welt-Ländern vor Augen. Dort wirkt sich Armut besonders schlimm aus – die Kinder und ihre Familien müssen oft tagtäglich ums Überleben kämpfen. Doch auch in Deutschland gibt es Kinder, denen es nicht gut geht. Ihre Eltern haben nur sehr wenig Geld, um die Familie zu versorgen. Manchmal reicht es nicht einmal für ein Frühstück und die Kinder müssen mit knurrendem Magen zur Schule gehen. Die Familien können zwar gerade so überleben, sich jedoch darüber hinaus nichts leisten. Neue Klamotten, Urlaub, Kinobesuch, Vereinssport – das alles ist für ihre Kinder nicht drin. Viele Möglichkeiten bleiben ihnen einfach verschlossen.

Jedes Kind hat ein Recht auf „angemessene Lebensbedingungen", so steht es im Artikel 27 der UN-Kinderrechtskonvention. Doch was bedeutet das eigentlich? Zuerst einmal sollte für grundlegende Dinge wie ein Zuhause, ein Bett, Kleidung, genügend Essen und Trinken für jedes Kind gesorgt sein. Doch um in einem Land wie Deutschland glücklich und gesund aufzuwachsen, braucht es natürlich noch ein wenig mehr. […]

Armutsgefährdungsquote[1] in Deutschland nach Alter

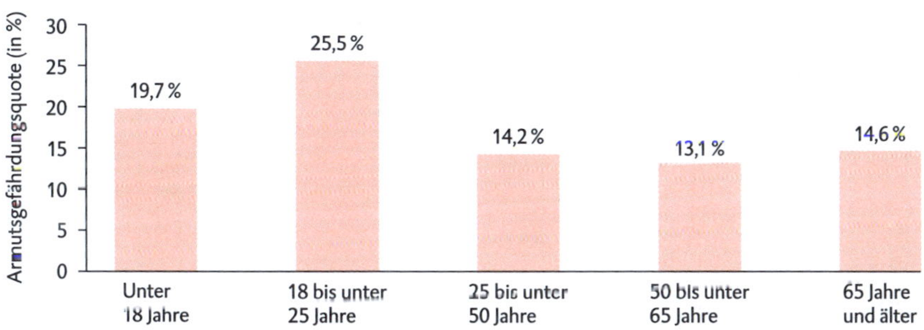

Die Zahlen beziehen sich auf das Jahr 2015.
Daten nach: Statistisches Bundesamt, Wiesbaden 2016 (eigene Darstellung)

1 *Armutsgefährdungsquote:* Damit wird in der EU gemessen, welcher Personenkreis arm ist. Maßstab dafür ist das Einkommen: Alle Personen, die weniger als 60 Prozent des mittleren Einkommens verdienen, gelten als arm.

Anteil der unter 18-Jährigen, die in Deutschland auf Hartz IV[2] angewiesen sind

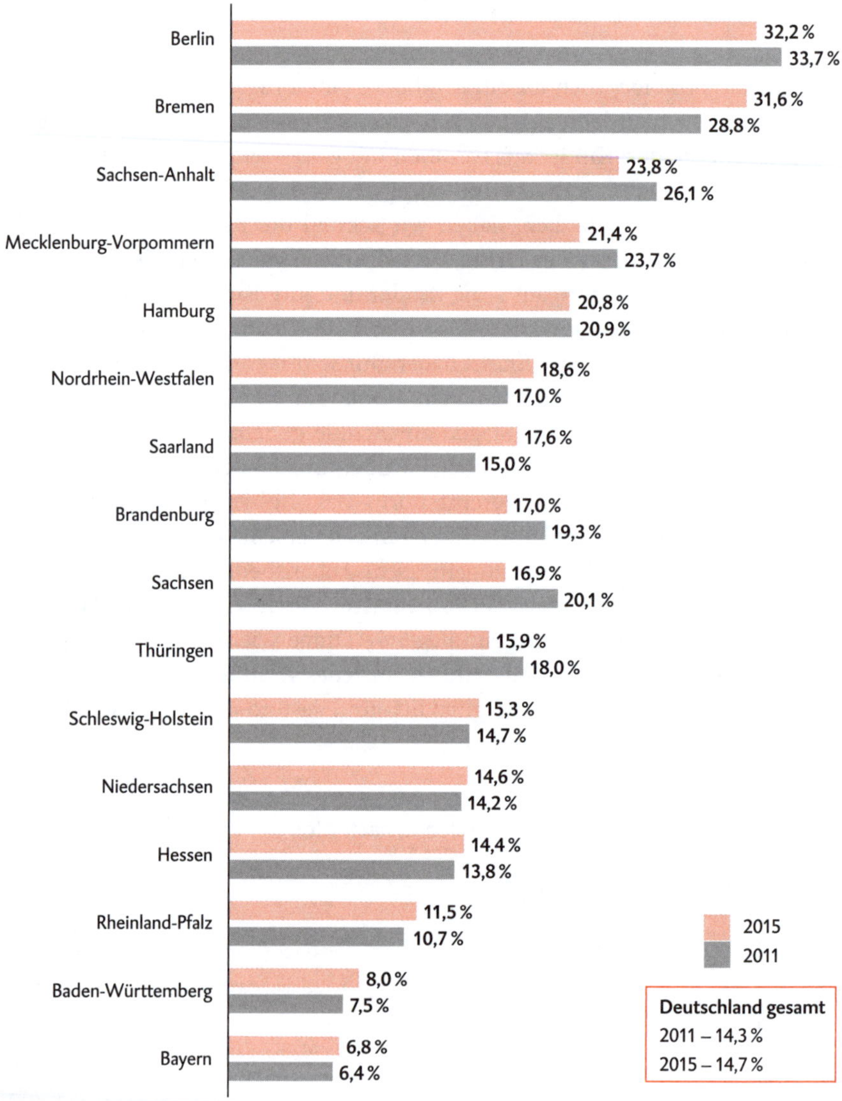

Daten nach: Bertelsmann Stiftung, Factsheet: Kinderarmut – Kinder im SGB-II-Bezug, S. 1 (eigene Darstellung)

2 Kinder, deren Eltern Hartz IV beziehen, gelten als arm.

Textsorten kennen

Diagramme

Diagramme sind eine besondere Art von Sachtexten: In ihnen ist übersichtlich dargestellt, wie häufig etwas vorkommt (z. B. Niederschläge in einer Region oder Taschendiebstähle in einer Stadt). Verbindende Worte gibt es nicht; deshalb gehören Diagramme zu den **nichtlinearen Texten**.

Diese Diagramme kommen am häufigsten vor:

- **Säulendiagramme:** Sie bilden Zahlen in Form von (senkrechten) Säulen ab.
- **Balkendiagramme:** Sie bilden Zahlen in Form von (waagerechten) Balken ab.
- **Kreisdiagramme:** Sie bilden Zahlen in Form von Kreisen ab, die in unterschiedlich große Ausschnitte aufgeteilt sind.
- **Kurvendiagramme:** Sie bilden Zahlen in Form von Linien ab, die als Kurven gezeichnet sind. Mit zunehmenden Zahlen steigen die Kurven an, mit abnehmenden Zahlen fallen sie.

Damit die Leser Diagramme verstehen können, gibt es zusätzlich zu den Zahlen noch weitere Informationen:

- Die Überschrift benennt das **Thema**. Sie steht meist über dem Diagramm.
- Die **Legende** erklärt die Bedeutung der Zahlen (z. B. in absoluten Zahlen[1], in Hundert, in Tausend oder in Prozent). Sie sagt auch, worauf sich die Zahlen beziehen (z. B. auf die Personen, die betroffen sind oder befragt wurden) – jedenfalls dann, wenn das nicht direkt aus dem Diagramm hervorgeht. Außerdem nennt sie die Institution, die die Zahlen erhoben und veröffentlicht hat. Meist findest du die Legende rechts unter dem Diagramm.

53 Bestimme die Art der beiden Diagramme, die dem Text beigefügt sind.

Diagramm 1: ______________________________

Diagramm 2: ______________________________

54 Aus welcher Zeit stammen die Ergebnisse, die in den Diagrammen abgebildet sind? Nenne die Jahreszahlen.

Diagramm 1: ______________________________

Diagramm 2: ______________________________

1 *Absolute Zahlen:* die genauen Zahlen, z. B. 250 oder 1 200

55 Worüber informiert Diagramm 1, worüber Diagramm 2? Formuliere jeweils einen vollständigen Satz, um das Thema mit eigenen Worten zu bestimmen.

Diagramm 1:

Diagramm 2:

56 Wie sind die Zahlen angegeben? Kreuze die passende Aussage an.

Die Zahlen sind angegeben in …

- ☐ absoluten Zahlen.
- ☐ Hundert.
- ☐ Tausend.
- ☐ Prozent.

57 In welcher Altersgruppe war der Anteil der armen Menschen **am größten**? Stichworte genügen.

____

58 In welcher Altersgruppe war der Anteil der armen Menschen **am geringsten**? Stichworte genügen.

____

59 In welchem Bundesland gab es zum Zeitpunkt der letzten Untersuchung die meisten armen Kinder und in welchem Bundesland die wenigsten?

Die meisten armen Kinder gab es in ______________________________

Die wenigsten armen Kinder gab es in ______________________________

60 In welchem Bundesland ist der Anteil der armen Kinder am stärksten gestiegen?

____

Lesestrategien entwickeln

Zusatzinformationen einbeziehen

Manchmal braucht man Zusatzinformationen, um einen Text gut zu verstehen. Es gibt zwei Möglichkeiten, Zusatzinformationen zu nutzen:

- Man achtet auf die **Fußnoten**, die direkt unter dem Text eingefügt sind. Dann muss man im Text nach der Stelle suchen, auf die sie sich beziehen. Sie ist mit der gleichen Nummer versehen wie die Fußnote.

  Beispiel: „Wenn wir an Armut denken, haben wir schnell die Bilder von hungernden oder arbeitenden Kindern in Dritte-Welt-Ländern[1] vor Augen.“ (Z. 5–6)

  1 Dritte-Welt-Länder: Entwicklungsländer; wirtschaftlich unterentwickelte Länder

- Man bemüht sich selbst um **zusätzliche Informationen**. Dazu kann man z. B. im Internet recherchieren. Es gibt viele Suchmaschinen, die einem dabei helfen, zusätzliche Informationen zu einem bestimmten Thema zu finden.

61 Ordne die Fußnoten auf der rechten Seite den passenden Textstellen zu, indem du sie miteinander verbindest.

Textstellen
Die Kinder und ihre Familien müssen oft täglich ums Überleben kämpfen. (Z. 6–8)
Die Familien können zwar gerade so überleben, sich jedoch darüber hinaus nichts leisten. (Z. 11–12)
[…] um in einem Land wie Deutschland glücklich und gesund aufzuwachsen, braucht es […] ein wenig mehr. (Z. 18–20)

Fußnoten
Das nennt man **gefühlte Armut:** Die Betroffenen fühlen sich unglücklich und ausgegrenzt, weil sie sich viele Dinge nicht leisten können, die andere haben.
Das nennt man **absolute Armut:** Die Betroffenen haben so wenig Geld, dass sie nie wissen, wie sie am nächsten Tag satt werden sollen.
Das nennt man **relative Armut:** Die Betroffenen gehören zur unteren Gesellschaftsschicht. Ihr Einkommen beträgt weniger als 40 Prozent von dem, was der Durchschnitt der Bevölkerung zur Verfügung hat.

62 Welche Information wird bei **Diagramm 1** mithilfe einer Fußnote vermittelt? Vervollständige den angefangenen Satz.

Man erfährt mithilfe der Fußnote, ______________________________

____

____

____

63 Informiere dich im Internet über die UN-Kinderrechtskonvention. Finde heraus, …

a was das Ziel der Kinderrechtskonvention ist.

____

____

____

____

____

b wofür die Abkürzung UN steht.

____

____

____

____

____

c welche Staaten die Kinderrechtskonvention unterschrieben haben.

____

____

____

____

____

Den Text verstehen

64 Worum geht es in dem Text? Kreuze die passende Aussage an.

In dem Text geht es um …

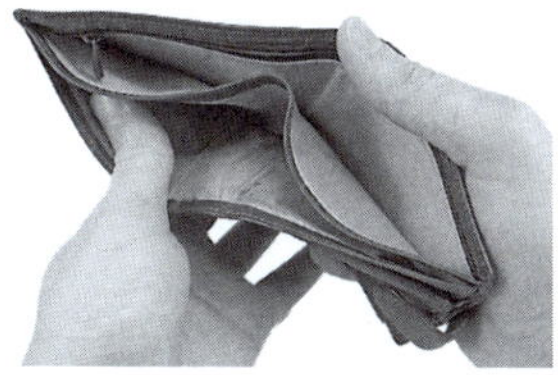

- ☐ Kinderarmut in Entwicklungsländern.
- ☐ Kinderarmut in Deutschland.
- ☐ Kinderarmut allgemein.
- ☐ die Folgen von Kinderarmut.

65 Es heißt im Text, Armut zeige sich „auf ganz unterschiedliche Weise" (Z. 2). Was ist damit gemeint? Kreuze die passende Aussage an.

- ☐ Beim Anblick einer Person kann man nicht genau erkennen, ob sie arm ist.
- ☐ Armut ist nicht überall gleich, denn es gibt verschiedene Arten von Armut.
- ☐ Es gibt unterschiedliche Probleme, mit denen arme Menschen zu kämpfen haben.
- ☐ Es ist nicht leicht, armen Menschen die richtige Hilfe zukommen zu lassen.

66 Warum wirkt sich Armut für Kinder in Dritte-Welt-Ländern „besonders schlimm" (Z. 7) aus? Beantworte die Frage mit einem vollständigen Satz.

____

____

67 Laut Information des Verfassers können arme Familien in Deutschland „gerade so überleben" (Z. 12). Was ist damit gemeint – und was nicht? Kreuze entsprechend an.

Die Betroffenen …	trifft zu	trifft nicht zu
a müssen nicht ums Überleben kämpfen.	☐	☐
b können sich alles, was sie unbedingt brauchen, kaufen.	☐	☐
c haben ein Dach über dem Kopf.	☐	☐
d können sich vieles nicht leisten.	☐	☐

68 Nenne **vier Dinge**, auf die arme Kinder in Deutschland verzichten müssen. Schreibe jeweils einen ganzen Satz.

69 Der Verfasser sagt, in Deutschland bräuchten Kinder „noch ein wenig mehr" (Z. 20), um „glücklich und gesund aufzuwachsen" (Z. 19). Was könnte das sein? Nenne dafür drei Beispiele.

70 Stelle Überlegungen zu der Frage an, was „angemessene Lebensbedingungen" (Z. 15) sind. Formuliere **mindestens zwei Sätze** aus.

71 Der Verfasser bezeichnet es als „natürlich" (Z. 20), dass Kinder in Deutschland etwas mehr brauchen als nur „grundlegende Dinge". Was bringt er in diesem Zusammenhang mit dem Wort „natürlich" zum Ausdruck – und was nicht? Kreuze entsprechend an.

Er meint, …	trifft zu	trifft nicht zu
a das entspreche der Natur von Kindern.	☐	☐
b es sei selbstverständlich.	☐	☐
c niemand würde das bestreiten.	☐	☐
d man brauche darüber nicht zu diskutieren.	☐	☐

72 Erkläre, warum Kinderarmut in der Überschrift als „unfair" bezeichnet wird. Gehe so vor:

a Stelle zunächst dar, was man darunter versteht, wenn jemand **fair** behandelt wird.

____

____

____

b Erläutere dann, warum Kinderarmut als **unfair** angesehen werden kann.

____

____

____

____

____

____

____

____

Die Sprache untersuchen

Vergleiche zum Ausdruck bringen

Wenn man zwei oder mehr Personen oder Dinge miteinander vergleicht, stellt man Ähnlichkeiten oder Unterschiede zwischen ihnen fest. Eine besondere Rolle spielen dabei die **Formen der Adjektive:**

- **Ähnlichkeiten** bringt man mit dem **Positiv** (Grundform) zum Ausdruck. Dabei verwendet man die Konjunktion *wie*.

  Beispiel: Marco ist genauso groß wie sein Freund Tim.

- **Unterschiede** drückt man mit dem **Komparativ** (1. Steigerungsform) aus. Dabei verwendet man die Konjunktion *als*.

  Beispiel: Tim ist größer als seine Schwester Nina. Er kann auch schneller laufen als sie.

- Wenn eine Person oder Sache **bezüglich einer Eigenschaft** innerhalb einer Gruppe **herausragt**, verwendet man den **Superlativ** (2. Steigerungsform) in Verbindung mit *am*.

  Beispiel: Mehmet kann von allen Jungen in seiner Klasse am schnellsten laufen.

Es gibt auch Adjektive, bei denen Komparativ und Superlativ **unregelmäßig gebildet** werden. Einige Adjektive erhalten in den Steigerungsformen Umlaute (z. B. *arm, ärmer, am ärmsten*), andere bekommen im Komparativ und Superlativ ganz andere Formen (z. B. *gut, besser, am besten; gern, lieber, am liebsten; viel, mehr, am meisten*).

Hinweis: Wenn eine Person oder Sache durch eine Eigenschaft aus einer Gruppe herausragt, kann man das auch indirekt ausdrücken, und zwar mithilfe bestimmter Adverbien (z. B. *sehr, besonders, außerordentlich*).

Beispiel: Leyla hat sich heute besonders hübsch angezogen. Sinngemäß sagt man damit: *Leyla ist immer hübsch angezogen. Aber heute ist sie noch hübscher angezogen als sonst.*

73 Trage die fehlenden Formen der Adjektive in die Tabelle ein.

Positiv	Komparativ	Superlativ
sicher		
		am wenigsten
	schlechter	
		am meisten
schlimm		
gesund		
		am glücklichsten

74 Erkläre, warum man die folgenden Adjektive **nicht steigern** kann:

leer – einzig – tot – falsch – fertig – schwanger

____

____

____

75 Formuliere die folgenden **Vergleiche** vollständig aus. Achte auf die richtige Verwendung der Konjunktionen *wie* und *als*.

Arme Kinder	schlechtere Chancen haben	reiche Kinder.
Sie	sich weniger leisten können	ihre Klassenkameraden.
Arme Kinder	gleiche Bedürfnisse haben	alle anderen Kinder.
Kinder wohlhabender Eltern	öfter in den Urlaub fahren	Kinder armer Eltern.

____

____

____

____

____

76 Trage die Konjunktionen *wie* oder *als* in die Lücken ein.

a Viele Kinder in Entwicklungsländern sind ärmer __________ Kinder in Industrieländern.

b Sie haben weniger zu essen __________ ihre Altersgenossen in Europa.

c Natürlich haben sie die gleichen Bedürfnisse __________ Kinder in den westlichen Staaten.

d Beispielsweise wären sie gern genauso gut gekleidet __________ diese.

Richtig schreiben

Zahlwörter richtig schreiben

Beim Schreiben von Zahlwörtern kann es diese Schwierigkeiten geben:

- Schreibt man ein Zahlwort groß oder klein?
- Werden benachbarte Zahlwörter auseinander- oder zusammengeschrieben?
- Wird die Grenze zwischen einem Zahlwort und einem nachfolgenden Wort mit Bindestrich gekennzeichnet?

Es gibt dafür klare Regeln:

- **Groß- oder Kleinschreibung:** Normalerweise schreibt man Zahlwörter klein. Erst ab einer Million werden sie großgeschrieben. Ausnahme: Zahlwörter, die durch einen vorangestellten Artikel nominalisiert sind, schreibt man ebenfalls groß.
  Beispiele: sechs, siebzehn, dreihundert, achttausend – aber: zwei Millionen, eine Fünf, ein Viertel
- **Getrennt- oder Zusammenschreibung:** In der Regel werden benachbarte Zahlwörter zusammengeschrieben. Der Grund: Gemeint ist nur eine Zahl – nicht zwei oder drei. Ausnahme: Zahlen ab einer Million.
  Beispiele: dreihundertsechsundfünfzig, eintausendsiebenhundertsechzehn – aber: eine Million fünfhunderttausend
- **Bindestrichschreibung:** Als Ziffer geschriebene Zahlwörter werden durch einen Bindestrich vom nachfolgenden Wort getrennt, wenn sie mit diesem eine Einheit bilden. Wird das Zahlwort ausgeschrieben, setzt man keinen Bindestrich.
  Beispiele: ein 17-jähriger Junge, 100-Meter-Lauf, 100-prozentige Sicherheit – aber: ein siebzehnjähriger Junge, Hundertmeterlauf, hundertprozentige Sicherheit

Hinweis: Zahlwörter mit Bindestrich schreibt man groß, wenn das letzte Wort in der Zusammensetzung ein Nomen ist; andernfalls schreibt man sie klein. *Beispiel:* der 20-Jährige – aber: ein 20-jähriger Mann

77 Schreibe die vorgegebenen Zahlen aus und trage sie in der richtigen Schreibweise in die Lücken ein.

a In unserer Klasse sitzen ______________________ (30) Schüler.

b Jeder ______________________ (4.) von uns fährt mit dem Bus zur Schule.

c Wenn ______________ (2) sich streiten, freut sich der ______________ (3.).

d Jetzt hat mein Bruder schon wieder eine ______________ (6) gewürfelt!

e Eine Eintrittskarte kostet ______________ (8) Euro.

f Der Autofahrer fuhr mit mehr als ____________ (80) Stundenkilometern durch eine Ortschaft.

g Die Rednerin war erst ____________ (13) Jahre alt.

h Meine Freundin hat in Mathematik eine ____________ (1).

i Ich habe zu meiner Geburtstagsparty ____________ (15) Gäste eingeladen.

j Unsere Fußballmannschaft hat den ____________ (1.) Platz belegt.

k ____________ (⅓) der Einnahmen wird für einen guten Zweck gespendet.

78 Schreibe die folgenden Zahlen aus.

14: ____________________

36: ____________________

98: ____________________

472: ____________________

79 Korrigiere die falschen Schreibweisen: Streiche falsch geschriebene Wörter durch und schreibe sie richtig darunter. Wenn in einem Satz alle Wörter richtig geschrieben sind, kennzeichnest du ihn mit ☑.

a Seit gestern wird ein zwölf-jähriger Junge vermisst. ☐

____

b Die Menschen werden immer alter; es gibt immer mehr hundertjährige. ☐

____

c Kartoffeln werden häufig in 5-Kilo-Säcken verkauft. ☐

____

d Die 80-jährige Frau kam in ein Altersheim. ☐

____

e Zigaretten dürfen nicht an 14jährige Jungendliche verkauft werden. ☐

____

f Mit einem hundert-Euro-Schein kann man im Bus keine Fahrkarte lösen. ☐

____

g Anlässlich des 800-jährigen Bestehens gab es in der Stadt ein Volksfest. ☐

____

Sich schriftlich äußern

Materialgestütztes Schreiben

Wenn du zusammen mit einem Schreibauftrag eine **Materialsammlung** (z. B. Texte, Bilder oder Diagramme) erhältst, dienen dir die Materialien als **Grundlage** für deinen Text. Sie liefern dir wesentliche Informationen, die du zum Verfassen des Textes brauchst. Diese Informationen solltest du noch durch **passende Beispiele** und dein **eigenes Erfahrungswissen** anreichern.

Um Informationen aus einer Materialsammlung zu einem neuen Text auszugestalten, gehst du so vor:

- **Lies die Materialien** noch einmal **gründlich** durch und unterstreiche alle wichtigen Informationen.
- **Übertrage die Informationen**, die du unterstrichen hast, auf ein extra Blatt.
- Überlege, welche **Beispiele** dir zu den einzelnen Informationen einfallen. Berücksichtige dabei die Leser, an die sich dein neuer Text richten soll: Wähle vor allem solche Beispiele aus, die ihnen bekannt vorkommen. Notiere deine Ideen jeweils neben den Informationen, die du herausgeschrieben hast.
- Bestimme die **Reihenfolge**, in der du die verschiedenen Inhalte anordnen willst. Am besten nummerierst du deine Stichworte entsprechend. Mit der Nummerierung hast du dir sozusagen einen Schreibplan angelegt.
- Schreibe anhand deines Schreibplans deinen **Text**. Achte dabei darauf, eine Sprache zu verwenden, die zu deiner Leserschaft passt.

80 Verfasse einen Artikel für eure **Schülerzeitung**. Dein Ziel ist es, deine Mitschüler über das Problem von Kinderarmut zu informieren. Verwende dazu die **Informationen aus dem Text** „Kinderarmut – Das ist unfair!“ und reichere sie durch passende **Beispiele** an. Überlege dir am Schluss noch eine **geeignete Überschrift**. Schreibe ca. 350 Wörter.

Hinweis: Verwende auch Informationen aus den Diagrammen.

Kapitel 4: Das Austauschkind

VON CHRISTINE NÖSTLINGER

Die Handlung des Jugendbuchs „Das Austauschkind“ von Christine Nöstlinger spielt in Wien. In dem Buch erzählt der Ich-Erzähler, ein dreizehnjähriger Junge namens Ewald Mittermeier, vom Besuch eines jungen Engländers in seiner Familie. Die Eltern haben diesen Besuch vereinbart, damit ihr Sohn seine Englischkenntnisse verbessert. Allerdings hat sich der englische Junge, den sie erwarten, kurz vor der Reise das Bein gebrochen, sodass an seiner Stelle überraschend dessen Stiefbruder Jasper kommt. Durch sein ungewohntes Verhalten sorgt Jasper in der Familie für helle Aufregung …

Der folgende Auszug spielt am ersten Wochenende des Besuchs. Die Eltern haben sich vorgenommen, zusammen mit Jasper und ihren beiden Kindern – dem Sohn Ewald und der Tochter Bille – einen Ausflug zu unternehmen. Das erweist sich aber als schwierig, weil Jasper am Morgen einfach nicht aufsteht. Da beschließt die Mutter, in sein Zimmer zu gehen und ihn zu wecken …

Da muss ich dabei sein, dachte ich, und ging hinter der Mama her. Ich hatte nämlich zwei-, dreimal einen Blick in Jaspers Zimmer erhascht.

Dass die Mama beim Anblick dessen, was ich da gesehen hatte, einen Anfall kriegen würde, war mir klar. Aber dass sie fast in Ohnmacht fiel und zu schluchzen anfing, als sie die Tür öffnete, war doch recht übertrieben. So furchtbar war die Unordnung gar nicht. Jaspers sämtliche Klamotten lagen halt auf dem Boden verstreut. Und meine elektrische Eisenbahn hatte er aus den Kisten geholt, samt allen Schienen und Papiermachézubehör. Und die leer gefutterten Marmeladengläser und die Sardinendosen und Eispackungen lagen natürlich auch dazwischen. Und sehr viele verschnäuzte Papiertaschentücher.

Wirklich ekelhaft war nur das umgeschüttete Fischöl auf dem Boden und auf Jaspers verstreuter Kleidung. Jasper hatte die leeren Dosen auf den Boden gestellt und musste darüber gestolpert sein. Aber Kleider kann man ja waschen! Und der Fußboden im Zimmer ist aus Plastik! Es war also kein wirkliches, nicht mehr wiedergutzumachendes Malheur geschehen.

Die Mama schluchzte so laut, dass Bille und der Papa herbeieilten und Jasper munter wurde. So schockplötzlich aus dem Schlaf gerissen, sprang Jasper aus dem Bett.

Meine Mutter hörte nicht zu schluchzen auf. Meine Mutter – das muss ich zur Erklärung sagen – ist eine sehr ordnungsliebende Frau. Die Großmutter sagt sogar, sie ist pedantisch. Die Mama jagt wirklich hinter jedem Fuzerl Dreck her wie der Teufel hinter der armen Seele. Wenn sie unter einem Kasten eine Staubflocke sieht – „Lurch“ nennt sie das –, nimmt sie den Staubsauger und saugt nicht nur den Lurch weg, sondern sie saugt die ganze Wohnung. Und wenn sie zu mir ins Zimmer kommt und sieht, dass – zum Beispiel – meine Schuhe vor dem Bett stehen und diese nicht einer neben dem anderen wie zum Paradeschritt ausgerichtet sind, sondern ein bisschen quer, geht sie hin und stellt sie gerade. Sie rückt immer alles zurecht. Die Sets auf dem Tisch, mein Schreibzeug auf dem Schreibtisch.

Man kann also verstehen, dass meine Mutter von Jaspers Zimmer geschockt war, als ginge es ihr ans Leben. Mein Vater war auch geschockt. Aber von Jasper himself.

„Er selber ist ja auch ganz dreckig“, rief er. Damit hatte er recht. Jasper hatte einen richtigen Schmutzbelag. Mir fiel ein, dass Jasper, seit er bei uns logierte, und das waren jetzt immerhin sechs Tage, noch nie im Badezimmer gewesen war.

Mein Vater bekam plötzlich ein grimmig entschlossenes Gesicht, packte Jasper an der Schulter und rief: „Come on!“

Jasper wehrte sich und hielt sich am Türstock fest. Aber mein Vater ist sehr stark. Er zog Jasper von der Tür weg, durchs Vorzimmer, ins Badezimmer hinein. Die Badezimmertür machte er zu.

Als der Papa mit Jasper im Bad war, hörte die Mama zu schluchzen auf und lief um Wäschekorb, Staubsauger und Abfalleimer. Als ob es gelte, einer Epidemie Einhalt zu gebieten, schaufelte sie Jaspers verstreute Textilien in den Korb, warf Dosen, Eispapierln, Papiertaschentücher und auch die leeren Gläser in den Abfallkübel und saugte keuchend drauflos. Dabei kommandierte sie: „Bille, bring mir einen Kübel mit Wasser!“, und: „Bille, hol ein Wischtuch!“, und: „Bille, bring das Bodentuch!“

Der Staubsauger surrte laut, die Mama kommandierte noch lauter, aber am lautesten war das Geschrei, das aus dem Bad kam. Jasper brüllte!

„Er wird ihn umbringen“, sagte ich zur Mama.

Die Mama, schnaufend mit dem Staubsauger werkelnd, sagte: „Der Papa bringt ihn nicht um! Er wäscht ihn bloß!“

Ungefähr eine halbe Stunde dauerte es, bis die Mama das versaute Zimmer in den peinlich sauberen Normalzustand gebracht und ich meine Eisenbahn wieder ordentlich in den Schachteln und Kisten verstaut hatte. Und als wir mit Jaspers Zimmer fertig waren, kam auch der Papa aus dem Bad. Er wirkte erschöpft, aber zufrieden.

„Ich habe eine Flasche Shampoo über seinen Kopf geleert“, berichtete er, „und ihn vom Hals bis zu den Zehen eingeseift. Und heiß und kalt gebraust. Sein Dreck muss sich in Jahren angesammelt haben! Für die Fußsohlen musste ich den Bimsstein nehmen!“

Textsorten kennen

Jugendbuch

- Jugendbücher sind Bücher, die **speziell für jugendliche Leser** verfasst worden sind. Solche Bücher gibt es in Deutschland erst seit dem letzten Drittel des 18. Jahrhunderts.
- Zunächst sollten Jugendbücher insbesondere einen Beitrag zur **Erziehung** der Jugendlichen leisten. Heute sollen Jugendbücher vor allem der **Unterhaltung** jugendlicher Leser dienen.
- Die **Hauptfiguren** sind meist Jugendliche, die in der Phase des Heranwachsens mit bestimmten **Problemen** zu kämpfen haben, z. B. haben sie Probleme mit ihren Eltern oder mit ihren Freunden.
- Die Verfasser von Jugendbüchern verwenden oft **umgangssprachliche Wendungen** und Ausdrücke aus der **Jugendsprache**, damit sich jugendliche Leser auch von der Sprache her angesprochen fühlen.

81 Mit **welchem Problem** befasst sich das Jugendbuch „Das Austauschkind“? Stelle dazu anhand des gegebenen Textauszugs einige Überlegungen an.

82 Wer sind die **Hauptfiguren**? Beantworte die Frage in Stichpunkten.

83 Findest du, dass die Verfasserin sich darum bemüht hat, eine **Sprache** zu verwenden, die jugendliche Leser anspricht? Entscheide dich. Begründe deine Meinung anschließend. Suche zu deiner Begründung auch Beispiele aus dem Text und gib deren Zeilennummern an.

- ☐ Ja, die Sprache spricht jugendliche Leser an.
- ☐ Nein, die Sprache spricht Jugendliche nicht an.

Begründung:

Beispiele:

Lesestrategien entwickeln

Die Perspektive des Erzählers verstehen

- Der Erzähler kann unterschiedliche Perspektiven einnehmen. Er kann die Handlung so erzählen, …
  - als würde er sie **aus der Nähe** beobachten oder eher **aus der Ferne** verfolgen.
  - als wäre er **am Geschehen beteiligt** oder eher ein **unbeteiligter Beobachter**.

  Hinweis: Ein Ich-Erzähler ist immer am Geschehen beteiligt.
- Die Perspektive des Erzählers beeinflusst die **Wirkung** des Textes:
  - Wenn der Erzähler den Eindruck erweckt, dass er das Geschehen aus der Nähe beobachtet, dann wirkt die Darstellung sehr **anschaulich** und **lebendig**.
  - Erzählt er hingegen nur das, was er aus der **Ferne** verfolgen kann, dann wirkt die Darstellung eher **nüchtern**, evtl. sogar **kühl**.
  - Wenn der Erzähler dem Leser so vorkommt, als wäre er (fast) **am Geschehen beteiligt**, dann wirkt seine Darstellung eher **subjektiv**, also so, als würde er eine bestimmte Meinung vertreten (z. B. Zustimmung oder Ablehnung).
  - Kommt er dem Leser dagegen vor wie jemand, der das Geschehen eher wie ein **unbeteiligter Beobachter** verfolgt, dann wirkt seine Darstellung **sachlich** und **neutral**.
- Ob eine Darstellung **subjektiv oder neutral** ist, erkennst du an diesen **Merkmalen:**
  - **Wortwahl:** Manchmal kann man unterschiedliche Wörter verwenden, um eine Person oder Sache zu bezeichnen. Einige Wörter wirken eher **neutral**, andere Wörter zeigen, dass der Sprecher eine **bestimmte Einstellung** hat.
    Beispiel: **Polizei** (neutral) – **Bulle** (negativ) – **Ordnungshüter** (positiv)
  - **Auswahl:** Durch das, was der Erzähler über eine Person oder Sache erzählt (fast nur Gutes – oder fast nur Schlechtes?), ergreift er indirekt Partei für oder gegen sie.

84 Bestimme den **Standort** des Ich-Erzählers und begründe deine Entscheidung.

Er verfolgt das Geschehen …

☐ eher aus der Nähe.

☐ eher aus der Ferne.

Begründung: ______________________________

____

____

____

85  Bestimme, wie der Ich-Erzähler das Verhalten einzelner Personen darstellt. Wähle dazu aus den folgenden Textbausteinen aus. Begründe deine Entscheidungen anschließend.

überwiegend neutral – eher wohlwollend – eher ablehnend

Darstellung der Mutter:
Begründung:

Darstellung des Vaters:
Begründung:

Darstellung Jaspers:
Begründung:

Den Text verstehen

86 Der Textauszug beginnt mit den Worten: „Da muss ich dabei sein […].“ (Z. 1) Erkläre, was der Ich-Erzähler miterleben will.

87 Finde eine **Erklärung** dafür, dass der Ich-Erzähler unbedingt „dabei sein“ will. Beende die angefangenen Sätze so, dass die (mögliche) Absicht des Ich-Erzählers deutlich wird.

Der Ich-Erzähler ist neugierig darauf, wie seine Mutter …

Der Ich-Erzähler möchte miterleben, wie Jasper …

Der Ich-Erzähler will wissen, wie das Zimmer …

88 Warum ist dem Ich-Erzähler von Anfang an klar, dass seine Mutter „einen Anfall kriegen würde“ (Z. 3 f.)?
Berücksichtige bei deiner Erklärung den ganzen Textauszug.

89 Wie sieht es in Jaspers Zimmer aus?
Formuliere zunächst eine allgemeine Aussage und nenne dann drei Einzelheiten. Schreibe jeweils vollständige Sätze.

Allgemeine Aussage:

Einzelheiten: ______________________

____

____

____

____

____

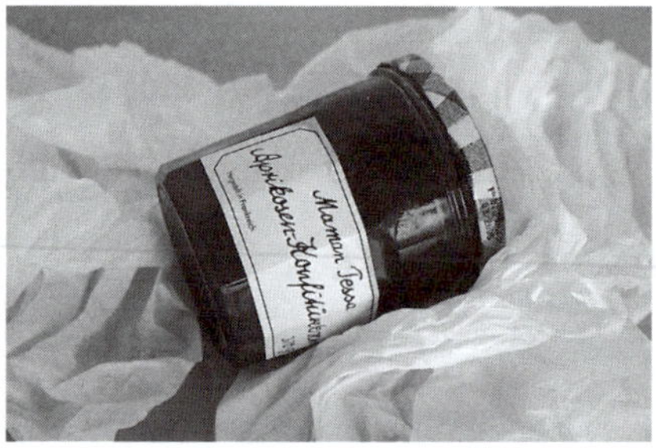

90 Was meint der Ich-Erzähler, wenn er sagt: „So furchtbar war die Unordnung gar nicht.“ (Z. 5 f.)? Erläutere, was er damit zum Ausdruck bringt …

in Bezug auf das Zimmer: ______________________

____

in Bezug auf seine Mutter: ______________________

____

in Bezug auf sich selbst: ______________________

____

91 Wie begründet der Ich-Erzähler seine Meinung, dass die Unordnung in Jaspers Zimmer gar nicht so „furchtbar“ (Z. 5) ist? Unterstreiche im dritten Absatz (Z. 11–15) zwei Sätze, die als **Begründung** zu verstehen sind.

92 Womit hat der Vater nach Ansicht des Ich-Erzählers recht?
Kreuze die Aussage an, die zum Text passt. Begründe deine Entscheidung.

Der Vater hat recht, wenn er …

- ☐ beim Anblick von Jasper ungehalten wird.
- ☐ Jasper für sehr schmutzig hält.
- ☐ Jasper mit Gewalt ins Badezimmer zieht.
- ☐ Jasper gegen seinen Willen wäscht.

Begründung: ______________________

____

____

Die Sprache untersuchen

Gleichzeitigkeit und Vorzeitigkeit

Mit der Zeitform (dem Tempus) der Verben zeigt man nicht nur, wann etwas geschieht, sondern auch, in welcher **Reihenfolge** und in welchem **zeitlichen Abstand**.

- Ist ein Text **durchgängig im selben Tempus** verfasst, so liegt **Gleichzeitigkeit** vor. Man kann dann davon ausgehen, dass die Ereignisse zur gleichen Zeit geschehen (oder zumindest unmittelbar nacheinander).
- Gibt es in einem Text **unterschiedliche Tempora**, wird damit angezeigt, dass die Ereignisse **zu unterschiedlichen Zeitpunkten** geschehen. Wenn ein Ereignis bereits **vor** der eigentlichen Haupthandlung eingetreten ist, liegt **Vorzeitigkeit** vor.

Vorzeitigkeit wird so zum Ausdruck gebracht:

- Ist ein Text im **Präsens** verfasst, wird Vorzeitigkeit durch das **Perfekt** angezeigt.

  Beispiel: Die Mutter rückt die Schuhe zurecht. (Haupthandlung im **Präsens**)
  Sie hat gesehen, dass sie nicht im Paradeschritt ausgerichtet gewesen sind.
  (Aussage im **Perfekt → Vorzeitigkeit**)

- Ist ein Text im **Präteritum** verfasst, verwendet man das **Plusquamperfekt**, um Vorzeitigkeit auszudrücken.

  Beispiel: Da muss ich dabei sein, dachte ich […]. (Haupthandlung im **Präteritum**)
  Ich hatte nämlich zwei-, dreimal einen Blick in Jaspers Zimmer erhascht.
  (Aussage im **Plusquamperfekt → Vorzeitigkeit**)

93 Setze von den folgenden Satzpaaren jeweils einen Satz ins Plusquamperfekt, um **Vorzeitigkeit** zum Ausdruck zu bringen.

Hinweis: Überlege, was jeweils zuerst geschehen sein muss.

a **Satz 1:** Jaspers Stiefbruder brach sich das Bein.
Satz 2: Deshalb kam Jasper als Austauschkind zu Besuch.

b **Satz 1:** Jasper zeigte seltsame Verhaltensweisen.
Satz 2: Er wuchs in schwierigen Familienverhältnissen auf.

c **Satz 1:** Er räumte nie seine Sachen weg.
Satz 2: Ewald sah einmal das Chaos in seinem Zimmer.

d **Satz 1:** Die Mutter öffnete die Tür zu Jaspers Zimmer.
Satz 2: Beim Anblick der Unordnung fing sie gleich an zu schluchzen.

e **Satz 1:** Sie startete gleich eine Putz- und Aufräumaktion.
Satz 2: Sie sah die Unordnung und den Dreck.

f **Satz 1:** Der Vater steckte Jasper in die Badewanne.
Satz 2: Der Junge wusch sich tagelang nicht.

g **Satz 1:** Es gelang dem Vater, Jasper zu waschen.
Satz 2: Er wirkte zufrieden.

h **Satz 1:** Das Zimmer sah wieder ordentlich aus.
Satz 2: Die Mutter putzte es.

94 Im Folgenden liest du eine **Zusammenfassung** des weiteren Verlaufs von dem Tag, an dem die Eltern Mittermeier mit ihren Kindern und dem englischen Jungen einen Ausflug unternehmen wollten. **Unterstreiche** darin alle Textstellen, in denen **Vorzeitigkeit** zum Ausdruck kommt.

Als der Vater es geschafft hat, Jasper zu waschen, nimmt er seine Pläne vom Ausflug wieder auf. Die Mutter hat inzwischen einige von Jaspers Kleidungsstücken aussortiert, die ihr nicht gefallen, und ihre Tochter aufgefordert, ihm einen ihrer großen Pullover und ein paar Socken zur Verfügung zu stellen. Doch Bille findet es unmöglich, dass ihre Mutter von Jasper verlangt, sich nach ihren Vorstellungen zu kleiden. In ihrer Wut beschimpft sie sie, was ihren Vater so sehr empört, dass er sie ohrfeigt.

Nachdem Bille sich wortlos in ihr Zimmer zurückgezogen hat, beschließt der Vater, sie vom Ausflug auszuschließen. Auch Jasper nimmt nicht daran teil, denn er hat sich mittlerweile im Badezimmer eingeschlossen und weigert sich, die Tür zu öffnen. Nach einer Weile gibt der Vater es auf, den Engländer mit auf den Ausflug zu nehmen. So ist Ewald der Einzige, der die Eltern begleitet.

Um Bille daran zu hindern, die Wohnung zu verlassen, hat der Vater die Wohnungstür von außen abgeschlossen. Billes Schlüsselbund und den Reserveschlüssel hat er zuvor eingesteckt. Für Ewald ist der Ausflug eher unerfreulich: Während des ganzen Nachmittags muss er sich von seinem Vater Vorträge über die grüne Umgebung seiner Heimatstadt anhören.

Bille lässt sich jedoch durch das Abschließen der Wohnungstür nicht daran hindern, die Wohnung zu verlassen. Kaum haben ihre Eltern und Ewald das Haus verlassen, greift sie zum Telefon und ruft den Hausmeister an, damit er die Tür aufschließt. Den Nachmittag verbringt sie dann zusammen mit Jasper im Prater[1]*. Am frühen Abend lässt sie sich wieder zusammen mit Jasper vom Hausmeister in der Wohnung einschließen, damit ihre Eltern nichts davon merken, dass sie unerlaubt nach draußen gegangen sind. Als diese schließlich zu Hause eintreffen, schöpfen sie keinen Verdacht.*

1 *Prater:* Vergnügungspark in Wien

Richtig schreiben

Komposita richtig schreiben

- Es ist typisch für die deutsche Sprache, dass zwei (oder mehr) Wörter zu einem Wort zusammengesetzt werden können (vgl. auch S. 97). Eine solche Zusammensetzung (Fachbegriff: **Kompositum**; Plural: **Komposita**) bekommt ihre Bedeutung von ihren Wortbestandteilen:
  - Das **Grundwort**, das den letzten Teil eines Kompositums bildet, sagt aus, worum es grundsätzlich geht.
  - Das **Bestimmungswort**, das dem Grundwort vorangestellt ist, gibt genauere Auskunft über Besonderheiten dessen, was gemeint ist. (Manchmal besteht der erste Teil eines Kompositums auch aus mehreren Wörtern.)

  Beispiele: Straßen | bahn: eine Bahn, die (mithilfe von Gleisen) auf der Straße fährt
  Erd | beben | opfer: Opfer, die es nach einem Beben der Erde gegeben hat
- Wenn das **Grundwort ein Nomen** ist, schreibt man das Kompositum **groß**, sonst schreibt man es klein.

  Beispiele: maus | grau → klein, weil das Grundwort ein Adjektiv ist
  Spitz | maus → groß, weil das Grundwort ein Nomen ist

95 Zerlege die folgenden Zusammensetzungen in ihre **Bestandteile**.
Ein Beispiel ist vorgegeben.

Zusammensetzungen	Bestandteile
annehmen	*an | nehmen*
lehrreich	
Brennnessel	
weggehen	
Farbbeutel	
gelbbraun	
Fertiggericht	
abbeißen	

96 **Groß oder klein**? Trage die richtige Schreibweise in die zweite Spalte ein. Begründe deine Entscheidung, indem du die Wortart des Grundwortes nennst. Ein Beispiel ist schon gelöst.

Kompositum	richtige Schreibweise	Wortart des Grundwortes
FAHRKARTE	*Fahrkarte*	*Karte: Nomen*
HELLWACH		
LESEBRILLE		
HAARGENAU		
NOTLANDEN		
ORDNUNGSLIEBE		
STERNENKLAR		
MONDSÜCHTIG		

Komma bei der Aufzählung

Dies ist die einfachste Komma-Regel:

Das Komma trennt die einzelnen Glieder einer Aufzählung.

- **Ausnahme:** Zwei Glieder einer Aufzählung werden durch die Konjunktion **und** oder durch die Konjunktion **oder** miteinander verbunden. Man kann sagen: Bei einer Aufzählung stehen Kommas stellvertretend für die Konjunktionen „und" und „oder".

  Beispiel: Im Sommer gibt es viele verschiedene Früchte: Kirschen, Erdbeeren, Himbeeren, Johannisbeeren, Pfirsiche und Aprikosen.

- Die einzelnen Glieder einer Aufzählung können **unterschiedlich lang** sein: Sie können – wie in dem Beispiel oben – nur aus **einzelnen Wörtern** bestehen, sie können aber auch aus **Wortgruppen** bestehen. Du kannst sogar ganze **Sätze** aufzählen.

  Beispiele: Der Vater griff sich Jasper, zerrte ihn ins Badezimmer, steckte ihn in die Badewanne und wusch ihn. (Aufzählung von Wortgruppen)
  Die Mutter putzte, Ewald sah ihr zu. (Aufzählung von Sätzen)

- Wenn zwei Hauptsätze durch die Konjunktionen „und" oder „oder" verbunden sind, kannst du ein **Komma** setzen, um den Satz **übersichtlicher** zu gestalten. Du musst dieses Komma aber nicht unbedingt setzen.

  Beispiel: Ewald folgte der Mutter, die Mutter weinte und der Vater fing an, Jasper zu waschen. (Aufzählung von Sätzen mit Komma vor „und")

97 Suche im Textauszug von S. 43–45 nach **vier Aufzählungen**, bei denen die einzelnen Glieder der Aufzählung durch Kommas getrennt sind.

Aufzählung 1: ____

____

Aufzählung 2: ____

____

Aufzählung 3: ____

____

Aufzählung 4: ____

____

Komma zwischen Gegensätzen

Auch die folgende Komma-Regel ist recht einfach:

Das Komma trennt Gegensätze voneinander.

- Gegensätze werden insbesondere durch eine dieser **Konjunktionen** zum Ausdruck gebracht: **aber**, **doch** und **sondern**.
- Gegensätze können mit **einzelnen Wörtern** oder **ganzen Sätzen** ausgedrückt werden.

  Beispiele: Der Vater wollte einen Familienausflug machen, aber die Kinder kamen nicht mit. (Gegensatz von Sätzen)
  Du sollst nicht nur herumstehen und zusehen, sondern zupacken. (Gegensatz von Wörtern)
- Entscheidend ist, dass es sich wirklich um Gegensätze handelt.
  Die Wörter **aber** und **doch** kann man auch verwenden, um eine Art **Erstaunen** zum Ausdruck zu bringen. Dann handelt es sich aber **nicht** um **Konjunktionen**; deshalb steht hier auch **kein Komma**.

  Beispiele: Du hast dich aber schmutzig gemacht!
  Das ist doch nicht zu fassen!

98 Trage die fehlenden Wörter ein, mit denen im Textauszug von S. 43–45 ein **Gegensatz** ausgedrückt wird.

Gegensatz, Teil 1	Konjunktion	Gegensatz, Teil 2
Sie saugt nicht nur den Lurch weg,		
Die Schuhe sind nicht wie zum Paradeschritt ausgerichtet,		
Der Staubsauger surrte laut, die Mama kommandierte noch lauter,		
Er wirkte erschöpft,		

99 Ergänze in dem folgenden Text die **fehlenden Kommas**.

Der englische Junge Jasper war für ein paar Wochen zu Gast bei der Familie Mittermeier in Wien. Eigentlich sollte sein Stiefbruder als Austauschkind kommen doch der hatte sich kurz vor der Reise das Bein gebrochen. Deshalb wurde sein Halbbruder Jasper nach Österreich geschickt. Jasper schockierte seine Gasteltern durch sein merkwürdiges Benehmen seine Unordnung und seine mangelnde Hygiene. Beim Blick in sein Zimmer war seine Gastmutter einmal vollkommen entsetzt: Dort lagen leere Fischdosen Teile der elektrischen Eisenbahn benutzte Papiertaschentücher Kleidungsstücke und Verpackungen überall auf dem Boden verstreut. Jasper selbst war auch völlig verdreckt. Er war zwar schon seit einigen Tagen da aber er hatte sich noch nicht ein einziges Mal gewaschen. Der Engländer wollte zwar nicht gewaschen werden doch das kümmerte seinen Gastvater wenig. Er zerrte den Jungen energisch ins Badezimmer steckte ihn in die Badewanne und schrubbte ihn sauber. In der Zwischenzeit brachte die Mutter das Zimmer in Ordnung. Sie warf den Müll in den Mülleimer ordnete die Eisenbahnteile wieder in die Kisten ein fegte den Boden und wischte ihn feucht auf. Ihr Sohn Ewald fand Jaspers Unordnung eher harmlos. Er meinte: „Die Kleider kann man doch waschen den Boden kann man säubern der Müll lässt sich beseitigen und die Spielsachen kann man einfach wegräumen!" Er konnte die Aufregung seiner Mutter nicht verstehen aber er kannte sie ja. Und so wusste er: Sie war nicht nur ordnungsliebend sondern geradezu pedantisch. Das sagte seine Oma auch immer.

Sich schriftlich äußern

Einen Perspektivwechsel vornehmen

Manchmal wirst du aufgefordert, die Handlung, die in einem Text erzählt wird, aus einer **anderen Perspektive** wiederzugeben. In dem Jugendbuch „Das Austauschkind" wird das Geschehen aus der Sicht des dreizehnjährigen Sohnes erzählt. Wie würde wohl die Mutter das Geschehen erzählen? Sicher ganz anders!

- Um einen Perspektivwechsel vorzunehmen, musst du dich **in die Figur hineinversetzen**, aus deren Sicht du die Handlung neu erzählen sollst.
  Beachte bei deiner Darstellung:
  – Was würde diese Figur über das Verhalten der anderen Figuren **denken**?
  – Wie würde sie sich selbst dabei sehen – und was würde sie **empfinden**?
- Zudem musst du eine **passende Sprache** verwenden, d. h., du musst die Ereignisse möglichst so erzählen, wie diese Figur es tun würde. Die Sprache sollte zur **Rolle** und zum **Alter** dieser Figur passen – und natürlich auch zu ihrer **Stimmung**.

100 Stelle die Handlung, die der Ich-Erzähler erzählt, entweder aus der **Sicht der Mutter oder** aus der **Sicht des Vaters** dar. Gehe davon aus, dass die Mutter (oder der Vater) einer Nachbarin (oder einem Nachbarn) von Jasper erzählt.

Beginne so: *Sie wissen doch, dass wir gerade Besuch von einem jungen Engländer haben, nicht wahr? …*

Schreibe ungefähr 300 Wörter in dein Heft.

Kapitel 5: Die Kirschen

VON WOLFGANG BORCHERT

Nebenan klirrte ein Glas. Jetzt isst er die Kirschen auf, die für mich sind, dachte er. Dabei habe ich das Fieber. Sie hat die Kirschen extra vors Fenster gestellt, damit sie ganz kalt sind. Jetzt hat er das Glas hingeschmissen. Und ich hab das Fieber.

Der Kranke stand auf. Er schob sich die Wand entlang. Dann sah er durch die Tür, dass sein Vater auf der Erde saß. Er hatte die ganze Hand voll Kirschsaft. Alles voll Kirschen, dachte der Kranke, alles voll Kirschen. Dabei sollte ich sie essen. Ich hab doch das Fieber. Er hat die ganze Hand voll Kirschsaft. Die waren sicher schön kalt. Sie hat sie doch extra vors Fenster gestellt für das Fieber. Und er isst mir die ganzen Kirschen auf. Jetzt sitzt er auf der Erde und hat die ganze Hand davon voll. Und ich hab das Fieber. Und er hat den kalten Kirschsaft auf der Hand. Den schönen kalten Kirschsaft. Er war bestimmt ganz kalt. Er stand doch extra vorm Fenster. Für das Fieber.

Er hielt sich am Türdrücker. Als der quietschte, sah der Vater auf. Junge, du musst doch zu Bett. Mit dem Fieber, Junge. Du musst sofort zu Bett.

Alles voll Kirschen, flüsterte der Kranke. Er sah auf die Hand. Alles voll Kirschen.

Du musst sofort ins Bett, Junge. Der Vater versuchte aufzustehen und verzog das Gesicht. Es tropfte von seiner Hand.

Alles Kirschen, flüsterte der Kranke. Alles meine Kirschen. Waren sie kalt? fragte er laut. Ja? Sie waren doch sicher schön kalt, wie? Sie hat sie doch extra vors Fenster gestellt, damit sie ganz kalt sind. Damit sie ganz kalt sind.

Der Vater sah ihn hilflos von unten an. Er lächelte etwas. Ich komme nicht wieder hoch, lächelte er und verzog das Gesicht. Das ist doch zu dumm, ich komme buchstäblich nicht wieder hoch.

Der Kranke hielt sich an der Tür. Die bewegte sich leise hin und her von seinem Schwanken. Waren sie schön kalt? flüsterte er, ja?

Ich bin nämlich hingefallen, sagte der Vater. Aber es ist wohl nur der Schreck. Ich bin ganz lahm, lächelte er. Das kommt von dem Schreck. Es geht gleich wieder. Dann bring ich dich zu Bett. Du musst ganz schnell zu Bett.

Der Kranke sah auf die Hand.

Ach, das ist nicht so schlimm. Das ist nur ein kleiner Schnitt. Das hört gleich auf. Das kommt von der Tasse, winkte der Vater ab. Er sah hoch und verzog das Gesicht. Hoffentlich schimpft sie nicht. Sie mochte gerade diese Tasse so gern. Jetzt hab ich sie kaputt gemacht. Ausgerechnet diese Tasse, die sie so gern mochte. Ich wollte sie ausspülen, da bin ich ausgerutscht. Ich wollte sie nur ein bisschen kalt ausspülen und deine Kirschen da hineintun. Aus dem Glas trinkt es sich so schlecht im Bett. Das weiß ich noch. Daraus trinkt es sich ganz schlecht im Bett.

Der Kranke sah auf die Hand. Die Kirschen, flüsterte er, meine Kirschen?

Der Vater versuchte noch einmal hochzukommen. Die bring ich dir gleich, sagte er. Gleich, Junge. Geh schnell zu Bett mit deinem Fieber. Ich bring sie dir gleich. Sie stehen noch vorm Fenster, damit sie schön kalt sind. Ich bring sie dir sofort.

Der Kranke schob sich an der Wand zurück zu seinem Bett. Als der Vater mit den Kirschen kam, hatte er den Kopf tief unter die Decke gesteckt.

Textsorten kennen

Kurzgeschichte

Eine **Kurzgeschichte** ist nicht bloß einfach eine kurze Geschichte. (Es gibt nämlich viele Arten von kurzen Geschichten, z. B. Fabeln, Märchen, Anekdoten, Sagen …)

Neben ihrem **geringen Umfang** zeichnet sie sich durch **weitere Merkmale** aus:

1. Im Mittelpunkt der Handlung stehen **keine Helden**, sondern **normale Menschen**, z. B. eine Verkäuferin, ein Busfahrer, ein Schüler, der Vater eines Kindes o. Ä. Sie spielen in der Gesellschaft, in der sie leben, keine besondere Rolle; sie sind „Menschen wie du und ich".
2. Die Personen erleben nichts Besonderes, sondern eher ein **alltägliches Ereignis**. Trotzdem hat das, was sie erleben, einen **Sinn** für sie: Oft gewinnen sie dadurch schlagartig eine **neue Einsicht**. Dieser Moment ist zugleich der **Höhepunkt**, auf den die Handlung zustrebt, und auch ein **Wendepunkt:** Etwas ändert sich.
3. Die **Sprache** ist **einfach**. Sie passt zu den Menschen und zur Handlung; deshalb wirkt sie wie aus dem Alltag gegriffen. Oft hat der Leser das Gefühl, die Geschichte werde mündlich erzählt, weil die Sprache **der Umgangssprache angenähert** ist.
4. Es gibt **keine Einleitung**. Der Erzähler stellt die Personen nicht vor und erklärt nicht, in welcher Situation sie sich befinden, sondern er „springt" direkt in das Geschehen hinein.
5. Kurzgeschichten haben in der Regel ein **offenes Ende**, d. h., der Leser weiß nicht, wie die Handlung ausgeht. Es wird z. B. nicht gesagt, ob eine der beteiligten Personen eine Entscheidung trifft. Der Leser muss selbst überlegen, wie die Geschichte enden könnte.

101 Welche der obigen Merkmale treffen auf die Kurzgeschichte „Die Kirschen" von Wolfgang Borchert zu?
Begründe deine Entscheidung jeweils. Beziehe dich dabei auf den Text.

Merkmal 1: Die Beteiligten sind ganz normale Menschen.

☐ trifft zu

☐ trifft nicht zu

Begründung: ____

____

____

____

Merkmal 2: Erzählt wird von einem alltäglichen Ereignis.

☐ trifft zu

☐ trifft nicht zu

Begründung: ____________________

____

____

____

Merkmal 3: Die Sprache ist einfach und der Umgangssprache angenähert.

☐ trifft zu

☐ trifft nicht zu

Begründung: ____________________

____

____

____

Merkmal 4: Es gibt keine Einleitung.

☐ trifft zu

☐ trifft nicht zu

Begründung: ____________________

____

____

____

Merkmal 5: Der Schluss ist offen.

☐ trifft zu

☐ trifft nicht zu

Begründung: ____________________

____

____

____

Lesestrategien entwickeln

Den gesellschaftlichen Hintergrund berücksichtigen

- Die Handlung eines literarischen Textes (z. B. einer Kurzgeschichte) spielt oft nicht heute, sondern zu einer **anderen Zeit**, etwa am Anfang des 20. Jahrhunderts.
- Der Alltag der Menschen damals unterschied sich von unserem heutigen Alltag: Bestimmte **Dinge**, die uns heute vertraut sind (z. B. Computer), gab es noch nicht.
- Oder das Leben der Menschen folgte **anderen Regeln** (z. B. war es früher nicht üblich, dass eine verheiratete Frau berufstätig war).

Das alles musst du beim Lesen berücksichtigen, um den Text richtig zu verstehen.

Beispiel: Die Kurzgeschichte „Die Kirschen" wurde verfasst von Wolfgang Borchert (1921–1947). Als junger Soldat erlebte er den Zweiten Weltkrieg. Kälte und Hunger an der Front machten ihn krank, sodass er schon im Alter von 26 Jahren starb. – Ob Borchert „Die Kirschen" vor oder nach dem Krieg geschrieben hat, ist nicht bekannt. Klar ist aber: Die Handlung spielt zu einer Zeit, als die Menschen nicht einfach in einem Supermarkt Nahrungsmittel einkaufen konnten. Und es gab weder Kühlschränke noch Gefriertruhen. Wenn sie Früchte, z. B. Kirschen, nicht nur essen wollten, wenn sie reif waren, mussten sie diese „einkochen", d. h. in ein Glas füllen und durch Hitze haltbar machen.

102 Warum kann es sich bei den Kirschen, auf die sich der Junge gefreut hat, nicht um frische Früchte gehandelt haben, sondern nur um Früchte, die eingekocht waren? Suche im Text nach einem **Beleg** dafür.

____

____

____

____

103 Woran erkennt man, dass es zu der Zeit, in der die Handlung spielt, noch keine Kühlschränke gegeben hat? Suche wieder im Text nach einem **Beleg**.

____

____

____

____

Den Text verstehen

104 Wer ist zum Zeitpunkt der Handlung anwesend – und wer ist gerade nicht zu Hause? Trage die entsprechenden **Figuren** ein.

anwesend	abwesend

105 Wer ist krank? Antworte mit einem vollständigen Satz.

____

106 Wer war vorher krank? Antworte wieder mit einem vollständigen Satz. Begründe deine Meinung anschließend.

____

Begründung: ____

____

____

____

107 Woran merkt man, dass es sich bei der Krankheit nicht bloß um eine einfache Erkältung handelt? Beziehe dich auf den Text. Verwende die gegebenen Satzanfänge.

Als der Junge aufsteht und in die Küche geht, ______________________

____

Als er in der Küche angekommen ist, ______________________

____

108 Warum geht der Junge in die Küche? Nenne den Anlass, der ihn dazu bewegt.

____

____

109 An einer Stelle heißt es: „Er hatte die ganze Hand voll Kirschsaft." (Z. 6)

a Wer denkt das? ______________________

____

b Worum handelt es sich in Wirklichkeit bei dem „Kirschsaft"?

____

110 In Zeile 31 heißt es: „Der Kranke sah auf die Hand." Wie versteht der Vater diesen Blick? Erkläre, was er denkt. Belege deine Meinung anhand einer Textstelle.

____

____

Beleg: ______________________

____

____

111 Worum macht sich der Vater am wenigsten Sorgen?
Kreuze an. Begründe deine Entscheidung anschließend.

Am wenigsten Sorgen macht er sich …

- ☐ um sich selbst.
- ☐ um seinen Sohn.
- ☐ um eine andere Person.

Begründung: ______________________

____

____

112 An zwei Stellen der Geschichte heißt es, dass der Vater das Gesicht „verzog" (Z. 24, 33 f.). Erkläre in einem Satz, was man daran erkennt.

____

113 Dreimal heißt es, dass der Vater „lächelte“ (Z. 23, 24, 29).
Erkläre, warum er lächelt.

114 Finde eine Erklärung für das Verhalten, das der Junge am Schluss zeigt (Z. 46).

115 In der Begegnung zwischen dem Vater und seinem Sohn ist es zu einem Missverständnis gekommen. Was hat der Junge falsch verstanden und was hat der Vater falsch verstanden?

Antworte **ausführlich** und schreibe mindestens 100 Wörter in dein Heft.

Die Sprache untersuchen

Bedeutung von Wiederholungen im Text

- Wenn sich in einem Text bestimmte Wörter wiederholen, hat der Autor in der Regel keine Nachlässigkeit begangen, sondern die **Wiederholungen absichtlich** in den Text eingefügt. Damit lenkt er die **Aufmerksamkeit** des Lesers gezielt auf diese Textstellen.
- Wiederholungen sind ein Hinweis darauf, dass du diese Textstellen unbedingt beachten solltest, weil sie dem Autor besonders **wichtig** sind.
- Manche Wiederholungen stehen zwar **nicht exakt im gleichen Wortlaut**, sondern **mit kleinen Veränderungen** im Text; es handelt sich aber trotzdem um Wiederholungen.

  Beispiel: Jetzt isst er die Kirschen auf, die für mich sind, dachte er. […]
  Und er isst mir die ganzen Kirschen auf.
- In der Kurzgeschichte „Die Kirschen" sind es vor allem die Gedanken der Hauptfigur, die häufig **wiederholt** werden. Frage dich an diesen Stellen:
  - **Warum** hat die Figur immer wieder die gleichen Gedanken?
  - **Was sagt das** über ihren Gemütszustand **aus**?

116 Schreibe drei unterschiedliche Textstellen aus der Kurzgeschichte heraus, die fast wörtlich mehrmals wiederholt werden.

117 Überlege, was durch die Wiederholungen zum Ausdruck kommt.

	trifft zu	trifft nicht zu
a Die Kirschen bedeuten dem kranken Sohn viel.	☐	☐
b Der Sohn ist vergesslich und wiederholt deshalb viele Sätze.	☐	☐
c Der Sohn nimmt sich selbst mit seiner Krankheit sehr wichtig.	☐	☐
d Er ist durch sein Fieber verwirrt und kann nicht klar denken.	☐	☐

Indirekte Rede

Mit der indirekten Rede gibt man **sinngemäß** – also nicht wortwörtlich – wieder, was eine Person sagt. Dabei gelten diese **Regeln:**

- Das Personalpronomen **ich** wird in das Personalpronomen **er** (oder **sie**) umgewandelt.
- Davor steht meist ein zugehöriger **Begleitsatz**.
  Beispiel: Der Vater sagte, er komme nicht wieder hoch.
- Es wird eine bestimmte **Aussageweise** (Fachbegriff: **Modus**) verwendet: der **Konjunktiv I**. Damit gibt man zu erkennen: Hier werden **keine Tatsachen** festgestellt, sondern es werden **Äußerungen oder Gedanken** einer Person sinngemäß wiedergegeben.
- Der Konjunktiv I wird häufig in der **dritten Person Singular** verwendet, denn in der Regel sind es Äußerungen einer einzelnen Person, die in indirekter Rede wiedergegeben werden. Man bildet den Konjunktiv I dann vom **Stamm des Verbs**; an diesen wird der **Buchstabe -e** angehängt.
  Beispiele: Er sagt: „Ich lese …“ → Er sagt, er lese … (les | en → les + e = lese)
- Wenn sich eine Äußerung in indirekter Rede auf andere Personen (oder Dinge) bezieht, muss noch die entsprechende **Personalendung** zur Verbform hinzugefügt werden.
  Beispiele: Er sagte: „Die Kirschen sind kalt.“ → Er sagte, die Kirschen seien kalt.
  (sei | n → sei + e + n = seien)
  Er meinte: „Du hast keine Zeit.“ → Er meinte, du habest keine Zeit.
  (hab | en → hab + e + st = habest)

118 Wandle die Sätze in den Sprechblasen in **indirekte Rede** um. Füge am Anfang jeweils einen **passenden Begleitsatz** hinzu. (Denke dir aus, wer so etwas sagen könnte!) Schreibe die Sätze in dein Heft.

a Ich gehe nach Hause.

b Ich brauche mehr Taschengeld.

c Der Spielfilm fängt an.

d Mein Bruder ist krank.

e Ich verstehe das nicht.

f Es regnet schon wieder.

Besonderheiten bei der indirekten Rede

- Bei Tempora, die mit **Hilfsverben** gebildet werden (z. B. Futur, Perfekt), steht jeweils nur das Hilfsverb im **Konjunktiv I**. Gleiches gilt für Prädikate, die ein **Modalverb** enthalten (z. B. *müssen, wollen*).

  Beispiele: Der Vater sagte: „Jonas ist bereits ins Bett gegangen."
  → Der Vater sagte, Jonas sei bereits ins Bett gegangen.
  Der Junge sagte: „Ich will noch nicht schlafen."
  → Der Junge sagte, er wolle noch nicht schlafen.

- Um in der indirekten Rede **Vergangenheit** zum Ausdruck zu bringen, verwendest du grundsätzlich die **Perfektform** des Konjunktivs I (z. B. *sei gewesen, habe gefragt*).

  Beispiel: Er sagte: „Ich fuhr nach Hause."
  → Er sagte, er sei nach Hause gefahren.

- Bei **Fragen** verwendest du die Konjunktion **ob** oder das entsprechende Fragepronomen (z. B. **warum**? oder **wo**?).

  Beispiele: Er sagte: „Waren die Kirschen kalt?"
  → Er fragte, ob die Kirschen kalt gewesen seien.
  Er fragte sich: „Wo sind meine Kirschen?"
  → Er fragte sich, wo seine Kirschen seien.

Hinweis: Du kannst einen Satz in indirekter Rede auch mit der Konjunktion **dass** beginnen. Dann kannst du auf den Konjunktiv verzichten, weil ohnehin klar ist, dass danach die Äußerung einer Person wiedergegeben wird.

Beispiel: Der Vater sagt, dass er die Kirschen vors Fenster gestellt hat.

119 Wandle die Sätze mit wörtlicher Rede in Sätze mit **indirekter Rede** um.

a Der Junge dachte: „Ich habe ein Klirren gehört."

____

b Er meinte: „Ich muss in die Küche gehen."

____

c Er sagte seinem Vater: „Die Mutter hat die Kirschen vors Fenster gestellt."

____

____

d Der Vater sagte: „Ich bin auf dem Fußboden ausgerutscht."

____

Richtig schreiben

Zeichensetzung bei wörtlicher Rede

Die wörtliche Rede wird in **Anführungszeichen** gesetzt. Die Zeichensetzung vor und nach der wörtlichen Rede hängt von der **Position des Begleitsatzes** ab:

Vorangestellter Begleitsatz

- Die wörtliche Rede wird durch einen **Doppelpunkt** angekündigt und mit einem passenden **Satzschlusszeichen** beendet (. ? oder !).

Beispiele: Er sagte: „Komm mich besuchen." (Aussagesatz)
Er fragte: „Kommst du mich besuchen?" (Fragesatz)
Er rief: „Besuch mich!" (Ausrufesatz)

Nachgestellter Begleitsatz

- Der Begleitsatz wird durch ein **Komma** von der wörtlichen Rede abgetrennt.

Beispiele: „Komm mich besuchen", sagte er. (Aussagesatz)
Hinweis: Beim Aussagesatz mit nachgestelltem Begleitsatz entfällt der Punkt vor den Anführungszeichen.
„Kommst du mich besuchen?", fragte er. (Fragesatz)
„Besuch mich!", rief er. (Ausrufesatz)

Eingeschobener Begleitsatz

- Der Begleitsatz wird am Anfang und am Ende **durch ein Komma „abgetrennt"**.

Beispiele: „Irgendwann", sagte er, „kommst du mich besuchen." (Aussagesatz)
„Glaubst du", fragte er, „ich sollte sie besuchen?" (Fragesatz)
„Maria", rief er, „besuch mich mal!" (Ausrufesatz)

120 Schreibe den folgenden Abschnitt aus der Kurzgeschichte „Die Kirschen" richtig in dein Heft ab und ergänze dabei die **fehlenden Satzzeichen**.

Alles Kirschen, flüsterte der Kranke. Alles meine Kirschen. Waren sie kalt? fragte er laut. Ja? Sie waren doch sicher schön kalt, wie? Sie hat sie doch extra vors Fenster gestellt, damit sie ganz kalt sind. Damit sie ganz kalt sind.

Der Vater sah ihn hilflos von unten an. Er lächelte etwas. Ich komme nicht wieder hoch, lächelte er und verzog das Gesicht. Das ist doch zu dumm, ich komme buchstäblich nicht wieder hoch.

Der Kranke hielt sich an der Tür. Die bewegte sich leise hin und her von seinem Schwanken. Waren sie schön kalt? flüsterte er, ja?

Zitate richtig kennzeichnen

- Um eine Aussage **am Text** zu **belegen**, ist es oft nötig, dass du eine passende Textstelle (Fachbegriff: **Zitat**) herausschreibst. Ein solches Zitat kennzeichnest du wie die wörtliche Rede, d. h., du setzt die **zitierten Worte in Anführungszeichen**.
  - Wichtig ist, dass du angibst, an welcher Stelle im Text das Zitat zu finden ist. Ergänze deshalb nach dem Zitat **in Klammern** eine **Zeilenangabe**.
  - Füge wie bei der wörtlichen Rede einen **Begleitsatz** hinzu.

  Beispiel: Der Erzähler sagt: „…" (Z. …)
- Nicht immer musst du vollständige Sätze zitieren. Mitunter genügt es auch, zwei oder drei Worte gezielt in deinen Text einzufügen. Kennzeichne auch diese Zitate durch Anführungszeichen.

  Beispiel: Er sagt, die Mutter habe die Kirschen „extra vors Fenster gestellt" (Z. 21 f.).

121 Belege die folgenden Aussagen zur Kurzgeschichte „Die Kirschen", indem du jeweils eine passende Textstelle mit einem Begleitsatz als Beleg anführst.

a Der Junge ist sehr krank.

Beleg: ______________________________

____

b Der Junge verdächtigt seinen Vater, die Kirschen gegessen zu haben.

Beleg: ______________________________

____

c Der Vater ist gestürzt.

Beleg: ______________________________

____

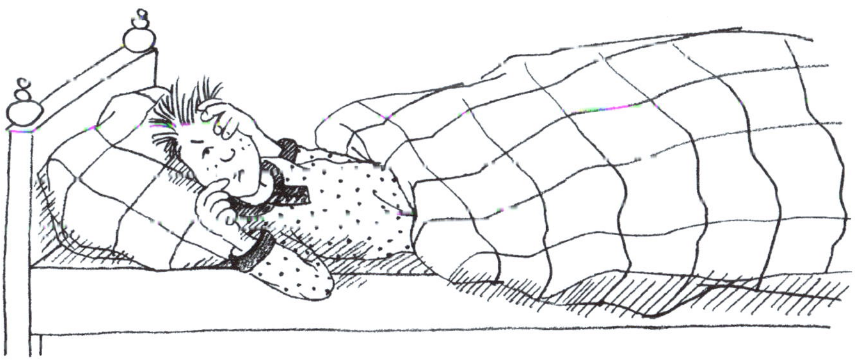

Sich schriftlich äußern

Den Inhalt zusammenfassen

Mit einer **Inhaltszusammenfassung** gibst du die wesentlichen Aussagen eines Textes knapp und sachlich wieder. Dabei sind diese **Regeln** zu beachten:

- Die zusammenfassende Darstellung erfolgt im **Präsens**.
- Die **Einleitung** gibt folgende Informationen über den Text:
  - **Titel** (Überschrift), **Textsorte** (z. B. Kurzgeschichte), **Autor** (z. B. Wolfgang Borchert) und **Thema**.
  - Um das Thema zu bestimmen, überlegst du, worum es im Text geht. Beispielsweise kannst du ein Problem nennen, dass die Figuren miteinander haben.
- Im **Hauptteil** gibst du **genauere Auskünfte über den Ablauf der Handlung**.
  - Gib eine etwas ausführlichere **Antwort auf die Wie-Frage:** *Wie kommt es dazu?*
  - Gehe nicht auf jede Einzelheit ein. Beschränke dich auf das **Wesentliche**.
  - **Vermeide Wiederholungen**, indem du Dinge, die mehrmals gesagt werden, zu einer Aussage zusammenfasst.
- Wichtige Aussagen, die in Form von wörtlicher Rede enthalten sind, gibst du in der **indirekten Rede** wieder.
- **Vermeide Adverbien**, mit denen **Spannung** ausgedrückt wird (z. B. *plötzlich*).
- **Beende** deine Zusammenfassung mit einem Satz, in dem du eine Art **Ergebnis** formulierst. Am besten sagst du abschließend etwas darüber, was der Text zeigt.

Hinweis: Für den **Einleitungssatz** merkst du dir am besten zwei **Mustersätze**, die du immer wieder – jeweils angepasst an den betreffenden Text – verwenden kannst. Die folgenden Mustersätze passen zu Wolfgang Borcherts Kurzgeschichte „Die Kirschen“:

- *Mustersatz 1:* Die Kurzgeschichte „Die Kirschen“ von Wolfgang Borchert handelt von einem kranken Jungen und seinem Vater, zwischen denen es zu einem Missverständnis kommt. […]
- *Mustersatz 2:* In der Kurzgeschichte „Die Kirschen“ von Wolfgang Borchert geht es um ein Missverständnis, das zwischen einem kranken Jungen und seinem Vater aufkommt. […]

122 Verfasse eine **vollständige Inhaltszusammenfassung** der Kurzgeschichte „Die Kirschen“ von Wolfgang Borchert. Du kannst einen der beiden Mustersätze für deine Einleitung verwenden.

Schreibe ungefähr 200 Wörter in dein Heft.

Kapitel 6: Sudoku

Sudoku (japanisch, kurz für *Sūji wa dokushin ni kagiru*, wörtlich: „Eine Zahl bleibt immer allein“) ist ein Logikrätsel[1]. In der üblichen Version ist es das Ziel, ein 9 x 9-Gitter mit den Ziffern 1 bis 9 so zu füllen, dass jede Ziffer in einer Spalte, in einer Zeile und in einem Block (einem 3 x 3-Unterquadrat) nur einmal vorkommt. Das Rätsel wurde 1979 von dem Amerikaner Howard Garus erfunden. Es wurde jedoch erst in Japan 1986 unter dem Namen *Sudoku* populär. In einer weltweit stark zunehmenden Zahl an Zeitungen und Zeitschriften werden heute regelmäßig Sudoku-Rätsel veröffentlicht.

5	3			7				
6			1	9	5			
	9	8					6	
8				6				3
4			8		3			1
7				2				6
	6					2	8	
			4	1	9			5
				8			7	9

Das Spiel besteht aus einem Gitterfeld mit 3 x 3 Blöcken, die jeweils in 3 x 3 Felder unterteilt sind, insgesamt also aus 81 Feldern in 9 Zeilen und 9 Spalten. In einige dieser Felder sind schon zu Beginn Ziffern zwischen 1 und 9 eingetragen. Typischerweise sind 22 bis 36 Felder von 81 möglichen vorgegeben. Ziel des Spiels ist es, die leeren Felder des Puzzles so zu vervollständigen, dass in jeder der neun Zeilen, Spalten und Blöcke jede Ziffer von 1 bis 9 genau einmal auftritt.
Wenn eine Zahl in einem Feld möglich ist, bezeichnet man sie als „Kandidat“. Die drei Bereiche (Zeile, Spalte, Block) werden jeweils als „Einheiten“ bezeichnet.

X-Sudoku ist eine Variante, bei der auch die beiden Diagonalen des Gitterfeldes aus verschiedenen Einträgen bestehen müssen. Der Name kommt daher, dass die beiden Diagonalen, wenn sie sich kreuzen, den Buchstaben X formen.

Intuitives[2] Raten führt nicht zum Erfolg. Systematisches Vorgehen[3], genaue Analyse[4] und logisches Denken sind gefordert. Leichte bis mittlere Sudokus lassen sich in der Regel durch einfache logische Analysen im Kopf und ohne

1 *Logik:* Wenn man mit dem Verstand an eine Sache herangeht (Wenn ..., dann ...), orientiert man sich an der Logik.
2 *intuitiv:* einer plötzlichen Eingebung folgend
3 *systematisches Vorgehen:* planmäßiges Vorgehen
4 *Analyse:* Untersuchung

Hilfsmittel lösen. Bei schwereren Sudokus hilft es, sich die möglichen Kandidaten je Zelle aufzuschreiben und so unmögliche Kandidaten zu erkennen.

Beim Lösen eines Sudokus können verschiedene Methoden angewendet werden, z. B. Auszählen, Eliminieren oder Ausprobieren.

Auszählen: In einem Block, einer Spalte oder einer Reihe wird ausgezählt, welche Ziffern dort noch fehlen.

Eliminieren:[5] Um herauszufinden, welche Zahlen in einer Spalte, Reihe oder einem Block stehen könnten, sondert man diejenigen aus, die bereits in der jeweiligen Spalte, Zeile oder dem jeweiligen Block eingetragen sind. Die Zahlen, die übrig bleiben, sind mögliche Kandidaten.

Ausprobieren: Bei sehr schweren Sudokus führt irgendwann kein Weg mehr am Ausprobieren vorbei. Aber auch dann sollte man nach einem System vorgehen. Zum Ausprobieren eignen sich vor allem Zellen, in denen nur zwei Kandidaten möglich sind. Man setzt probeweise einen der beiden Kandidaten in eine solche Zelle ein und prüft, ob er dort passt.

Vom 10. bis 12. März 2006 wurden in Lucca (Italien) die ersten offiziellen Sudoku-Weltmeisterschaften mit 85 Teilnehmern aus 22 Nationen abgehalten. Weltmeisterin wurde die tschechische Wirtschaftswissenschaftlerin Jana Tylova, den zweiten und dritten Platz belegten mit dem Chemiestudenten Thomas Snyder und dem Softwareentwickler Wei-Hwa Huang zwei US-Amerikaner.

Der US-Amerikaner Wei-Hwa Huang bei der ersten Sudoku-Weltmeisterschaft 2006 in Lucca (Italien).

5 *eliminieren:* aussortieren, aussondern

Textsorten kennen

Lexikoneintrag

Der Text über das Rätsel namens *Sudoku* stammt aus einem **Lexikon**, und zwar aus der Enzyklopädie *Wikipedia*, die im Internet veröffentlicht ist. Die einzelnen Einträge sind von verschiedenen Personen verfasst, die ihr Wissen einer breiteren Öffentlichkeit zugänglich machen wollen.

- Während du in einem Wörterbuch (z. B. im Duden) nur erfährst, wie man die dort eingetragenen Wörter schreibt und grammatisch korrekt verwendet, bekommst du in einem Lexikon **zu jedem Stichwort genauere Informationen**.
  Du findest dort Einträge über Personen, Dinge und Sachverhalte, die **für die Allgemeinheit von Bedeutung** sein können, z. B. über berühmte Persönlichkeiten, Pflanzen, Tiere, Länder, geschichtliche Ereignisse und anderes mehr.
- Im **ersten Satz** wird zunächst eine **Definition** gegeben.
  Beispiele: **Amsel:** ein Singvogel
  Lotterie: ein Glücksspiel, an dem sich mehrere Spieler mit Einsätzen (meist in Form von Geld) beteiligen und bei dem die Gewinner durch ein auf Zufall beruhendes Verfahren ermittelt werden.
- Bei Wörtern, die ursprünglich aus einer anderen Sprache stammen, wird die **Ursprungssprache** genannt (meist in Klammern nach dem Stichwort).
  Beispiel: Jurte [türk.]: rundes, mit Filzdecken belegtes Zelt der Hirtennomaden
- Danach folgen **genauere Informationen**.

123 Schreibe die **Definition** heraus, die im Wikipedia-Eintrag für das Wort *Sudoku* gegeben wird.

____

____

124 Aus welcher Ursprungssprache stammt das Wort *Sudoku*? Kreuze an.

- [ ] Englisch
- [ ] Italienisch
- [ ] Japanisch

125 Rufe im Internet die Enzyklopädie Wikipedia auf (http://de.wikipedia.org/wiki/Hauptseite) und suche zu folgenden Begriffen die entsprechenden **Definitionen**. Schreibe sie heraus.

Hockey: ____________________

____

Taxi: ____________________

____

Sauna: ____________________

____

Lesestrategien entwickeln

Den Aufbau eines Textes untersuchen

- Ein Text ist mehr als eine Ansammlung von Sätzen, denn die Sätze in einem Text sind immer aufeinander bezogen. In der Regel gibt es jeweils mehrere Sätze, die inhaltlich zusammengehören: Sie bilden einen **Sinnabschnitt**. Um einen Text richtig zu verstehen, musst du diese Sinnabschnitte erkennen.
- Meist befasst sich der gesamte Text mit einem bestimmten Thema. In dem Lexikoneintrag aus der Wikipedia-Enzyklopädie geht es um das Rätsel Sudoku. Die einzelnen Abschnitte nehmen jeweils einen bestimmten **Aspekt** des Themas in den Blick.

  Der Lexikoneintrag über Sudoku ist folgendermaßen aufgebaut:
  - Der **erste Abschnitt** gibt **allgemeine Informationen** über das Rätsel Sudoku.
  - Der **zweite Abschnitt erklärt genauer**, wie das Spiel aussieht und welches Ziel ein Spieler verfolgen muss. In diesem Zusammenhang werden auch Fachbegriffe genannt.
  - Der **dritte Abschnitt** stellt eine **Sonderform** des Sudoku-Rätsels vor.
  - Der **vierte Abschnitt** geht auf die **Schwierigkeiten** ein, die das Lösen von Sudoku-Rätseln bereiten kann.
  - Der **fünfte Abschnitt** nennt **Methoden**, die ein Spieler anwenden kann, um zum Ziel zu gelangen. Die einzelnen Methoden werden in ihren Grundzügen erläutert.
  - Der **sechste Abschnitt** behandelt die **Folgen**, die die zunehmende Beliebtheit des Rätsels nach sich gezogen hat: Berichtet wird von den ersten Weltmeisterschaften.

126 Lies den Text über das Sudoku-Rätsel noch einmal genau durch und bestimme Beginn und Ende der einzelnen **Abschnitte**.
Trage die entsprechenden Zeilennummern in die Tabelle ein.

Abschnitt	Beginn in Zeile	Ende in Zeile
1. Allgemeine Informationen		
2. Genauere Erklärungen		
3. Sonderform		
4. Schwierigkeiten		
5. Methoden		
6. Folgen		

Den Text verstehen

127 Wer hat die Sudoku-Rätsel erfunden? Nenne seinen Namen.

128 In welchem Land traten Sudoku-Rätsel ihren eigentlichen Siegeszug an? Beantworte die Frage mit einem vollständigen Satz.

129 Erkläre die Bedeutung des Namens *Sudoku* („Eine Zahl bleibt immer allein").

130 Mit welchem **Adjektiv** wird schon im ersten Absatz zum Ausdruck gebracht, dass es auch Sonderformen des Sudoku-Rätsels gibt?

131 Erkläre, weshalb ein normales Sudoku aus genau 81 Feldern besteht.

132 Was ist das Besondere an einem *X-Sudoku?* Erkläre.

133 In Zeile 22 heißt es: „Wenn eine Zahl in einem Feld möglich ist, bezeichnet man sie als ‚Kandidat'."
Erkläre, wann eine Zahl in einem Feld **nicht** als „Kandidat" infrage kommt.

____

____

____

134 Nenne die Ziffern, die in der **ersten Zeile** des Beispiel-Sudokus (S. 73) als „Kandidaten" infrage kommen.

____

135 Welche Ziffern kommen in der **ersten Spalte** als „Kandidaten" infrage? Kreuze an.

- ☐ 1 ☐ 2 ☐ 9 ☐ 6
- ☐ 4 ☐ 3 ☐ 7 ☐ 8

136 Nenne die Ziffern, die als „Kandidaten" für den **ersten Block** (links oben) infrage kommen.

____

137 Welche der „Kandidaten", die du bei den Aufgaben 135 bis 137 benannt hast, würdest du für das erste Feld in der dritten Zeile in die engere Wahl nehmen? Begründe deine Entscheidung.

____

Begründung: ______________________________

____

____

____

____

138 Erkläre die Methode des „Eliminierens“ (Z. 37–40).

139 Nenne zwei Hinweise, die zeigen, dass Sudoku-Rätsel sehr beliebt geworden sind.

Die Sprache untersuchen

Aktiv und Passiv verwenden

- Wenn du sagen willst, was eine Person (oder eine Sache) **tut** oder getan hat, verwendest du das Verb im **Aktiv**. Damit drückst du aus, wer (oder was) aktiv, also tätig, ist.
  Beispiele: Anne löst ein Rätsel. – Leo spielte Fußball. – Max hat Englisch gelernt.
- Manchmal ist es aber nicht entscheidend, wer (oder was) eine Handlung ausführt, sondern es geht eher darum, **was getan wird** (oder wurde). Dann verwendest du das Verb im **Passiv**. Dazu brauchst du zwei Verbformen:
  – eine Form des Hilfsverbs **werden** und
  – das **Partizip Perfekt** (z. B. gelöst, bearbeitet)
  Beispiele: Eine Ziffer, die infrage kommt, wird als „Kandidat" bezeichnet.
  (Form von „werden" + Partizip Perfekt des Verbs → Passiv)
  Aber: Tim wird das Rätsel richtig lösen.
  (Form von „werden" + Infinitiv des Verbs → Aktiv Futur I)

140 Untersuche die Sätze daraufhin, ob sie im **Passiv** oder **Aktiv** stehen. Verfahre wie beim ersten Beispiel, das schon gelöst ist.

Aussage	Form von „werden"	Partizip Perfekt	Aktiv/ Passiv?
Das Rätsel wurde 1979 von dem Amerikaner Howard Garus erfunden.	✓	✓	Passiv
Es wurde jedoch erst in Japan 1986 unter dem Namen „Sudoku" populär.			
In […] Zeitungen und Zeitschriften werden heute regelmäßig Sudoku-Rätsel veröffentlicht.			
Die drei Bereiche […] werden jeweils als „Einheiten" bezeichnet.			
In einem Block […] wird ausgezählt, welche Ziffern dort noch fehlen.			
[…] 2006 wurden […] Sudoku-Weltmeisterschaften […] abgehalten.			
Weltmeisterin wurde […] Jana Tylova […]			

Vorgangspassiv und Zustandspassiv

Es gibt zwei unterschiedliche Formen des Passivs:

- Beim **Vorgangspassiv** liegt das Augenmerk auf der **Tätigkeit** (auf dem „Vorgang").
  Beispiel: Der Laden wird geschlossen. → Der Vorgang geschieht jetzt.
- Das **Zustandspassiv** (eine Sonderform des Passivs) verwendet man, wenn eine Handlung **schon vollzogen** ist. Ein bestimmter „Zustand" ist bereits erzielt worden, und du kannst das entsprechende **Ergebnis** sehen.
  Beispiel: Der Laden ist geschlossen. → Die Handlung ist schon ausgeführt.

Wie das Vorgangspassiv wird auch das Zustandspassiv mit dem **Partizip Perfekt** gebildet. Anders als beim Vorgangspassiv verwendest du beim **Zustandspassiv** anstelle des Hilfsverbs „werden" **eine Form des Hilfsverbs „sein"**.

141 Schreibe aus dem Text „Sudoku" (S. 73 f.) drei Sätze in dein Heft, in denen das **Zustandspassiv** verwendet wird. Unterstreiche das Partizip Perfekt und das Hilfsverb. Du kannst die Originalsätze verkürzen. Ein Beispiel ist schon gelöst.

Beispiel: *In einige Felder sind schon Ziffern eingetragen. (Z. 13–15)*

Das Pronomen „man"

Wenn sich eine Aussage nicht auf eine bestimmte Person bezieht, sondern auf eine unbestimmte Gruppe, verwendet man häufig das Pronomen „man". Du kannst es auch verwenden, um Passivkonstruktionen zu vermeiden.

Beispiel: Beim Sudoku werden Zahlen in die Felder eines Gitters eingetragen. (Passiv)
Beim Sudoku trägt man Zahlen in die Felder eines Gitters ein. (Aktiv)

142 Wandle die folgenden Passivkonstruktionen ins **Aktiv** um, indem du das Pronomen „man" verwendest.

a Sudoku wird in vielen Ländern gespielt.

____

b Inzwischen werden schon Weltmeisterschaften durchgeführt.

____

____

c Die Ergebnisse der Meisterschaften werden weltweit verfolgt.

____

d Logikrätsel werden weltweit in Zeitungen und Zeitschriften abgedruckt.

____

____

e Sudokus werden mit besonderer Begeisterung gelöst.

____

Richtig schreiben

Großschreibung von Nominalisierungen (1)

- Wenn ein Wort, das normalerweise einer anderen Wortart angehört, in einem Satz als Nomen verwendet wird, spricht man von einer **Nominalisierung**. Nominalisierungen erkennst du an den typischen „**Nomen-Begleitern**" (vgl. S. 13). Bezieht sich ein „Nomen-Begleiter" auf ein Wort, das normalerweise einer anderen Wortart angehört, musst du dieses Wort großschreiben.

  Beispiele: Das Lesen bereitet ihm immer noch große Mühe.
  Beim (bei dem) Schwimmen kräftigt man die Rückenmuskulatur.
  Wir hörten ein leises Weinen.

  → Die Wörter „lesen", „schwimmen" und „weinen" gehören zur Wortart **Verb**. Die „Nomen-Begleiter" (Artikel, mit Artikel verschmolzene Präposition) zeigen aber an, dass sie **als Nomen verwendet** werden.

- Bei Wörtern, die ursprünglich der Wortart **Adjektiv** angehören, sind es häufig **Indefinitpronomen** (vgl. S. 13), die zu einer Nominalisierung führen.

  Beispiele: Ich habe gestern etwas Schönes erlebt. – Wir wünschen dir alles Gute.
  Es gibt nichts Neues in den Nachrichten.

143 Unterstreiche in den folgenden Sätzen jeweils die **nominalisierten Wörter** und die zugehörigen **Begleiter**.

a In Europa erfolgte das erste Abdrucken eines Sudoku-Rätsels in einer Londoner Tageszeitung.

b Von da an war ein regelmäßiges Erscheinen solcher Logikrätsel in vielen Zeitungen und Zeitschriften üblich.

c Heute ist das Lösen von Sudoku-Rätseln weltweit beliebt.

d Das Ziel besteht im Ausfüllen von leeren Feldern.

e Man kann beim Lösen eines Sudokus verschiedene Methoden anwenden.

f Bei schweren Sudokus führt irgendwann kein Weg am Ausprobieren vorbei.

Großschreibung von Nominalisierungen (2)

Manchmal wird ein Wort (z. B. ein Verb) in einem Satz als Nomen verwendet, **ohne** dass ein typischer „**Nomen-Begleiter**" dies anzeigt.

Um in Zweifelsfällen zu prüfen, ob es sich um eine Nominalisierung handelt, kannst du die **Erweiterungsprobe** vornehmen: Du probierst aus, ob es möglich ist, den entsprechenden Satz zu erweitern, indem du einen der typischen „**Nomen-Begleiter**" **einfügst**. Wichtig ist, dass der Satz grammatisch korrekt bleibt.

Beispiel: Er merkte, dass er mit Reden/reden (?) nicht weit kam.
Erweiterungsprobe: Er merkte, dass er mit dem Reden nicht weit kam.
→ Es liegt eine **Nominalisierung** vor.

144 Weise nach, dass in den folgenden Sätzen jeweils eine Nominalisierung vorliegt. Wende dazu die Erweiterungsprobe an.

a Raten führt selten zum Erfolg.

Erweiterungsprobe: ______________________________

____

b Mit Nachdenken kommt man oft weiter.

Erweiterungsprobe: ______________________________

____

c Durch Fragen wird man manchmal schlauer.

Erweiterungsprobe: ______________________________

____

d Sie glaubt, dass Lernen Spaß machen sollte.

Erweiterungsprobe: ______________________________

____

Sich schriftlich äußern

Eine Anleitung schreiben

- Anleitungen (z. B. Bedienungsanleitungen) dienen dazu, jemandem, der mit einem bestimmten Vorgehen nicht vertraut ist, zu helfen.
- Es gibt verschiedene **Arten** von Anleitungen: Neben **Bedienungsanleitungen** gehören zu dieser Textsorte auch **Bastelanleitungen**, **Spielanleitungen** oder **Kochrezepte**.
- In der Regel zeichnen sich Anleitungen durch einen bestimmten **Aufbau** aus:
  - Zunächst sagst du, welche **Materialien** benötigt werden.
  - Dann erklärst du, in welcher **Reihenfolge** die Materialien verwendet werden und **was man mit ihnen tun muss.**
  - Oft solltest du auch noch angeben, **worauf besonders zu achten ist.**
- Bei **Spielanleitungen** gibt es darüber hinaus einige **Besonderheiten:**
  - Du musst darüber informieren, **wie viele Spieler** daran teilnehmen können.
  - Eventuell gibst du auch Informationen darüber, **wo** man dieses Spiel spielen kann.
  - Zudem musst du das **Ziel** des Spiels angeben, damit man weiß, unter welchen Bedingungen man das Spiel gewinnen kann.
  - Danach erläuterst du den eigentlichen **Ablauf** des Spiels: Du erklärst, **wie** man dabei im Einzelnen **vorgeht**. Du kannst auch ein paar **taktische Hinweise** geben, die erläutern, worauf ein Spieler achten sollte, um Vorteile zu erzielen.
  - Abschließend sagst du, wann das Spiel **beendet** ist.

145 Schreibe eine **Anleitung** zum Rätselspiel Sudoku. Verwende mindestens **zweimal** einen **Satz im Passiv** und **zweimal** einen **Satz mit dem Pronomen „man"**.
Gehe so vor: Lies den Text über das Sudoku-Rätsel noch einmal genau durch.

Notiere dir **Stichworte** …
- zu den benötigten Materialien,
- zur Anzahl der Spieler,
- zum Ort, an dem man das Spiel spielen kann,
- zum Ziel des Spiels.

Zusätzlich kannst du auch **eigene Erfahrungen** und Ideen berücksichtigen.

Formuliere anschließend deine Anleitung mit eigenen Worten aus. Schreibe einen zusammenhängenden Text in dein Heft (ungefähr 300 Wörter).

Kapitel 7: Es ist alles eitel

VON ANDREAS GRYPHIUS

Du siehst, wohin du siehst, nur Eitelkeit auf Erden.
Was dieser heute baut, reißt jener morgen ein:
Wo jetzt noch Städte stehn, wird eine Wiese sein,
Auf der ein Schäferskind wird spielen mit den Herden.

Was jetzt noch prächtig blüht, soll bald zertreten werden.
Was jetzt so pocht und trotzt, ist morgen Asch' und Bein,
Nichts ist, das ewig sei, kein Erz, kein Marmorstein.
Jetzt lacht das Glück uns an, bald donnern die Beschwerden.

Der hohen Taten Ruhm muss wie ein Traum vergehn.
Soll denn das Spiel der Zeit, der leichte Mensch, bestehn?
Ach! Was ist alles dies, was wir für köstlich achten,

Als schlechte Nichtigkeit, als Schatten, Staub und Wind;
Als eine Wiesenblum', die man nicht wieder find't.
Noch will, was ewig ist, kein einzig Mensch betrachten!

Textsorten kennen

Sonett

Das Gedicht „Es ist alles eitel" von Andreas Gryphius ist ein **Sonett**. Die Bezeichnung stammt aus dem Italienischen (von *sonare*: klingen). Schon der Name deutet darauf hin, dass ein Sonett besonders kunstvoll gestaltet ist. Das betrifft vor allem die Form:

- Man erkennt auf Anhieb, dass das Gedicht aus **14 Versen** besteht, die auf zwei **Quartette** (Vierzeiler) und zwei **Terzette** (Dreizeiler) aufgeteilt sind.
- In den beiden Quartetten liegt in der Regel **ein umarmender Reim** vor. Das bedeutet: In der Mitte gibt es einen **Paarreim**, der von zwei Versen **eingerahmt** wird, die sich ebenfalls reimen (Reimschema: **abba**).
- Für die beiden Terzette am Schluss gibt es unterschiedliche Möglichkeiten, weil sich bei drei Versen immer nur zwei Verse reimen können.

  Beispiele: **ccd/eed**, **cdc/dcd**, **cde/cde**

  Wenn ein Terzett mit einem Paarreim beginnt, dem ein einzelner Vers folgt, spricht man von einem **Schweifreim** (Schweif: Schwanz eines Pferdes). Der Begriff **Schweifreim** deutet also an, dass einem Paarreim – wie ein Schwänzchen – noch ein einzelner Vers folgt.

146 Weise nach, dass es sich bei dem Gedicht „Es ist alles eitel“ von Andreas Gryphius um ein **Sonett** handelt. Beziehe dich auf die **wesentlichen Formmerkmale**.

147 Skizziere das **Reimschema** des Gedichts „Es ist alles eitel“ von Andreas Gryphius. Trage immer dann, wenn ein neues Reimpaar beginnt, einen neuen Buchstaben ein. Die erste Strophe ist schon eingetragen.

❶

Vers	Reim
1	a
2	b
3	b
4	a

❷

Vers	Reim
5	
6	
7	
8	

❸

Vers	Reim
9	
10	
11	

❹

Vers	Reim
12	
13	
14	

Lesestrategien entwickeln

Epochenmerkmale kennen

- Texte, die etwa **zur gleichen Zeit** entstanden sind, weisen oft gewisse **Ähnlichkeiten** auf. Die Ähnlichkeiten können sowohl die **Inhalte** betreffen (z. B. Themen und Ideen) als auch die **Gestaltung** (z. B. das Metrum oder das Reimschema).
- Zeiträume, in denen Texte ähnliche Merkmale aufweisen, nennt man (literarische) **Epochen**. Es gab in den letzten Jahrhunderten mehrere Epochen, z. B. die Epoche des Barock oder die Epoche der Romantik.
- Wenn du die **Epochenmerkmale** kennst und von einem Text weißt, dass er aus einer bestimmten Epoche stammt, kannst du ihn besser verstehen. Du weißt dann, worauf du besonders achten solltest.

148 Warum erleichtert es das Textverständnis, wenn man weiß, aus welcher **Epoche** ein Text stammt? Trage die passenden Worte in die Lücken ein.

Die Texte einer Epoche haben oft ______________________ Merkmale. Die Merkmale betreffen sowohl den ______________________ als auch ______________________. Wenn man weiß, dass ein Text aus einer bestimmten ______________________ stammt und wenn man wichtige Epochenmerkmale kennt, kann man den Text gezielt daraufhin ______________________. Das hilft, einen Text zu ______________________.

Das dreiteilige Gemälde von Hans Memling (ca. 1433 – 1494) zeigt den Tod, das Leben und die Hölle.

Die Epoche des Barock

Die Epoche des Barock im **17. Jahrhundert** war eine der wichtigsten literarischen Epochen. Damals erlebten die Menschen viel Schlimmes: Der **30-jährige Krieg** kostete unzählige Menschen das Leben. Dazu kamen Hungersnöte und Epidemien, z. B. die Pest. Die furchtbaren Erfahrungen führten dazu, dass die Menschen recht **widersprüchliche Einstellungen zum Leben** entwickelten.

Die Dichter des Barock bringen dieses Lebensgefühl ihrer Zeitgenossen zum Ausdruck:

- Immer wieder liest man in ihren Texten davon, dass alle **Bemühungen** der Menschen letztlich doch **vergeblich** seien, weil das, was sie aufgebaut haben, schon bald wieder zerstört sein könnte (z. B. durch den Krieg).
- Häufig richten die Dichter auch **Appelle** an die Leser: Sie mahnen sie, die **Freuden des Lebens zu genießen**, weil ihr Leben von heute auf morgen zu Ende sein könnte.
- Oder die Dichter warnen die Menschen davor, sich ausschweifenden Vergnügungen hinzugeben, weil sie dann kein **gottesfürchtiges Leben** führen würden. Die Menschen waren damals sehr gläubig und wollten ein moralisch einwandfreies Leben führen, um nach dem Tode nicht für ihre Sünden bestraft zu werden.

149 Welche **barocke Einstellung** kommt in dem Gedicht überwiegend zum Ausdruck? Kreuze an. Begründe deine Meinung anschließend.

☐ Die Mühen der Menschen sind vergeblich, denn es kann sein, dass alles, was sie aufbauen, schon bald wieder zerstört ist.

☐ Man sollte sein Leben genießen, weil es schon bald zu Ende sein kann.

☐ Man sollte ein moralisch einwandfreies Leben führen, damit man nach dem Tod nicht für seine Sünden bestraft wird.

Begründung: ____

____

____

____

____

____

____

Den Text verstehen

150 Das Gedicht trägt die Überschrift „Es ist alles eitel". Die Bedeutung des Wortes „eitel" hat sich im Laufe der Zeit geändert. Kreuze die Bedeutung an, die zum Sinn des Gedichts passt.

Das Wort „eitel" bedeutet im Gedicht …

- ☐ gefallsüchtig.
- ☐ vergänglich.
- ☐ eingebildet.
- ☐ überflüssig.

151 Was ist mit der **Überschrift** gemeint? Kreuze die passende Aussage an.

- ☐ Man weiß nicht, wozu etwas gut ist.
- ☐ Niemand versteht, was er tun soll.
- ☐ Ehrgeiz ist eine überflüssige Eigenschaft.
- ☐ Alles Bemühen ist vergeblich.

152 Erkläre den Sinn des ersten Satzes: „Du siehst, wohin du siehst, nur Eitelkeit auf Erden." (V. 1) Kreuze die passende Aussage an.

- ☐ Alles, was die Menschen tun, ist schlecht.
- ☐ Die Menschen bemühen sich um sinnlose Dinge.
- ☐ Was die Menschen tun, wird nicht dauerhaft bleiben.
- ☐ Die Menschen denken alle nur an sich.

153 Wen spricht der lyrische Sprecher in Vers 1 mit dem Pronomen „du" direkt an? Kreuze **alle** Aussagen an, die zutreffen könnten.

Der lyrische Sprecher …

- ☐ spricht mit sich selbst.
- ☐ spricht sein Gegenüber an.
- ☐ spricht den Leser an.
- ☐ spricht alle Menschen an.

154 Ergänze jeweils das, was im Gedicht gegenübergestellt wird.

Hinweis: Die Aussagen sind sinngemäß ausgedrückt.

Heute	Morgen
Jemand baut ein Haus.	
Es gibt eine Stadt.	
Dort blüht etwas.	
Man strengt sich an.	
Es geht einem sehr gut.	
Jemand ist berühmt für große Taten.	
Wir halten etwas für wunderbar.	

155 In Vers 10 ist die Rede vom „leichte[n] Mensch[en]“. Was für ein Mensch ist damit gemeint? Kreuze die passende Aussage an.

Damit ist ein Mensch gemeint, …

- ☐ der wenig wiegt.
- ☐ der leichtsinnig ist.
- ☐ der oberflächlich ist.
- ☐ der dumm ist.

156 Vers 11 beginnt mit einem Ausruf („Ach!“). Was drückt der lyrische Sprecher damit aus? Kreuze die passende Aussage an.

Mit dem Ausruf drückt der lyrische Sprecher Folgendes aus:

- ☐ Er staunt.
- ☐ Er seufzt.
- ☐ Er wundert sich.
- ☐ Er ist verärgert.

157 Der letzte Vers lautet: „Noch will, was ewig ist, kein einzig Mensch betrachten!“ Was wird damit zum Ausdruck gebracht und was nicht? Kreuze entsprechend an.

Der lyrische Sprecher meint, …	trifft zu	trifft nicht zu
a die Menschen denken alle nur an ihr heutiges Leben.	☐	☐
b niemand denkt an die Ewigkeit.	☐	☐
c es wird wohl nie zu einem Umdenken kommen.	☐	☐
d eines Tages werden die Menschen umdenken.	☐	☐

158 Der Dichter hat seinen **Schlussgedanken** mit einem Ausrufezeichen beendet. Was drückt er damit aus? Kreuze die passende Aussage an.

Mit dem Ausrufezeichen drückt er Folgendes aus:

☐ Erstaunen
☐ Begeisterung
☐ Entsetzen
☐ Enttäuschung

159 Bestimme die **Kernaussage** des Gedichts.
Kreuze die Aussage an, der du am meisten zustimmst.

☐ Die Menschheit geht auf den Weltuntergang zu.
☐ Alles ist vergänglich.
☐ Man kann die Zukunft nicht vorhersagen.
☐ Ohne Mühe bleibt nichts erhalten.

160 Das Gedicht „Es ist alles eitel“ von Andreas Gryphius entstand 1637, also vor fast vierhundert Jahren. Kann es uns heute überhaupt noch etwas sagen? Nimm begründet Stellung zu dieser Frage.

☐ Das Gedicht ist immer noch aktuell.
☐ Das Gedicht ist völlig veraltet.

Begründung: ______________________________

____

____

____

____

____

____

____

____

____

Die Sprache untersuchen

Sprachbilder unterscheiden

Es gibt vor allem drei Arten von Sprachbildern:

- **Bildhafter Vergleich:** Zwei Personen oder Dinge werden miteinander verglichen. Der Vergleich wird mit einem Vergleichswort deutlich gemacht: *wie* oder *als/als ob*.

  Beispiel: Das Mädchen tänzelte wie ein Schmetterling.
  Sie schwebte nur so über den Boden, als ob sie eine Feder wäre.

- **Metapher:** Man erkennt sie daran, dass ein Wort nicht in seiner wörtlichen Bedeutung verwendet wird, sondern im übertragenen Sinn. Es gibt kein Vergleichswort.

  Beispiel: Der Schmetterling (gemeint ist das Mädchen) tänzelte nur so über den Boden.

- **Personifikation:** Einer unbelebten Sache werden Eigenschaften oder Fähigkeiten zugeschrieben, über die eigentlich nur Menschen verfügen. Auch Tiere können personifiziert werden.

  Beispiel: Die Sonne lachte vom Himmel. Die Zweige flüsterten im Wind. Die Vögel kicherten.

161 Bestimme die Art der folgenden Sprachbilder. Trage den Fachbegriff ein.

Sprachbild	Fachbegriff
Bei dem Erdbeben stürzten viele Gebäude ein wie Kartenhäuser.	
Die Bauunternehmen hatten die Bauvorschriften auf die leichte Schulter genommen.	
Nun sah die Stadt aus, als hätte dort eine Bombe eingeschlagen.	
Viele verließen die Region; ein Strom von Flüchtlingen ergoss sich über das Land.	
Ihnen saß von morgens bis abends die Angst im Nacken.	
Später wagten die Menschen mit eisernem Willen einen Neuanfang.	
Sie waren wie besessen von dem Gedanken, ihre Stadt wieder aufzubauen.	
Nach und nach gewann das Land wieder an Zuversicht.	

162 Im Gedicht „Es ist alles eitel“ gibt es verschiedene **Sprachbilder**. Schreibe zu jedem der drei Sprachbilder ein **Beispiel** heraus und trage es passend ein.

Bildhafter Vergleich: ______________________________

____

____

Metapher: ______________________________

____

____

Personifikation: ______________________________

____

____

Synonyme und Antonyme

Ein **Synonym** ist ein Wort, das den **gleichen oder** zumindest einen **ähnlichen Sinn** hat wie ein anderes Wort. Mit einem **Antonym** bringt man das **Gegenteil** zum Ausdruck.

Sowohl Synonyme als auch Antonyme gibt es bei verschiedenen Wortarten.

Beispiele für Synonyme: Junge – Knabe
Metro – U-Bahn
kaufen – erwerben
großartig – wunderbar

Beispiele für Antonyme: Gewinn – Verlust
Riese – Zwerg
hübsch – hässlich
oben – unten

163 Finde für jedes der folgenden Wörter ein **Synonym** bzw. **Antonym** und trage es in die Tabelle ein. Bei einigen Wörtern sind zwei Antonyme bzw. Synonyme möglich. Trage beide ein.

	Synonym
Streichholz	
Apfelsine	
reden	
beginnen	
Fahrstuhl	
immer	
Cousin	

	Antonym
alt	
heiß	
Hass	
Armut	
gewinnen	
Krieg	
leer	

164 Suche aus dem Gedicht „Es ist alles eitel“ Wörter heraus, die als Antonyme zu verstehen sind. Schreibe sie in ihrer Grundform auf.

Richtig schreiben

Getrennt- und Zusammenschreibung (1)

Es ist nicht immer leicht, zu entscheiden, ob zwei Wörter, die in einem Satz nebeneinanderstehen, auseinander- oder zusammengeschrieben werden.

- Grundsätzlich gilt: Was eine **eigenständige Bedeutung** hat, wird als ein Wort **zusammengeschrieben**, egal, aus wie vielen Bestandteilen es besteht.
- Am besten orientierst du dich an dieser Faustregel: **Ein Ding → ein Wort!**

Beispiele: Sie bekam eine Extraportion Eis. (Extraportion: ein Ding)
Aber: Wir haben ihr extra Bescheid gesagt, damit sie den Termin nicht vergisst.
Es gibt noch ein Fertiggericht im Gefrierschrank. (Fertiggericht: ein Ding)
Aber: Paul hat schon fertig gegessen.

165 Erkläre, warum die fett gedruckten Wörter **auseinander-** beziehungsweise **zusammengeschrieben** werden. Das erste Beispiel ist schon gelöst.

Der **Rohbau** ist fertig. *Rohbau: ein Bau (er ist noch roh) → ein Ding*

a Jetzt wird **Richtfest** gefeiert.

____

b Der **Bauherr** lädt zu einer Feier ein.

____

c Die Gäste **feiern fröhlich**.

____

d Neue Häuser werden immer häufiger mit **Sonnenenergie** geheizt.

____

Getrennt- und Zusammenschreibung (2)

Ob zwei benachbarte Wörter auseinander- oder zusammengeschrieben werden, hängt auch von der **Wortart** ab. Die Übersicht zeigt dir, wann zwei Wörter aufgrund ihrer Zugehörigkeit zu bestimmten Wortarten getrennt geschrieben werden:

Verb + Verb → getrennt! (*Beispiele:* essen gehen, laufen lassen, arbeiten müssen)
Nomen + Verb → getrennt! (*Beispiele:* Post bekommen, Kaffee kochen, Brot essen)
Adjektiv + Verb → getrennt! (*Beispiele:* schnell sprechen, laut lachen, müde sein)

166 Erkläre bei den folgenden Beispielen die Getrenntschreibung, indem du jeweils die **Wortarten** bestimmst.

a Jugendliche möchten am Wochenende gern **tanzen gehen**.

____________________ + ____________________

b Einige Jugendliche wollen dabei auch **Alkohol trinken**.

____________________ + ____________________

c Das kann aber **böse enden**.

____________________ + ____________________

d Manchmal führt das dazu, dass sie im Krankenhaus **übernachten müssen**.

____________________ + ____________________

Getrennt- und Zusammenschreibung (3)

- Das Wörtchen **zu** schreibt man immer dann als **Einzelwort**, wenn es sich zwischen zwei einzelne Wörter schiebt.
  Beispiele: essen gehen → Hast du Lust, essen zu gehen?
  Fahrrad fahren → Er liebt es, Fahrrad zu fahren.
- Hat es sich in ein Wort **hineingeschoben**, verliert es seine Selbstständigkeit und **verschmilzt** mit dem anderen Wort.
  Beispiele: losgehen → Es ist Zeit loszugehen.
  zuschicken → Sie hat versprochen, mir den Brief zuzuschicken.

167 Streiche in den folgenden Sätzen die **falsche Schreibweise** durch.

a Zwei Jungen beschlossen, auf dem Gehweg Fußball **zu spielen/zuspielen**.

b Es störte sich nicht, dass die Passanten sie aufforderten, damit **auf zu hören/aufzuhören**.

c Sich machten sich einen Spaß daraus, die Fußgänger **zu ärgern/zuärgern**.

d Ein Radfahrer ermahnte sie, aus dem Weg **zu gehen/zugehen**.

e Sie dachten nicht daran, ihr Spiel **ein zu stellen/einzustellen**.

f Da stürzte ein Radfahrer plötzlich **zu Boden/zuboden**.

g Nun erst sahen die Jungen, dass sie **zu weit/zuweit** gegangen waren.

Sich schriftlich äußern

Einen Appell verfassen

Ein **Appell** ist eine **Aufforderung**. Wenn du an jemanden appellierst, möchtest du ihn dazu bewegen, etwas Bestimmtes zu tun (oder zu unterlassen). Du kannst **schriftlich** an jemanden appellieren, indem du einen **appellativen Text** verfasst. Mit diesem Text versuchst du, den Leser davon zu überzeugen, dass er eine bestimmte Handlung ausführen oder sein Verhalten ändern sollte.

- Appellative Texte werden häufig in **Form eines Briefes** verfasst. Wenn du **viele Leser** erreichen willst, kannst du einen **offenen Brief** schreiben, den du an eine Zeitung schickst oder auf einem Blog im Internet veröffentlichst.

  Beispiel: Du könntest z. B. an die Leser appellieren, Energie zu sparen, um zum Klimaschutz beizutragen.

- Um jemanden mit einem appellativen Text zu überzeugen, benötigst du schlagkräftige **Argumente**. Manchmal bietet es sich auch an, auf mögliche (negative) **Folgen** hinzuweisen, die eintreten könnten, wenn sich nichts ändert.

- Einen appellativen Text baust du am besten so auf:
  - In der **Einleitung** äußerst du dich über das, **was du mit Sorge beobachtest**.
  - Im **Hauptteil** schreibst du, **warum** du diese Entwicklung bedenklich findest. Anschließend richtest du **Appelle** an den Leser. Du kannst z. B. **Vorschläge** machen oder **Ratschläge** formulieren. Gut ist es, wenn du diese auch begründest, indem du z. B. auf mögliche (negative) Folgen hinweist.
  - Am **Schluss** solltest du dich ein wenig **optimistisch** zeigen: Du kannst z. B. die Hoffnung äußern, dass die Leser den Appell ernst nehmen und beginnen, ihr Verhalten zu ändern.

168 Schreibe einen **offenen Brief** für einen **Blog**. Äußere dich darin besorgt über den zunehmenden Alkoholkonsum von Jugendlichen. Suche nach möglichen Erklärungen für diese Entwicklung und richte dann **Appelle** an die Schüler: Warne sie vor unmäßigem Trinken und rate ihnen, ihre Freizeit mit sinnvollen Aktivitäten zu füllen, statt ihre Gesundheit aufs Spiel zu setzen.

Schreibe ungefähr 300 Wörter in dein Heft.

Kapitel 8: Das wohlbezahlte Gespenst

VON JOHANN PETER HEBEL

In einem gewissen Dorfe, das ich wohl nennen könnte, geht ein üblicher Fußweg über den Kirchhof und von da durch den Acker eines Mannes, der an der Kirche wohnt, und es ist Recht. Wenn nun die Ackerwege bei nasser Witterung schlüpfrig und ungangbar sind, ging man immer tiefer in den Acker hinein und zertrat dem Eigentümer die Saat, sodass bei anhaltend feuchter Witterung der Weg immer breiter und der Acker immer schmäler wurde, und das war kein Recht. Zum Teil wusste nun der beschädigte Mann sich wohl zu helfen. Er gab untertags, wenn er sonst nichts zu tun hatte, fleißig acht, und wenn ein unverständiger Mensch diesen Weg kam, der lieber seine Schuhe als seines Nachbars Gerstensaat schonte, so lief er schnell hinzu und pfändete[1] ihn oder tat's mit ein Paar Ohrfeigen kurz ab. Bei Nacht aber, wo man noch am ersten einen guten Weg braucht und sucht, war's nur desto schlimmer, und die Dornenäste und Rispen, mit welchen er den Wandernden verständlich machen wollte, wo der Weg sei, waren allemal in wenig Nächten niedergerissen oder ausgetreten, und mancher tat's vielleicht mit Fleiß. Aber da kam dem Mann etwas anders zustatten. Es wurde auf einmal unsicher auf dem Kirchhofe, über welchen der Weg ging. Bei trockenem Wetter und etwas hellen Nächten sah man oft ein langes weißes Gespenst über die Gräber wandeln. Wenn es regnete oder sehr finster war, hörte man im Beinhaus[2] bald ein ängstliches Stöhnen und Winseln, bald ein Klappern, als wenn alle Totenköpfe und Totengebeine darin lebendig werden wollten. Wer das hörte, sprang bebend wieder zur nächsten Kirchhoftüre hinaus, und in kurzer Zeit sah man, sobald der Abend dämmerte und die letzte Schwalbe aus der Luft verschwunden war, gewiss keinen Menschen mehr auf dem Kirchhofwege, bis ein verständiger und herzhafter Mann aus

1 *jemanden pfänden:* ihm etwas wegnehmen
2 *Beinhaus:* Leichenhalle

einem benachbarten Dorfe sich an diesem Ort verspätete und den nächsten Weg nach Haus doch über diesen verschrienen Platz und über den Gerstenacker nahm. Denn ob ihm gleich seine Freunde die Gefahr vorstellten und lange abwehrten, so sagte er doch am Ende: Wenn es ein Geist ist, geh ich mit Gott als ein ehrlicher Mann den nächsten Weg zu meiner Frau und zu meinen Kindern heim, habe nichts Böses getan, und ein Geist, wenn's auch der schlimmste unter allen wäre, tut mir nichts. Ist's aber Fleisch und Bein, so habe ich zwei Fäuste bei mir, die sind auch schon dabei gewesen. Er ging. Als er aber auf den Kirchhof kam und kaum am zweiten Grab vorbei war, hörte er hinter sich ein klägliches Ächzen und Stöhnen, und als er zurückschaute, siehe, da erhob sich hinter ihm, wie aus einem Grabe herauf, eine lange weiße Gestalt. Der Mond schimmerte blass über die Gräber. Totenstille war rings umher, nur ein Paar Fledermäuse flatterten vorüber. Da war dem guten Mann doch nicht wohl zumute, wie er nachher selber gestand, und wäre gerne wieder zurückgegangen, wenn er nicht noch einmal an dem Gespenst hätte vorbeigehen müssen. Was war nun zu tun? Langsam und stille ging er seines Weges zwischen den Gräbern und an manchem schwarzen Totenkreuz vorbei. Langsam und immer ächzend folgte zu seinem Entsetzen das Gespenst ihm nach, bis an das Ende des Kirchhofs, und das war in der Ordnung, und bis vor den Kirchhof hinaus, und das war dumm.

Aber so geht es. Kein Betrüger ist so schlau, er verrät sich. Denn sobald der verfolgte Ehrenmann das Gespenst auf dem Acker erblickte, dachte er bei sich selber: Ein rechtes Gespenst muss wie eine Schildwache auf seinem Posten bleiben, und ein Geist, der auf den Kirchhof gehört, geht nicht aufs Ackerfeld. Daher bekam er auf einmal Mut, drehte sich schnell um, fasste die weiße Gestalt mit fester Hand und merkte bald, dass er unter einem Leintuch einen Burschen am Brusttuch habe, der noch nicht auf dem Kirchhof daheim war. Er fing daher an, mit der andern Faust auf ihn loszutrommeln, bis er seinen Mut an ihm gekühlt hatte, und da er vor dem Leintuch selber nicht sah, wo er hinschlug, so musste das arme Gespenst die Schläge annehmen, wie sie fielen.

Damit war nun die Sache abgetan, und man hat weiter nichts mehr davon erfahren, als dass der Eigentümer des Gerstenackers ein paar Wochen lang mit blauen und gelben Zierraten im Gesicht herumging und von dieser Stunde an kein Gespenst mehr auf dem Kirchhof zu sehen war. Denn solche Leute, wie unser handfester Ehrenmann, das sind allein die rechten Geisterbanner, und es wäre zu wünschen, dass jeder andere Betrüger und Gaukelhans eben so sein Recht und seinen Meister finden möchte.

Textsorten kennen

Kalendergeschichte

Johann Peter Hebels Text „Das wohlbezahlte Gespenst“ ist eine Kalendergeschichte. Wie seine übrigen Kalendergeschichten spielt sie in seiner badischen Heimat.

- Kalendergeschichten sind **kurze Erzählungen**, die früher auf der Rückseite von Kalenderblättern abgedruckt waren.
- Die Figuren, von denen erzählt wird, sind **Alltagsmenschen**, z. B. Bauern, Gastwirte oder Schneider. Weil sich die Leser darin wiedererkennen konnten, fühlten sie sich von diesen Geschichten angesprochen.
- Zudem ist die **Sprache** recht **volkstümlich**, sodass sie den Lesern vertraut vorkam.
- Kalendergeschichten dienen sowohl der **Unterhaltung** als auch der **Belehrung**. Oft wird erzählt, wie jemand, der einem anderen einen Schaden zufügt (oder zufügen will), entlarvt wird und schließlich eine Niederlage erleidet. Die Belehrung wird aber **nicht in einem strengen, mahnenden Ton** erzählt, sondern eher **lustig** und **unterhaltsam**.
- Auch im **20. Jahrhundert** gab es Autoren, die Geschichten im Stil von Kalendergeschichten schrieben, z. B. Bertolt Brecht. Allerdings wurden diese modernen Kalendergeschichten gleich in Büchern abgedruckt.

169 Wer erleidet in der Kalendergeschichte eine Niederlage? Kreuze an.

Eine Niederlage erleidet …

☐ ein Bauer, der neben dem Kirchhof einen Acker besitzt.

☐ ein Gespenst, das auf dem Kirchhof sein Unwesen treibt.

☐ ein Mann aus dem Nachbardorf, der im Dunkeln nach Hause geht.

☐ ein Mann, der Geister bannen kann.

170 Woran merkt man, dass der Erzähler ein wenig Mitleid mit dem Verlierer hat? Suche im vorletzten Absatz (Z. 52–61) nach einer **Textstelle**, die das zeigt, und schreibe sie heraus.

____

171 Was kann der Leser aus der Geschichte lernen? Formuliere eine Lehre. Verwende diese Textbausteine: *Man sollte* … (oder: *Man sollte nicht* …), *sonst* …

____

____

Lesestrategien entwickeln

Attribute beachten

- In einer Geschichte geht es vordergründig um eine Handlung: Erzählt wird, wie einzelne Figuren miteinander in Kontakt kommen und was sie tun. Um Feinheiten zu verstehen, solltest du aber auch auf kleine **Zusatzinformationen** achten, die in vielen Aussagen „versteckt" sind.
- Oft lässt der Autor den Erzähler nämlich nicht nur sagen, was die Figuren tun. Er verwendet zusätzlich bestimmte **Adjektive**, um ihre Persönlichkeit zu beschreiben. Aus den **Eigenschaften**, die er ihnen damit zuschreibt (Fachbegriff: **Attribute**), kannst du ersehen, ob er ihr Verhalten **befürwortet** oder **kritisiert**.

  Beispiele: Der Junge ließ sich nichts anmerken. → Keine Aussage darüber, wie der Erzähler den Jungen sieht.

  Der kluge Junge ließ sich nichts anmerken. → Der Erzähler sympathisiert mit dem Jungen, denn er bezeichnet ihn als „klug".
- Mit einem **Attribut**, das der Erzähler einer Figur zuschreibt, gibt der Autor dem aufmerksamen Leser einen Hinweis dafür, wie er die betreffende Figur **bewerten** sollte (positiv oder negativ).

172 a Suche in der Geschichte nach **Adjektiven**, die der Erzähler verwendet, um die **Persönlichkeit** des Mannes aus dem Nachbardorf zu beschreiben. Schreibe sie heraus.

____

____

b Welchen **Eindruck** bekommt der Leser von der Persönlichkeit des Mannes aus dem Nachbardorf: Ist der Eindruck eher positiv, negativ oder neutral? Triff eine Entscheidung anhand der Adjektive, die sich auf ihn beziehen.

Seine Persönlichkeit wirkt eher …

- ☐ positiv.
- ☐ negativ.
- ☐ neutral.

Begründung: ____

____

____

Den Text verstehen

173 Was bezeichnet der Erzähler als „Recht" (Z. 3) und was ist für ihn „kein Recht" (Z. 6 f.)? Beende die angefangenen Sätze.

Recht ist es, dass …	Kein Recht ist es, wenn …

174 Wodurch wird der Fußweg „immer breiter" und der Acker „immer schmäler" (Z. 6)? Erkläre.

175 Erläutere den Sinn der folgenden Worte:

„[…] ein unverständiger Mensch […] kam, der lieber seine Schuhe als seines Nachbars Gerstensaat schonte […]." (Z. 8–10)

176 Auf welche Weise wehrt sich der „beschädigte Mann“ tagsüber? Nenne seine beiden Methoden. Verwende die Wörter **entweder – oder**.

177 Welche Methoden wendet der „beschädigte Mann“ zunächst nachts an, um sich zur Wehr zu setzen? Antworte mit einem vollständigen Satz.

178 Warum hat der „beschädigte Mann“ mit den Methoden, die er zunächst nachts anwendet, keinen Erfolg? Antworte wieder mit einem vollständigen Satz.

179 

Fasse die Informationen aus dem Textabschnitts von den **Zeilen 15** bis **29** mit **eigenen Worten** knapp zusammen („Aber da kam dem Mann [. . .]“ bis „[. . .] gewiss keinen Menschen mehr auf dem Kirchhofwege, [. . .]“). Verwende das **Präsens**.

180 Mit welchen **Argumenten** versucht der Mann aus dem Nachbardorf, die Warnungen seiner Bekannten zu entkräften? Beende die angefangenen Sätze mit eigenen Worten, sodass sie vom Sinn her zum Text passen.

Er sagt: „Wenn es ein Geist ist, dann brauche ich keine Angst zu haben, weil …

____

____

Wenn es kein Geist ist, dann brauche ich auch keine Angst zu haben, weil …

____

____.“

181 Warum bekommt er es zeitweise doch mit der Angst zu tun?
Schreibe auf, was er hört und sieht.

____

____

182 Warum kehrt der Mann trotzdem nicht um? Nenne den Grund.

- ☐ Er hat es sehr eilig.
- ☐ Er will nicht über den nassen Acker gehen.
- ☐ Er möchte dem „Gespenst“ nicht begegnen.
- ☐ Es ist zu dunkel.

183 Warum schafft es der Mann aus dem Nachbardorf, das „Gespenst“ zu vertreiben? Kreuze die passende Aussage an. **Begründe** deine Entscheidung.

- ☐ Der Mann ist stärker als das „Gespenst“.
- ☐ Das weiße Gewand behindert das „Gespenst“.
- ☐ Der Mann hat keine Angst vor dem „Gespenst“.
- ☐ Das „Gespenst“ hat Angst vor dem Mann.

Begründung: ____

____

____

____

184 Welchen Fehler macht das „Gespenst“?

185 Wie ist es zu erklären, dass „von dieser Stunde an kein Gespenst mehr auf dem Kirchhof zu sehen“ (Z. 64 f.) ist?
Antworte mit einem vollständigen Satz.

186 Welchen Wunsch äußert der Erzähler im letzten Satz?
Beginne den Antwortsatz so: *Er wünscht sich, dass* …

187 Erkläre, was die **Überschrift** zum Ausdruck bringt.

Die Sprache untersuchen

Sätze mithilfe von Adverbien verbinden

Außer mit Konjunktionen (vgl. S. 23) kannst du Sätze auch mithilfe von **Adverbien** verbinden. Solche Adverbien nennt man auch **Konjunktionaladverbien**.

Häufig vorkommende Adverbien sind:

außerdem, zudem, dazu, daneben, ebenso, ferner, weiter, zusätzlich	**Aufzählung**, Aneinanderreihung (Fachbegriff: **kopulativ**)
daneben, darüber, darunter, dazwischen	**örtlicher** Zusammenhang (Fachbegriff: **lokal**)
davor, währenddessen, indessen, danach, dann, anschließend, schließlich, seitdem	**zeitlicher** Zusammenhang (Fachbegriff: **temporal**)
notfalls, sonst, ansonsten, andernfalls, gegebenenfalls, so, dann, folglich, demzufolge, also	**Bedingung** und **Folge** (Fachbegriff: **konditional** und **konsekutiv**)
deswegen, deshalb, daher, darum	**Grund** (Fachbegriff: **kausal**)
trotzdem, dennoch, gleichwohl, immerhin, allerdings, nichtsdestotrotz	**Gegengrund** (Fachbegriff: **konzessiv**)
hingegen, dagegen, jedoch, doch, dennoch, allerdings, stattdessen	**Gegensatz** (Fachbegriff: **adversativ**)

188 Verbinde die folgenden Satzpaare mit einem passenden **Adverb**. Wähle möglichst jedes Mal ein anderes Adverb.
Ändere, wenn nötig, die Reihenfolge der Wörter.

a Einem Bauern wurde der Acker zertrampelt. Er ärgerte sich.

____

____

b Der Weg war nass und unbegehbar. Die Menschen gingen einfach über den Acker.

____

____

c Sie zertrampelten den Acker. Sie zerstörten das Saatgut.

____

____

d Der Ackerbesitzer sah einen der Übeltäter. Er verpasste ihm Ohrfeigen.

____

____

e Die Wanderer wollten die Grobheiten des Bauern nicht über sich ergehen lassen. Sie nahmen sich tagsüber in Acht.

____

____

f Nachts wollte der Bauer in Ruhe schlafen. Er steckte am Abend Dornenzweige in seinen Acker.

____

____

Konjunktionen und Konjunktionaladverbien unterscheiden

Wie jedes Adverb wirken **Konjunktionaladverbien** im Satz als **Satzglieder**. Sie können deshalb alleine vor dem finiten Verb im Satz stehen.

Um zu bestimmen, ob ein Satz durch ein Konjunktionaladverb oder eine Konjunktion eingeleitet wird, musst du also nur auf die **Stellung des finiten Verbs** im Satz achten:

- Steht das finite Verb an **letzter Stelle**, liegt eine **unterordnende Konjunktion** vor.
  Beispiel: [Ein Mann ging über den Acker], **weil** [er Zeit sparen **wollte**].
  weil → Konjunktion; wollte → finites Verb
- Steht **zwischen** dem betreffenden Wort und dem finiten Verb ein **eigenes Satzglied** (z. B. ein Subjekt), liegt eine **nebenordnende Konjunktion** vor.
  Beispiel: [Ein Mann ging über den Acker], **denn** [er **wollte** Zeit sparen].
  denn → Konjunktion; wollte → finites Verb
- **Folgt** das finite Verb **direkt** auf das betreffende Wort, liegt ein **Konjunktionaladverb** vor. Das Subjekt steht in diesem Fall immer **hinter** dem finiten Verb.
  Beispiel: [Ein Mann wollte Zeit sparen], **deswegen** [**ging** er über den Acker].
  deswegen → Konjunktionaladverb; ging → finites Verb

189 Konjunktion oder Adverb? Bestimme die **Wortart** der fett gedruckten Wörter.

In einem Dorf ging ein Fußweg über den Kirchhof; **anschließend** führte er durch den Acker eines Mannes. **Wenn** der Ackerweg schlüpfrig war, gingen die Leute immer tiefer in den Acker hinein. **Folglich** zertraten sie dem Eigentümer die Saat, **sodass** der Weg immer breiter und der Acker immer schmäler wurde. **Schließlich** wusste der betroffene Bauer sich zu helfen. **Falls** jemand seinen Acker durchquerte, lief er schnell hinzu und verpasste ihm ein paar Ohrfeigen. Nachts wollte er aber schlafen; **deshalb** steckte er abends Dornenäste in den Boden. Er wollte den Wandernden verständlich machen, wo der richtige Weg sei. **Allerdings** wurden die Äste immer wieder niedergerissen oder umgetreten. **Schließlich** kam dem Mann eine Idee: Er verwandelte sich einfach in ein Gespenst. **Danach** bekamen die Menschen es mit der Angst zu tun **und** sie wählten andere Wege, um nach Hause zu gelangen. **Als** sich einmal ein Mann aus einem Nachbardorf verspätet hatte, nahm er den kürzeren Weg. **Während** er über den Acker ging, wurde er von einer weißen Gestalt verfolgt. **Weil** er merkte, **dass** das Gespenst nicht echt war, verschaffte er sich mit seinen Fäusten Respekt. **Seitdem** ließ sich das Gespenst nie wieder blicken.

Mit Adverbien und Konjunktionen Zusammenhänge herstellen

Wenn Hauptsätze ohne Adverbien oder Konjunktionen einfach nur aneinandergereiht sind, werden **keine Zusammenhänge** deutlich; der Text wirkt unverständlich und ungeschickt.

Beispiel: In einem Dorf geht ein Fußweg durch einen Acker. Bei nasser Witterung ist der Weg schlüpfrig. Er ist schlecht zu begehen. Die Wanderer wollen sich nicht die Schuhe schmutzig machen. Sie gehen an solchen Tagen über den Acker.

Dein Text wird wesentlich verständlicher, wenn du **Zusammenhänge** durch Adverbien oder Konjunktionen herstellst:

- Wenn du **nur Adverbien** verwendest, klingt ein solcher Text jedoch nicht sehr geschickt, da er **nur** aus **Hauptsätzen** besteht.

  Beispiel: In einem Dorf geht ein Fußweg durch einen Acker. Deswegen ist der Weg bei Regen oft schlüpfrig. Dann ist er schlecht zu begehen. Allerdings wollen sich die Wanderer nicht die Schuhe schmutzig machen. Deshalb gehen sie an solchen Tagen über den Acker.

- Verwendest du **unterordnende Konjunktionen**, entsteht ein **Satzgefüge** (vgl. S. 25). Das klingt „eleganter" und „geschmeidiger".

  Beispiel: Wenn in einem Dorf ein Fußweg durch einen Acker führt, kann es vorkommen, dass der Weg bei Regen schlecht zu begehen ist. Weil die Wanderer sich nicht die Schuhe schmutzig machen wollen, gehen sie an solchen Tagen über den Acker.

Tipp: Am besten verwendest du sowohl Adverbien als auch Konjunktionen.

190 Wandle den folgenden Text mithilfe von **Adverbien** und **Konjunktionen** so um, dass die Zusammenhänge zwischen den einzelnen Aussagen deutlich werden. Füge gelegentlich auch einen einfachen **Hauptsatz** oder eine **Satzreihe** ein, um dem Leser hin und wieder beim Lesen eine Ruhepause zu gönnen. Schreibe den überarbeiteten Text in dein Heft.

Ein Mann aus einem Nachbardorf hatte sich verspätet. Er schlug den kürzeren Weg über den Friedhof ein. Er wollte möglichst schnell zu Hause sein. Bekannte hatten ihn gewarnt. Sie hatten ihm von dem Gespenst erzählt. Der Mann ließ sich nicht einschüchtern. Er ging los. Eine weiß gekleidete Gestalt folgte ihm. Er bekam es mit der Angst zu tun. Die Gestalt verließ den Kirchhof. Er hielt sie nicht mehr für ein Gespenst. Er verpasste dem Verfolger Schläge. Die Gestalt ließ von ihm ab. Der Mann gelangte problemlos nach Hause. Er hatte das Gespenst ein für alle Mal vertrieben. Es ließ sich nie wieder blicken.

Richtig schreiben

Den Wortstamm berücksichtigen

- Bei der deutschen Rechtschreibung triffst du immer wieder auf ein bestimmtes Problem: Zwei **Laute klingen gleich**, werden aber **unterschiedlich geschrieben**.
  Beispiele: Bär – schwer – sehr
  Vater – Fabel
  Wald – kalt
- Um zu entscheiden, welche Schreibung richtig ist, musst du einige **Rechtschreibprinzipien** beachten: So behalten Wörter, die derselben **Wortfamilie** angehören, im **Wortstamm** ihre charakteristische Schreibweise immer bei. Das bedeutet:
  - Der **Vokal im Wortstamm** bleibt in allen Wörtern dieser Wortfamilie erhalten. Allenfalls werden aus **a**, **o**, **u** oder **au** die Umlaute **ä**, **ö**, **ü** oder **äu**.
    Beispiel: Haus (Wortstamm) – Hausfrau – hausen – Häuser – häuslich – Gehäuse
  - Ein **Konsonant am Anfang eines Wortstamms** bleibt in allen Wörtern der Wortfamilie erhalten.
    Beispiel: viel (Wortstamm) – vielfach – vervielfachen – vielseitig – Vielfraß
  - Genauso verhält es sich mit einem **Konsonanten am Ende des Wortstamms:** Auch er bleibt in allen Wörtern dieser Wortfamilie erhalten.
    Beispiel: denk- (Wortstamm) – denkbar – bedenklich
- Wichtig ist also, dass du einen bestimmten **Bestand an Grundwörtern** (Nomen, Verben, Adjektive) kennst, die du sicher schreiben kannst. Dann kannst du dir die Schreibweise verwandter Wörter herleiten.

191 Erkläre die Schreibweise der vorgegebenen Wörter, indem du ein passendes Wort aus derselben **Wortfamilie** findest. Achte auf die hervorgehobenen Buchstaben.

vorgegebene Wörter	verwandtes Wort
Gelä**ch**ter	
v**ä**terlich	
Best**e**chung	
bel**ä**stigen	
bem**e**rken	
St**ä**rke	
Erl**e**bnis	
entkr**ä**ften	

Wörter verlängern oder verkürzen

Wenn du unsicher bist, wie ein Wort geschrieben wird, solltest du nach einer **anderen Form** dieses Wortes suchen, in der die richtige Schreibweise klar zu **hören** ist.

Dafür gibt es verschiedene Möglichkeiten:

- das Wort **verlängern:** Bei einem Nomen bildest du den **Plural**, bei einem **Adjektiv** den **Komparativ**.

  Beispiele: Wald/Walt? → Plural: Wälder → Wald!
  mild/milt? → Komparativ: milder → mild!

- das Wort **verkürzen:** Bei einem **Nomen** im Plural bildest du den **Singular**. Wenn ein **Adjektiv** im **Komparativ** oder **Superlativ** steht, bildest du den **Positiv** (Grundform).

  Beispiele: Felder/Fälder? → Singular: (das) Feld → Felder!
  sterker/stärker? → Positiv: stark → stärker!

- Bei Verben kannst du dich am **Infinitiv** orientieren:

  Beispiel: (Er) lengt/lenkt? → Infinitiv: lenken → (Er) lenkt!

192 Finde die richtige Schreibweise der hervorgehobenen Wörter, indem du diese **Wörter verlängerst oder verkürzt.**
Trage zunächst eine Wortform ein, an der du die richtige Schreibweise erkennen kannst. Ergänze anschließend die richtige Schreibweise. Das erste Beispiel ist schon gelöst.

Immer wieder **pflegten/pflekten (?)** Wanderer durch den Acker eines Bauern zu gehen.	pflegen → pflegten
Doch der Bauer **glaupte/glaubte (?)** zu wissen, wie er die Übeltäter loswerden könnte.	
Er benutzte seine **Feuste/Fäuste (?)** und verprügelte die dreisten Wanderer.	
Bloß des Nachts wollte er den **Pfad/Pfat (?)** nicht bewachen.	
Da steckte er dornige **Este/Äste (?)** in den Boden.	
Aber diese Methode **schregte/schreckte (?)** die unliebsamen Besucher nicht.	
Sie **beseitigten/beseitikten (?)** die Hindernisse einfach.	

Sich schriftlich äußern

Eine Nachricht oder einen Bericht schreiben

- Ein Bericht informiert über ein **Ereignis**, das vor Kurzem stattgefunden hat.
- Dem Leser wird **mit sachlich-nüchterner Sprache** und **in Kürze** mitgeteilt, was passiert ist.
- Da der Bericht über vergangene Ereignisse informiert, steht er im **Präteritum**.
- Der Kern eines jeden Berichts ist die **Nachricht**. Sie fasst die **wichtigsten Informationen** in Kurzform zusammen und besteht in der Regel nur aus zwei bis drei Sätzen.
- Ein **Bericht** gibt noch genauere Auskünfte über das Ereignis, z. B., indem er auch über **Hintergründe** informiert, die dem Leser helfen, den Sachverhalt zu verstehen. Manchmal stellt er auch Eindrücke von Augenzeugen dar.
- Ein vollständiger Bericht sollte die fünf sogenannten **W-Fragen** beantworten, um die entscheidenden Informationen zu vermitteln:
  1. *Was* ist passiert?
  2. *Wer* war beteiligt (oder: *Wer* ist betroffen)?
  3. *Wo* ist das Ereignis geschehen?
  4. *Wann* ist das Ereignis geschehen?
  5. *Wie* ist es dazu gekommen?

  Eine Nachricht beantwortet in der Regel nur die ersten vier W-Fragen.

Beispiele:

Nachricht: Mafia-Boss festgenommen

Der italienischen Polizei (*wer?*) ist ein Schlag gegen das organisierte Verbrechen gelungen (*was?*). Am Montagmorgen (*wann?*) nahmen Sondereinheiten der Carabinieri auf Sizilien (*wo?*) den Mafia-Boss Salvatore Lo Piccolo fest, der seit über 20 Jahren auf der Flucht gewesen war.

Bericht: Italiens „Boss der Bosse" ist geschnappt

Der italienischen Polizei (*wer?*) ist erneut ein Großschlag gegen das organisierte Verbrechen gelungen (*was?*): Sondereinheiten der Carabinieri nahmen am Montagmorgen (*wann?*) auf Sizilien (*wo?*) den Mafia-Boss Salvatore Lo Piccolo fest, der über 20 Jahre auf der Flucht war. […] Lo Piccolo hielt gerade in der Garage ein Treffen mit anderen Bossen ab, als 40 Carabinieri das auf dem Land gelegene Haus in der Nähe des Ortes Carini umstellten (*wie?*). Unter anderem wurden nach der Festnahme Waffen, Geld und Dokumente sichergestellt. Der Präsident der Region Sizilien, Salvatore Cuffaro, sprach von einem „tödlichen Schlag gegen die Cosa Nostra" und dankte den Ermittlern für ihre erfolgreiche Arbeit. […]

193 Schreibe die Geschichte „Das wohlbezahlte Gespenst“ zuerst in Form einer **Nachricht** und dann in Form eines **längeren Berichts** in dein Heft. Stelle dir vor, dass eine Zeitung zwei Tage, nachdem der mutige Mann aus dem Nachbardorf das „Gespenst“ vertrieben hat, darüber berichtet.

Verwende für die Nachricht die Überschrift **Falsches Gespenst gefasst** und für den Bericht die Schlagzeile **Rätsel um nächtlichen Spuk gelöst**. Achte darauf, dass die Zusammenhänge zwischen den einzelnen Aussagen klar zu erkennen sind.

Schreibe für die **Nachricht** ungefähr 70 Wörter, für den **Bericht** 250 Wörter in dein Heft.

Hinweis: Für die beiden Ortschaften kannst du dir Namen ausdenken.

Kapitel 9: Der Totentanz

VON JOHANN WOLFGANG VON GOETHE

Der Türmer[1], der schaut zu Mitten der Nacht
Hinab auf die Gräber in Lage;
Der Mond, der hat alles ins Helle gebracht,
Der Kirchhof, er liegt wie am Tage.
Da regt sich ein Grab und ein anderes dann:
Sie kommen hervor, ein Weib da, ein Mann,
In weißen und schleppenden Hemden.

Das reckt nun, es will sich ergötzen sogleich,
Die Knöchel zur Runde zum Kranze,
So arm und so jung und so alt und so reich,
Doch hindern die Schleppen am Tanze.
Und weil hier die Scham nun nicht weiter gebeut[2],
Sie schütteln sich alle, da liegen zerstreut
Die Hemdelein über den Hügeln.

Nun hebt sich der Schenkel, nun wackelt das Bein,
Gebärden[3] da gibt es vertrackte[4];
Dann klippert's und klappert's mitunter hinein,
Als schlüg' man die Hölzlein zum Takte.
Das kommt nun dem Türmer so lächerlich vor;
Da raunt ihm der Schalk, der Versucher, ins Ohr:
Geh! Hole dir einen der Laken.

1 *Türmer:* jemand, der früher in einem Turm als Wächter tätig war
2 *gebeut:* eine alte Form von „gebietet“ (vom Verb „gebieten“ = befehlen)
3 *Gebärden:* (Hand-)Bewegungen
4 *vertrackt:* seltsam, fast verrückt

Getan wie gedacht! und er flüchtet sich schnell
Nun hinter geheiligte Türen.
Der Mond und noch immer er scheinet so hell
Zum Tanz, den sie schauerlich führen.
Doch endlich verlieret sich dieser und der,
Schleicht eins nach dem andern gekleidet einher,
Und, husch, ist es unter dem Rasen.

Nur einer, der trippelt und stolpert zuletzt
Und tappet und grapst an den Grüften[5];
Doch hat kein Geselle so schwer ihn verletzt,
Er wittert das Tuch in den Lüften.
Er rüttelt die Turmtür, sie schlägt ihn zurück,
Geziert und gesegnet, dem Türmer zum Glück,
Sie blinkt von metallenen Kreuzen.

Das Hemd muss er haben, da rastet er nicht,
Da gilt auch kein langes Besinnen,
Den gotischen Zierrat[6] ergreift nun der Wicht
und klettert von Zinne[7] zu Zinnen.
Nun ist's um den armen, den Türmer getan!
Es ruckt sich von Schnörkel zu Schnörkel hinan,
Langbeinigen Spinnen vergleichbar.

Der Türmer erbleichet, der Türmer erbebt,
Gern gäb er ihn wieder, den Laken.
Da häkelt[8] – jetzt hat er am längsten gelebt –
Den Zipfel ein eiserner Zacken.
Schon trübet der Mond sich verschwindenden Scheins,
Die Glocke, sie donnert ein mächtiges Eins,
Und unten zerschellt das Gerippe.

5 *Grüfte:* Gräber

6 *gotischer Zierrat:* Verzierungen, die typisch für die Epoche der Gotik waren

7 *Zinne:* ursprünglich höhere Mauerstücke zwischen den Schießscharten in einer Stadtmauer; hier: Verzierungen im Mauerwerk

8 *häkeln:* gemeint: durchlöchern

Textsorten kennen

Ballade

- Bei Goethes Gedicht „Der Totentanz“ handelt es sich um eine **Ballade**. Das Wort „Ballade“ stammt vom italienischen Verb **ballare** ab, was **tanzen** bedeutet. Ursprünglich waren Balladen nämlich **Tanzlieder**, die unter Begleitung von Musikinstrumenten zum Tanz gesungen wurden.
- Später entwickelten sich Balladen zu einer besonderen **Gedichtform:**
  - Von „normalen“ Gedichten unterscheiden sich Balladen zunächst dadurch, dass sie – verteilt auf mehrere Strophen – **eine Geschichte erzählen**.
  - Auffällig ist außerdem, dass sie oftmals Teile eines **Dialogs** enthalten: Die Figuren, von denen erzählt wird, sprechen miteinander, und ihre Worte werden in Form von wörtlicher Rede wiedergegeben.

Johann Wolfgang von Goethe (1749–1832)

- Deshalb sagt man auch, dass Balladen Merkmale aller drei großen Textgattungen enthalten:
  - Merkmale der **Lyrik** (weil sie in Gedichtform geschrieben sind),
  - Merkmale der **Epik** (weil sie eine Geschichte erzählen) und
  - Merkmale der **Dramatik** (weil sie Teile eines Dialogs enthalten).

Hinweis: Nicht jede Ballade weist alle typischen Merkmale auf. Ein Dichter befolgt beim Schreiben ja keine strikte Anleitung, sondern er schreibt die Ballade nach seinen persönlichen Vorstellungen. Im Großen und Ganzen wirst du aber bei den meisten Balladen die genannten Merkmale finden.

194 Lies Goethes Ballade „Der Totentanz“ noch einmal sorgfältig durch. Kreuze die Merkmale an, die auf diese Ballade zutreffen.

Merkmal	trifft zu	trifft nicht zu
a Der Text ist als Gedicht gestaltet.	☐	☐
b Der Text erzählt eine Geschichte.	☐	☐
c Der Text enthält wörtliche Rede.	☐	☐

Lesestrategien entwickeln

Den Klang der Wörter beachten

- Vom Klang der Wörter geht oft ein besonderer Einfluss auf die **Wirkung** eines Textes aus. Entscheidend für den Klang sind vor allem die **Vokale** und die **Konsonanten:**
  - Die Vokale **e** und **i** gelten als **helle Vokale**. Sie wirken eher leicht und fröhlich.
  - Die Vokale **a**, **o** und **u** gelten als **dunkle Vokale**. Sie wirken eher warm, manchmal auch traurig (oder sogar bedrohlich).
  - Die Konsonanten **b**, **d**, **g**, **l**, **m**, **n**, **w** und das **stimmhafte s** klingen **weich**. Sie wirken sanft und vielleicht auch beruhigend.
  - Die Konsonanten **f**, **k**, **p**, **t** und das **stimmlos gesprochene s** klingen meist **hart** oder **scharf**.
- Wenn in einem Text überwiegend **dunkle Vokale** und **weiche Konsonanten** vorkommen, deutet das darauf hin, dass der Dichter **Gefühle** zum Ausdruck bringen will.
  Überwiegen die **hellen Vokale** und die **harten** oder **scharfen Konsonanten**, dann wirkt der Text entweder **leicht**, vielleicht sogar **keck** – oder er wirkt **kühl**, eben so, als wolle der Dichter keine Gefühle zum Ausdruck bringen.

195 Lies die Ballade „Der Totentanz“ einmal laut vor. Achte dabei auf den Klang der Wörter.

Kreuze an, was zutrifft. (Du musst zwei Kreuze machen.)

Es überwiegen ...

- ☐ dunkle Vokale.
- ☐ helle Vokale.
- ☐ weiche Konsonanten.
- ☐ harte Konsonanten.

196 Welchen Einfluss hat der Klang der Wörter auf die Wirkung des Textes? Kreuze an, was zutrifft. (Hier darfst du nur ein Kreuz machen.)

Durch den Klang der Wörter wirkt der Text eher ...

- ☐ keck und fröhlich.
- ☐ hart und gefühllos.
- ☐ warm und beruhigend.
- ☐ traurig oder sogar bedrohlich.

Den Text verstehen

197 Wie lange dauert der Tanz der Toten? Kreuze an.

Er dauert …

- [ ] weniger als eine Stunde.
- [ ] genau eine Stunde.
- [ ] mehr als eine Stunde.

198 Um wie viel Uhr ist der Totentanz zu Ende? Nenne die Uhrzeit.

___

199 Warum heißt es, der Kirchhof liege „wie am Tage“ (V. 4)? Es ist doch „zu Mitten der Nacht“ (V. 1)! Erkläre.

___

200 Was bedeutet es, wenn es heißt, die Gräber würden „in Lage“ (V. 2) sein? Kreuze an.

Die Gräber liegen …

- [ ] in mehreren Schichten übereinander.
- [ ] geordnet nebeneinander.
- [ ] weit unten neben dem Kirchhof.

201 Warum werden die Hemden als „schleppend“ (V. 7) bezeichnet? Kreuze an.

- [ ] Sie sind so lang wie eine Schleppe.
- [ ] Es hängen Gewichte an ihnen
- [ ] Die Toten schleppen die Hemden.

202 Worauf bezieht sich das Wort „Das“ in Vers 8? Kreuze an.

Gemeint ist …

- [ ] ein Weib.
- [ ] ein Grab.
- [ ] die Gruppe der Toten.

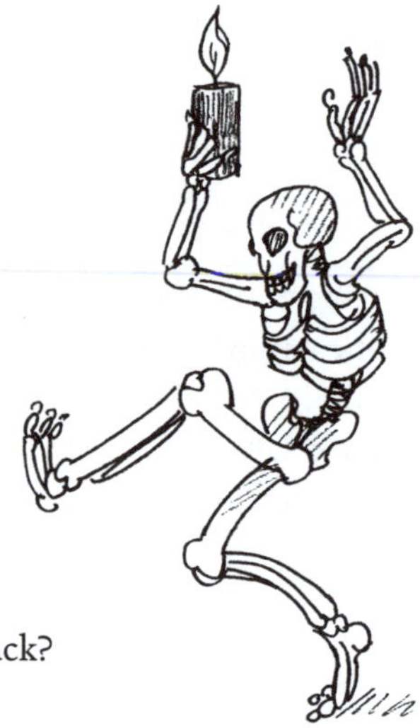

203 Wie tanzen die Toten? Kreuze an.

- ☐ Sie tanzen um den Kirchturm herum.
- ☐ Sie haben sich einen Kranz aufgesetzt
- ☐ Sie haben einen Kreis gebildet.
- ☐ Sie beugen ihre Knie.

204 

a In Vers 10 gibt es vier Adjektive.
Schreibe sie heraus.

____

____

b Was bringen die vier Adjektive zum Ausdruck?
Kreuze die Aussage an, die am besten passt.

- ☐ Nicht alle Toten waren zu ihren Lebzeiten reich.
- ☐ Nicht alle Toten hatten ein langes Leben.
- ☐ Die Toten waren zu ihren Lebzeiten unterschiedliche Menschen.
- ☐ Die Toten sind sich alle ziemlich ähnlich.

205 Warum haben die Toten ihre Totenhemden abgeworfen? Nenne zwei Gründe.

____

____

206 

Wer ist der Schalk, der in der dritten Strophe erwähnt wird? Kreuze an.
Der Schalk ist …

- ☐ ein lustiger Mensch.
- ☐ ein zweiter Türmer.
- ☐ eine innere Stimme des Türmers.

207 Welche Aufforderung richtet der „Schalk“ an den Türmer? Kreuze an.
Er fordert ihn auf, …

- ☐ sich ein Bettlaken zu holen, um mitzutanzen.
- ☐ den Toten eines ihrer Totenhemden wegzunehmen.
- ☐ selbst eines von den Totenhemden anzuziehen.

208 Warum „flüchtet“ (V. 22) der Türmer? Kreuze an.

- ☐ Die Toten sind ihm nicht geheuer.
- ☐ Er kann im Dunkeln nichts sehen.
- ☐ Er hat Angst, die Türen könnten zuschlagen.

209 Was geschieht in der vierten Strophe in den Versen 26 bis 28?
Fasse den Inhalt dieser Verse mit eigenen Worten zusammen.

____

____

210 **a** Wer „trippelt“ und „stolpert“ (V. 29) als Letzter über den Friedhof?
Es ist ...

- ☐ der Türmer, der dort nach dem Rechten sehen will.
- ☐ der Tote, dem der Türmer das Hemd weggenommen hat.
- ☐ der Tote, der sein Grab nicht mehr findet.

b Warum „trippelt“ und „stolpert“ er? Kreuze an.

- ☐ Er hat sich verletzt.
- ☐ Er sucht sein Hemd.
- ☐ Er sucht seine „Gesellen“.

211 Beantworte die folgenden Fragen jeweils mit einem vollständigen Satz.

a Warum will der letzte Tote in den Kirchturm eindringen?

____

b Woran merkt man, dass der Türmer Angst bekommt? Beziehe dich auf eine Textstelle.

____

____

212 Warum „zerschellt das Gerippe“ (V. 49)? Erkläre.

____

____

Die Sprache untersuchen

Sprache im Wandel

Unsere Sprache hat sich im Laufe von Jahrhunderten verändert, und sie wird sich auch in Zukunft weiter verändern.

Es gibt vor allem **vier Arten von Veränderungen:**

- **Neue Dinge**, die es früher noch nicht gab, kommen hinzu und die brauchen eine Bezeichnung. Oft stammen solche neuen Wörter aus einer anderen Sprache (heute hauptsächlich aus dem Englischen).
  Beispiele: Computer, MP3-Player, Internet
- Einige **Dinge** werden **nicht mehr gebraucht**, und deshalb geraten die Wörter, mit denen man sie bezeichnet hat, in Vergessenheit.
  Beispiel: Das Wort „Tonband" wird nicht mehr gebraucht, weil man heute Tondokumente, z. B. Musiktitel, im MP3-Format speichert und nicht mehr auf Tonband aufnimmt.
- Einzelne Wörter **verändern** nach und nach ihre **Bedeutung**.
  Beispiel: Das Wort „witzig" bedeutete vor langer Zeit „klug". Heute hat das Adjektiv „witzig" die gleiche Bedeutung wie das Wort „lustig".
- Einige Wörter **verändern** im Laufe der Zeit ihre **Form**. Durch den Gebrauch verändern sich z. B. bestimmte Laute, sodass die Wörter eine andere Gestalt erhalten.
  Beispiel: In Goethes Ballade „Der Totentanz" heißt es, dass unter den Toten die „Scham" nicht mehr „gebeut" (V. 12). Statt „gebeut" sagen wir heute „gebietet".

Hinweis: Wie sich Wörter im Laufe der Zeit entwickelt haben, kannst du in einem **Herkunftswörterbuch** (Fachbegriff: etymologisches Wörterbuch) nachschlagen.

213 Lies die folgenden Eintragungen aus einem **Herkunftswörterbuch**. Schreibe anschließend auf, aus welcher Sprache das Wort ursprünglich kommt.

a **Sofa:** Quelle dieses seit dem Ende des 17. Jahrhunderts bezeugten Fremdwortes ist das arabische Wort *suffa* („Ruhebank"), das mit einer erweiterten Bedeutung („gepolsterte Sitzbank") in die europäischen Sprachen gelangte.

b **Kopf:** Das Wort *Kopf* war ursprünglich die Bezeichnung für ein Gefäß („Becher, Trinkschale"). Vermutlich kommt es von einer Entlehnung des lateinischen Wortes *cuppa*.

c **Gardine** („Fenstervorhang"): Das seit dem 16. Jahrhundert bezeugte Wort leitet sich vom französischen Wort *courtine* ab. Das ist eine Weiterbildung des lateinischen Wortes *chors* („Einzäunung, Hofraum").

d **Tomate:** Der Name der zu den Nachtschattengewächsen gehörenden, aus Mittelamerika eingeführten Kulturpflanze wurde Anfang des 17. Jahrhunderts über die französische Sprache (*tomate)* aus dem Spanischen entlehnt. Das spanische *tomate* stammt seinerseits von *tomatl*, einem Wort aus dem Nahuatl, der Sprache der mexikanischen Azteken, ab.

e **Mode:** Das Neueste, Zeitgemäße (in Kleidung, Haartracht usw.). Das Wort wurde im 17. Jahrhundert vom französischen Wort *mode* („Art und Weise, Brauch, Sitte") abgeleitet. Das französische Wort geht auf das lateinische Wort *modus* zurück („Maß, Regel, Ziel").

f **Kirche:** Die Benennung des Gotteshauses, die schon früh auch auf die christliche Gemeinschaft übertragen wurde, geht auf das spätgriechische *kyrikón* („Gotteshaus") zurück. Das ursprüngliche griechische Wort *kyriakós* bedeutet eigentlich „das zum Herrn Gehörige" (gemeint: Haus).

heutiges deutsches Wort	ursprüngliche Sprache(n)
a Sofa	
b Kopf	
c Gardine	
d Tomate	
e Mode	
f Kirche	

Konjunktiv II (1)

- Mit dem Konjunktiv II (*hätte, könnte, wüsste …*) drückt man aus, dass etwas **nur in der Vorstellung möglich** oder (zumindest zurzeit) ein **unerfüllbarer Wunsch** ist.
  Beispiel: In der Ballade „Der Totentanz" heißt es über den Türmer: „Gern gäb er ihn wieder, den Laken." (V. 44) Das bedeutet, dass er das Totenhemd zwar gerne zurückgeben würde, das aber nicht tun wird oder kann.
- Du bildest den Konjunktiv II mit der **Präteritumform** des Verbs und fügst am Ende ein **-e** hinzu (und evtl. noch eine Personalendung). Wenn der Stammvokal ein **a, o** oder **u** ist, verwandelt er sich häufig in einen **Umlaut**.
  Beispiele: geben → Präteritum: gab → + e + Umlaut → er gäb | e
  kommen → Präteritum: kam → + e + Umlaut + Personalendung → ihr käm | e | t

214 Bilde die Formen des Präteritums und des Konjunktivs II.
Ein Beispiel ist schon gelöst.

Infinitiv	Präteritum	Konjunktiv II
sitzen	er *saß*	er *säße*
wissen	ich	ich
können	du	du
denken	ihr	ihr
schlafen	du	du
haben	ihr	ihr
fahren	er	er
werden	ich	ich

Konjunktiv II (2)

- Wenn die Form des Konjunktivs II genauso klingt wie der **Indikativ** (die „Normalform") des Verbs, kannst du den Konjunktiv II ersatzweise mit **würde/würden** und dem **Infinitiv** des Verbs bilden.

  Beispiel: gehen → ging → sie gingen (wie Indikativ!) → sie würden gehen

- Die Ersatzform kannst du auch dann verwenden, wenn die „echte" Form des Konjunktivs II **sehr ungewohnt** oder seltsam klingt.

  Beispiele: essen → aß → ich äße (???) → ich würde essen
  liegen → lag → er läge (???) → er würde liegen

215 Was würdest du gern tun, wenn es möglich wäre? Formuliere dazu sechs Sätze.
Verwende jeweils eine passende Form des Konjunktivs II.

Richtig schreiben

Fremdwörter (1)

Fremdwörter werden oft anders geschrieben, als man dem Klang nach denken würde:

- Manchmal hörst du nur **einen Laut** – musst aber **mehrere Buchstaben** schreiben.

  Beispiele: Apo**th**eke (aus dem Griechischen) → Du hörst nur **t**, schreibst aber **th**.
  Katastro**ph**e (aus dem Griechischen) → Du hörst **f**, schreibst aber **ph**.
  Bouti**que** (aus dem Französischen) → Du hörst **k**, schreibst aber **que**.
  Chauff**eu**r (aus dem Französischen) → Du hörst **ö**, schreibst aber **eu**.
  Tr**ai**ning (aus dem Englischen) → Du hörst **ä**, schreibst aber **ai**.
  T**ea**m (aus dem Englischen) → Du hörst **i**, schreibst aber **ea**.

- Auch der umgekehrte Fall ist möglich: Du denkst, dass du **mehrere Buchstaben hörst**, **schreibst** aber nur einen **einzigen Buchstaben**.

  Beispiele: Gara**g**e (aus dem Französischen) → Du hörst **sch**, schreibst aber **g**.
  Comp**u**ter (aus dem Englischen) → Du hörst **ju**, schreibst aber **u**.
  L**a**dy (aus dem Englischen) → Du hörst **ei**, schreibst aber **a**.

Hinweis: Wenn du die Ursprungssprache nicht beherrschst, lernst du die Schreibweise wichtiger Fremdwörter am besten auswendig.

216 Ordne die folgenden Fremdwörter den entsprechenden Schreibungen zu.

Atmosphäre, Beamer, Beat, Blamage, Chauffeur, E-Mail, Genie, Girokonto, fair, Friseurin, Ingenieur, Jeans, Jongleur, Leasing, Malheur, Manege, Mannequin, Montage, Mythos, Pathos, Phänomen, Phantom, Phase, Philosophie, Physik, Prothese, Redakteur, Rhythmus, Thema, These, Theater, Xylophon

Du hörst **t**, schreibst aber **th:** ______________________________

____

Du hörst **f**, schreibst aber **ph:** ______________________________

____

Du hörst **k**, schreibst aber **qu:** ______________________________

____

Du hörst **ö**, schreibst aber **eu:** ______________________________

____

Du hörst **e**, schreibst aber **ai:** ______________________________

____

Du hörst **i**, schreibst aber **ea:** ____________________

____

Du hörst **sch**, schreibst aber **g:** ____________________

____

Fremdwörter (2)

Einige Fremdwörter werden seit Langem im Deutschen wie selbstverständlich verwendet, trotzdem ist ihre Schreibweise nicht einfach. Zwei dieser Fremdwörter sind: **Aggression** und **Interesse**.

Bei Fremdwörtern gilt – wie bei deutschen Wörtern – auch das **Stammprinzip**. Das heißt: Der typische Stamm des Wortes bleibt in allen Wortformen erhalten.
Deshalb werden alle Wörter, die mit dem Wort **Aggression** verwandt sind, mit **gg** und **ss** geschrieben, und alle Wörter, die mit dem Wort **Interesse** verwandt sind, beginnen mit **inter-** (nur ein r!) und haben im zweiten Teil **ss**.

217 Suche im Wörterbuch nach je drei Wörtern, die mit dem Wort **Aggression** und mit dem Wort **Interesse** verwandt sind. Schreibe sie auf und markiere jeweils die Besonderheiten in der Schreibweise.

Aggression:

Interesse:

Sich schriftlich äußern

Eine Schilderung schreiben

- Unter einer Schilderung versteht man einen Text, der eine Situation so anschaulich beschreibt, dass sich der Leser in seinem Inneren ein Bild davon machen kann. Ursprünglich bezeichnete das Verb **schildern** die Tätigkeit eines Wappenmalers. Erst seit dem 18. Jahrhundert bedeutete „schildern" nicht mehr „malen" oder „anstreichen", sondern „beschreiben" oder „ausführlich darstellen".
- Wie ein Bild wirkt eine Schilderung dann, wenn der Schreiber nicht nur Informationen vermittelt, sondern auf **anschauliche Weise** seine **persönlichen Eindrücke** wiedergibt.
- Er schreibt nicht bloß auf, was geschehen ist, sondern beschreibt auch die besondere **Stimmung**. Wer eine Schilderung liest, erfährt deshalb auch etwas über die **Atmosphäre**, in der etwas stattgefunden hat.
- Um eine gute Schilderung zu schreiben, musst du deine Worte genau wählen, damit sich der Leser eine genaue Vorstellung von der Situation machen kann:
  - Zunächst sagst du, **was geschehen ist**. Dabei kannst du gleich mitteilen, wie das Geschehene auf den Betrachter gewirkt hat. Das ist die **Einleitung**.
  - Im **Hauptteil** beschreibst du den **Ablauf des Ereignisses im Einzelnen**. Dabei solltest du vor allem **treffende Verben** verwenden. Mithilfe von **passenden Adjektiven** gestaltest du die Darstellung möglichst „bunt" und anschaulich.
  - Am **Schluss** kannst du dich noch dazu äußern, **was** von dem Ereignis **in Erinnerung** bleiben wird – und **warum**.
- Besonders **anschaulich** wird eine Schilderung, wenn du den **Hauptteil im Präsens** verfasst. Dann bekommt der Leser den Eindruck, er würde dem Geschehen regelrecht zusehen.

218 Schildere das **Erlebnis des Türmers** mit den Toten, die zu mitternächtlicher Stunde auf dem Kirchhof tanzen.

Stelle dir Folgendes vor: Der Türmer schreibt einen **Brief** an einen Kollegen, also an einen anderen Türmer. In diesem Brief erzählt er ihm von seinem nächtlichen Erlebnis mit den Toten. Dabei beschreibt er, dass er eines der auf dem Boden liegenden Totenhemden an sich genommen hat, und er sagt ihm auch, wie dieser „Diebstahl" dazu geführt hat, dass ihm ganz schauerlich zumute wurde und er große Angst ausgestanden hat. Zum Schluss spricht er eine Warnung an seinen Kollegen aus: Er solle sich davor hüten, einem Toten während der Geisterstunde sein Hemd wegzunehmen.

Anfang und Ende des Briefes sind schon vorgegeben. Schreibe du nun den fehlenden Mittelteil, nämlich die **Schilderung des nächtlichen Erlebnisses**. Verwende möglichst **treffende Verben und Adjektive**, damit deine Darstellung anschaulich wirkt. Wähle als Zeitform das **Präsens**.

Schreibe ungefähr 350 Wörter in dein Heft.

Sternburg, den 13. 8. 1316

Lieber Johannes,

gestern Nacht habe ich etwas Unglaubliches erlebt. Auf der einen Seite war es sehr lustig, auf der anderen Seite aber auch Furcht einflößend. Ich will es dir genau erzählen, damit du deinen Spaß hast – und zugleich eine Lehre daraus ziehst.

Du weißt doch, was in der Geisterstunde immer unten auf dem Friedhof passiert, nicht wahr? Die Toten kommen aus ihren Gräbern und tanzen, eine Stunde lang, und wenn die Uhr eins schlägt, verschwinden sie wieder, sodass man denken könnte, es wäre nichts geschehen. So war es auch gestern wieder. Diesmal hatten wir Vollmond, deshalb konnte ich richtig gut sehen, wie sie sich beim Tanz aufführten …

Deine Schilderung → Heft

… Von dem nächtlichen Erlebnis waren heute Morgen keine Spuren mehr zu sehen. Außer dem hellen Kies, der rings um die Kirche gestreut ist, lag nichts mehr auf dem Boden.

Lieber Johannes, ich weiß nicht, was geschehen wäre, wenn der Tote es geschafft hätte, in mein Turmzimmer zu gelangen! Ich glaube, ich bin gerade noch einmal mit dem Schrecken davongekommen. Deshalb rate ich dir: Lass dich nie zu einem solchen Schabernack verleiten. Das könnte vielleicht einmal übel ausgehen … Ich jedenfalls werde nie wieder so eine Dummheit begehen!

Herzliche Grüße,
Dein Heinrich

Kapitel 10: Siegfrieds Kampf mit dem Drachen

VON MICHAEL KÖHLMEIER

Siegfried ist eine der Hauptfiguren aus dem mittelalterlichen „Nibelungenlied". Er stammt aus den Niederlanden und ist der Sohn eines Königs. Schon in jungen Jahren gilt er als besonders stark und mutig, wobei er seine Kräfte manchmal leichtfertig unterschätzt. Deshalb sind seine Eltern besorgt um ihn, und sein Vater gibt ihn – gewissermaßen zur Erziehung – zu einem Schmied namens Mime in die Lehre. Dort wird er eines Tages von seinen Kollegen zu einem Köhler[1] *geschickt, um Holzkohle zu besorgen. Auf dem Weg dahin wird er von einem Drachen überrascht, und es kommt zum Kampf zwischen ihm und dem Untier. Es gelingt Siegfried, den Drachen zu töten; anschließend nimmt er ein Bad im Drachenblut. Wäre ihm dabei nicht ein Lindenblatt auf die Schulter gefallen, wäre er dadurch ganz und gar unverwundbar geworden. So aber hat er noch eine verwundbare Stelle, die ihm später zum Verhängnis wird: Während eines Jagdausflugs stößt einer seiner Neider und Widersacher hinterrücks den Dolch genau in diese verwundbare Stelle. Der feige Mord an Siegfried führt später zu einem barbarischen Krieg, in dem fast alle Beteiligten ihr Leben verlieren.*

Die Geschichte von den Nibelungen ist immer wieder neu gestaltet worden. Der folgende Ausschnitt stammt von einem Autor aus unserer Zeit:

Als Siegfried in die Schlucht ging, rief er, wie ihm aufgetragen wurde, nach dem Köhler. Aber er bekam keine Antwort, und er rief noch einmal.

Da hörte er hinter sich ein Kratzen, und als er sich umdrehte, sah er den Drachen, den Lindwurm.

Der Drache warf einen Stein nach ihm. Verfehlte ihn.

„Ah!", rief Siegfried. „Einer, der spielen will!"

Siegfried wusste nicht, was das für ein Wesen war, das da Steine nach ihm warf. Er ging davon aus, dass ihm der Drache nichts Böses antun wollte. Er wich den Steinen aus, glaubte, es sei ein Spiel, riss einen Baum aus, einen kleinen Baum, warf den Baum nach dem Drachen.

„Hier, versuch doch, ihn zu fangen!"

Dann warf der Drache wieder einen Stein nach ihm, und nun schnaubte er wütend. „Gut", rief Siegfried, „wenn es dir nicht passt, dass ich Bäume werfe, dann lass ich es. Aber du wirf dann bitte auch keine Steine!"

1 *Köhler:* ein Mann, der im Wald arbeitet. Durch Verbrennen von Holz stellt er Holzkohle her.

Der Drache schnaubte noch zorniger, und er warf noch einen Felsbrocken nach Siegfried. Und Siegfried riss noch einen Baum aus.

So ging das hin und her. Bald hatte Siegfried einen kleinen Wald ausgerissen. Er war schneller und stärker als der Drache. Schließlich war der Drache ganz zugedeckt mit Bäumen.

„Lassen wir es genug sein", sagte Siegfried.

Aber der Drache besann sich seiner schlimmsten, seiner gefährlichsten Waffe: Er konnte Feuer speien. Er wollte seinen Feueratem über seinen Gegner hauchen. Aber er war ja bedeckt mit den Bäumen, die Siegfried ausgerissen hatte. Und die Bäume fingen Feuer.

Der Drache war nun wie in einem Scheiterhaufen eingeklemmt zwischen den brennenden Baumstämmen, und er wollte sich befreien, und wer weiß, vielleicht hätte er es auch geschafft.

Da sagte Siegfried: „Ja, nun gut. Wenn du mir Böses willst, ich kann das auch."

Er griff in seine Tasche und holte das feine Netz heraus, das er in monatelanger Arbeit beim Schmied Mime geschmiedet hatte.

„Das", sagte er sich, „will ich nun ausprobieren!"

Er warf das Netz über den Drachen und über die Baumstämme, und nun kam der Drache nicht mehr heraus, und er verbrannte unter dem Netz in seinem eigenen Feuer.

Da geschah etwas Merkwürdiges, etwas Unglaubliches: Siegfried schlief ein.

Ich könnte mir einen Grund vorstellen: Es war Mittag, Siegfried war ein blonder Typ, er hatte jeden Schatten spendenden Baum der Umgebung während des Kampfes ausgerissen, die Sonne brannte auf seinen Kopf, er war erhitzt ... Kurz: Er hat einen Sonnenstich bekommen und das Bewusstsein verloren.

Er wachte auf, weil seine Hand höllisch schmerzte. Der Drache nämlich, der da in dem Scheiterhaufen geröstet wurde, ließ Fett aus. Das heiße Fett rann über den Hügel herunter bis zur Hand von Siegfried. Er verbrühte sich die Hand, davon wachte er auf.

Er blies auf seine Hand, sie tat schrecklich weh, und da merkte er, dass das Fett nicht mehr abging. Er wollte es wegwischen, aber es haftete daran. Er wollte es wegkratzen, aber es ging nicht. Als das Fett an seiner Hand abgekühlt war, da sah er, dass er so etwas wie eine zweite Haut bekommen hatte. Und diese Haut ließ sich nicht durchstoßen. Er zog seinen Dolch und versuchte, seine Hand zu ritzen. Es gelang nicht.

Da schaltete Siegfried sehr schnell! Er sagte zu sich: „Das ist eine einmalige Gelegenheit. Es wird ein paar Minuten lang wehtun, dafür werde ich ein Leben lang keine Schmerzen mehr haben!"

Er leitete das Drachenfett in eine Mulde, wartete, bis es einigermaßen erträglich in der Temperatur war, zog seine Kleider aus und wälzte sich darin.

Er war unverwundbar geworden! Von nun an wurde er auch der „gehörnte Siegfried" genannt.

Da war aber ein kleiner Lindenbaum, den hatte Siegfried stehen lassen, der war zu klein gewesen, um ihn nach dem Drachen zu werfen. Und dieser kleine Lindenbaum sah nun eine Gelegenheit, seine Brüder und Schwestern, die Siegfried getötet hatte, zu rächen.

Der kleine Lindenbaum ließ, als sich Siegfried im Drachenfett wälzte, ein Blatt fallen. Das torkelte herunter. So schwankte es durch die Luft, wurde von einem kaum spürbaren Windhauch noch einmal gehoben und fiel auf Siegfrieds Rücken. Und dort blieb es liegen. Und das Drachenfett rann über das Blatt, und als das Fett getrocknet war, fiel das Blatt herunter.

Wo das Blatt auf Siegfrieds Rücken gelegen hatte, war die einzige Stelle, an der er verwundbar blieb.

Textsorten kennen

Heldenepos

- Das Wort **Epos** (Plural: Epen) stammt aus dem Griechischen und bedeutet: Erzählung, Kunde, Sage. Es handelt sich dabei um eine **Erzählung**, die wie ein **sehr langes Gedicht** aussieht, weil sie in Versen erzählt wird.
- Schon früh gab es bei vielen Völkern Epen, die **wichtige Ereignisse aus deren Geschichte** erzählten. Dabei vermischt sich die Darstellung von historischen Geschehnissen mit Mythen[2] und Sagen. Im Mittelpunkt stehen oft **Helden**, denen herausragende Fähigkeiten zugeschrieben werden und die deshalb besonderen Ruhm erlangt haben.
- Epen wurden **zunächst nur mündlich** vorgetragen, oft begleitet von Musikinstrumenten, und erst einige Zeit **später schriftlich** festgehalten. Bei einigen Epen weiß man deshalb heute nicht, wer ihr eigentlicher Schöpfer war. Das ist auch beim „Nibelungenlied" der Fall. Bis heute hat es immer wieder verschiedene Autoren gereizt, das „Nibelungenlied" neu zu gestalten.

219 Welche Geschehnisse in dem Ausschnitt aus dem neu gestalteten „Nibelungenlied" wirken sagenhaft und damit fantastisch? Nenne zwei Beispiele. Formuliere jeweils vollständige Sätze.

220 Welche herausragende Eigenschaft hat der Held des „Nibelungenlieds"? Beantworte die Frage mit einem vollständigen Satz.

2 *Mythos (Plural: Mythen):* eine Erzählung, die die Entstehung der Welt und des Menschen zu erklären versucht und oft auf das Wirken von Göttern zurückführt

Lesestrategien entwickeln

Textstellen deuten

- Nicht immer drückt ein Verfasser das, was er sagen will, direkt aus. Manchmal musst du auch **zwischen den Zeilen lesen**, um zu verstehen, was eine bestimmte Textstelle aussagt.
- Wenn es um eine Figur geht, nennt der Verfasser oft **nicht die Eigenschaften**, die er ihr zuschreiben will, sondern er beschreibt lediglich ihr **Verhalten** oder gibt **Äußerungen** von ihr wieder. Dann musst du überlegen, was diese Verhaltensweisen oder Äußerungen über den **Charakter** der Figur aussagen (oder über ihre Gefühle, Wünsche und Ziele).
- Um zu wissen, was ein Verhalten (oder eine Äußerung) über eine Figur verrät, ziehst du dein **Erfahrungswissen** zurate, d. h., du überlegst, wann man so etwas **normalerweise** tut (oder sagt). Anschließend prüfst du, ob das auf die Figur, von der im Text die Rede ist, zutrifft.
- Wenn du eine Textstelle **deutest**, sagst du mit **eigenen Worten**, wie du sie verstehst.

221 Deute die hervorgehobenen Textstellen mit eigenen Worten:
Was verraten sie über die Persönlichkeit Siegfrieds?

a „Als Siegfried in die Schlucht ging, rief er, **wie ihm aufgetragen wurde**, nach dem Köhler." (Z. 1 f.)

b „**Er […] glaubte, es sei ein Spiel […].**" (Z. 8 f.)

c „**Bald hatte Siegfried einen kleinen Wald ausgerissen.**" (Z. 17 f.)

d „**Da schaltete Siegfried sehr schnell!**" (Z. 52)

Schlüsselstellen markieren

- Beim Lesen eines Textes solltest du solche Stellen markieren, von denen du annimmst, dass sie etwas Wichtiges aussagen (z. B. über die Persönlichkeit einer Figur). Textstellen, die für den Sinn eines Textes von besonderer Bedeutung sind, bezeichnet man als **Schlüsselstellen**. Wenn es sich dabei nur um einzelne Wörter handelt, spricht man von **Schlüsselwörtern**.

  Hinweis: Schlüsselwörter sind **auffällig**, weil sie z. B. mehrmals wiederholt werden oder anders sind als die übrigen Wörter im Text.
- Bei jeder Stelle, die du markiert hast, solltest du überlegen, was du aus ihr erkennen kannst. Am besten machst du dir dazu **Kommentare am Rand** (Stichworte genügen). Zum Schluss siehst du dir alle Randkommentare an und überlegst, ob du daraus **Schlussfolgerungen** ziehen kannst, z. B. über eine Situation oder über eine Figur.

222

a Unterstreiche Textstellen, die etwas über Siegfried aussagen, mit Rot, und Textstellen, die etwas über den Drachen aussagen, mit Schwarz.

b Schreibe jeweils an den rechten Rand, was man aus dieser Textstelle erkennen kann (Stichworte genügen).

c Sieh dir abschließend alle deine Randkommentare an und überlege, was sie aussagen. Schreibe stichwortartig auf, welche Eigenschaften Siegfried und den Drachen auszeichnen.

Eigenschaften Siegfrieds:

Eigenschaften des Drachen:

Den Text verstehen

223 Erkläre, warum im folgenden Satz der bestimmte Artikel verwendet wird. Kreuze an.

„[…] als er (Siegfried) sich umdrehte, sah er **den** Drachen […].“ (Z. 3 f.)

Mit dem bestimmten Artikel wird ausgedrückt, dass …

- ☐ Siegfried den Drachen kennt.
- ☐ es in dieser Gegend nur einen einzigen Drachen gibt.
- ☐ die Menschen in der Gegend von dem Drachen wissen.
- ☐ der Drache männlichen Geschlechts ist.

224 Woraus schließt Siegfried, dass der Drache bloß mit ihm spielen will? Beantworte die Frage mit einem vollständigen Satz.

____

225 Die Art und Weise, wie Siegfried mit dem Drachen umgeht, zeugt davon, dass er ziemlich naiv ist.
Schreibe eine Textstelle heraus, an der du das erkennst. Erkläre anschließend, wieso du die Textstelle in diesem Sinne deutest.

Textstelle	Erklärung

226 Welche Verhaltensweisen zeigt der Drache?
Schreibe auf, was er nach und nach tut. Formuliere jeweils vollständige Sätze.

____

____

____

____

227 Weshalb gelingt es Siegfried, den Drachen zu besiegen?
Kreuze den Hauptgrund an.

- ☐ Siegfried ist stärker als der Drache.
- ☐ Siegfried ist sehr schlau.
- ☐ Siegfried ist schneller als der Drache.
- ☐ Der Drache ist dumm.

228 Suche nach einem Beleg für die Behauptung: **Siegfrieds Stärke ist übertrieben dargestellt.** Du kannst eigene Worte verwenden.

____

____

____

229 Suche nach einer Textstelle, die zeigt, dass es nicht selbstverständlich ist, dass der Drache am Ende unterliegt. Schreibe sie heraus.

____

____

230 Aus welchem Material ist das Netz, das Siegfried über den Drachen wirft? Kreuze an. Begründe deine Entscheidung anschließend.

Das Netz ist …

- ☐ aus Metallschlingen geschmiedet.
- ☐ aus starken Seilen geknüpft.

Begründung: ______________________________

____

231 Nenne das Adjektiv, das im Text als Attribut für das Nomen „Netz" verwendet wird. Erkläre anschließend, weshalb dieses Adjektiv seltsam erscheint.

Adjektiv: ______________________________

Erklärung, warum es seltsam erscheint: ______________________________

____

232 Was meint Siegfried, wenn er sagt, er wolle das Netz „ausprobieren“ (Z. 32)? Erkläre.

233 Wie erklärt der Erzähler, dass Siegfried nach dem Kampf mit dem Drachen einschläft?
Gib seine Erklärung in Form von indirekter Rede wieder (im Konjunktiv I!).
Beginne so: Der Erzähler meint, …

234 Wovon wacht Siegfried auf? Beantworte die Frage mit einem ganzen Satz.

235 Erkläre ausführlich, wie Siegfried auf die Idee kommt, im Fett des Drachen zu baden. Schreibe mindestens drei vollständige Sätze.

236 Weshalb kann Siegfried trotz der schützenden Drachenhaut nach wie vor von einem Gegner getötet werden? Schreibe mehrere Sätze in dein Heft.

237 Was hat Siegfried falsch gemacht?
Schreibe als Antwort mehrere zusammenhängende Sätze in dein Heft.

Die Sprache untersuchen

Pronomen

Es gibt zwei **Arten von Pronomen:**

- Einige Pronomen sind **Begleiter** von Nomen.

  Beispiel: Siegfried sah einen Drachen. Er hatte diesen Drachen noch nie gesehen.
  → Pronomen als **Begleiter** des Nomens „Drachen"

- Andere Pronomen stehen als **Stellvertreter** für ein Wort oder eine Wortgruppe.

  Beispiel: Der Held badete im heißen Fett des Drachen. Dadurch wurde er unverwundbar.
  → Pronomen als **Stellvertreter** für die Wortgruppe „der Held"

Im Folgenden kannst du dich über wichtige Arten von Pronomen informieren:

- **Personalpronomen (Stellvertreter):** *ich, du, er/sie/es, wir, ihr, sie*

  Beispiel: Der Drache machte ein kratzendes Geräusch. Er lief den Hügel herab.

- **Reflexivpronomen (Stellvertreter):** *mich, dich, sich, uns, euch, sich*

  Beispiel: Siegfried wunderte sich.

- **Possessivpronomen (Begleiter):** Man nennt sie auch „besitzanzeigende Fürwörter". Possessivpronomen sind: *mein, dein, sein/ihr, unser, euer, ihr*

  Beispiel: Der Drache wollte seinen Feueratem über Siegfried hauchen.

- **Demonstrativpronomen:** Sie können sowohl als **Begleiter** als auch als **Stellvertreter** verwendet werden.
  Die Demonstrativpronomen *dieser, diese, dieses* beziehen sich auf eine Person/Sache, die sich **in der Nähe** befindet (oder von der zuletzt gesprochen wurde).
  Die Demonstrativpronomen *jener, jene, jenes* beziehen sich auf eine Person/Sache, die **weiter entfernt** ist.

  Beispiel: Siegfried rief nach diesem Köhler, […]. (Begleiter)
  Der Drache warf einen Stein. Dieser (der Stein) traf Siegfried aber nicht, da jener (der Drache) ungeschickt war. (Stellvertreter)

- **Relativpronomen:** Sie leiten **Nebensätze** ein und dienen als **Stellvertreter** von Worten, die im vorangestellten Hauptsatz genannt worden sind.
  Als Relativpronomen werden meist die Wörter *der, die* und *das* verwendet, seltener auch *welcher, welche, welches.*

  Beispiel: Der Drache, der (oder: welcher) unter Siegfrieds Netz gefangen lag, konnte sich nicht befreien.

238 Unterstreiche die **Pronomen** in den folgenden Sätzen und bestimme sie näher. Kreuze außerdem an, welche Aufgabe sie in dem Satz haben – handelt es sich um einen **Stellvertreter** oder einen **Begleiter**?

a Siegfried wehrte sich nicht dagegen, als …

Fachbegriff: ______________________

☐ Stellvertreter ☐ Begleiter

b Als er zur Erziehung zu einem Schmied geschickt wurde, …

Fachbegriff: ______________________

☐ Stellvertreter ☐ Begleiter

c Eines Tages sollte er zu einem Köhler gehen.

Fachbegriff: ______________________

☐ Stellvertreter ☐ Begleiter

d Dieser reagierte aber nicht, nachdem …

Fachbegriff: ______________________

☐ Stellvertreter ☐ Begleiter

e Stattdessen tauchte ein Drache auf, der Siegfried gefährlich wurde.

Fachbegriff: ______________________

☐ Stellvertreter ☐ Begleiter

f Der Held wusste nicht um die Gefahr, die von dem Drachen ausging.

Fachbegriff: ______________________

☐ Stellvertreter ☐ Begleiter

g Siegfried schätzte dieses Untier zunächst falsch ein.

Fachbegriff: ______________________

☐ Stellvertreter ☐ Begleiter

Besonderheiten bei Demonstrativpronomen

Demonstrativpronomen können sich als **Stellvertreter** auch auf einen **ganzen Satz** beziehen. Das betrifft allerdings nur das Demonstrativpronomen *dieses* (verkürzt: *dies*; auch möglich: *das*).

Beispiel: Ein Drache warf einen Stein nach Siegfried. Siegfried hielt das für ein Spiel.

239 Unterstreiche in den folgenden Sätzen die **Demonstrativpronomen** mit Rot und die Textstellen (Wörter oder Sätze), auf die sie sich beziehen, mit Schwarz.

Siegfried konnte das Fett des Drachen nicht wieder von seiner Hand entfernen. Das wunderte ihn. Deshalb nahm er seinen Dolch und versuchte, die Fettschicht einzuritzen. Aber auch das klappte nicht. Da begriff er, dass er unverwundbar werden würde, wenn er mit seinem ganzen Körper im Fett des Drachen baden würde. Also leitete er die ölige Flüssigkeit in eine Mulde und nahm in dieser ein Bad. Doch ein Lindenblatt flog auf seine Schulter. Dieses bedeckte eine kleine Stelle auf seinem Körper. Dorthin konnte das Fett nicht gelangen. Das merkte Siegfried aber nicht. Ihm war also nicht klar, dass er doch noch verwundet werden konnte. Aber andere Helden wussten das.

240 Unterstreiche jeweils das Relativpronomen mit Rot und die Textstelle, auf die es sich bezieht (Wort, Wortgruppe oder Satz), mit Schwarz.

Hinweis: Wenn eine Präposition beim Relativpronomen steht, unterstreichst du sie ebenfalls.

- **a** Siegfried hatte bei dem Schmied, zu dem ihn sein Vater in die Lehre geschickt hatte, schon eine Weile gearbeitet.
- **b** Eines Tages schickten ihn seine Kollegen, die nicht gut auf ihn zu sprechen waren, in eine Schlucht.
- **c** Angeblich gab es dort einen Köhler, bei dem er Holzkohle holen sollte.
- **d** Doch als Siegfried nach dem Köhler rief, erhielt er keine Antwort, was ihn sehr wunderte.

Richtig schreiben

Die Konjunktion „dass" vom Pronomen „das" unterscheiden

- Die Wörter „das" und „dass" gehören zu unterschiedlichen Wortarten:
  - Das Wort **das** ist entweder ein **Artikel** oder ein **Pronomen** (Demonstrativpronomen oder Relativpronomen).
  - Beim Wort **dass** handelt es sich stets um eine **Konjunktion**, die einen Nebensatz einleitet.
- Den Artikel **das** erkennst du problemlos daran, dass er Begleiter eines Nomens ist.
- Um sicher zwischen der Konjunktion **dass** und dem Pronomen **das** zu unterscheiden, kannst du die **Ersatzprobe** durchführen:
  - Wenn du **das/dass** durch **welches** ersetzen kannst, handelt es sich um das **Relativpronomen das.**

    Beispiel: Siegfried wachte durch das heiße Fett auf, das / dass (?) auf seine Hand tropfte.
    → Siegfried wachte durch das heiße Fett auf, welches auf seine Hand tropfte. ✓
    → **das** (Relativpronomen)
  - Wenn du **das/dass** durch **dieses** (oder kurz: **dies**) ersetzen kannst, handelt es sich um das **Demonstrativpronomen das.** Das Durchführen der Ersatzprobe mit **dies** bietet sich vor allem an, wenn ein einzelnes **Das/Dass** am Satzanfang steht.

    Beispiel: Heißes Fett rann Siegfried über die Hand. Das/Dass (?) war ihm unangenehm.
    → Heißes Fett rann Siegfried über die Hand. Dies war ihm unangenehm. ✓
    → **Das** (Demonstrativpronomen)
  - Wenn du ein einzelnes **Das/Dass** am Satzanfang **nicht** durch das Demonstrativpronomen **dies** ersetzen kannst, handelt es sich um die **Konjunktion dass.**

241 Führe bei den Sätzen die Ersatzprobe durch. Trage anschließend das richtige Wort (**das** oder **dass**) in die Lücke ein.

a Durch das Fett, ________ Siegfried auf seiner Haut hatte, hätte er ganz und gar unverwundbar werden können.

Ersatzprobe: ______________________________

____

b Ein Lindenblatt, ________ von einem Baum herabfiel, legte sich auf seine Schulter.

Ersatzprobe: ______________________________

____

c Siegfried wusste nicht, ________ ein kleines Blatt auf seiner Schulter lag.

Ersatzprobe: ____

____

d Er hoffte, ________ ihn das Drachenfett künftig vor Verletzungen bewahren würde.

Ersatzprobe: ____

____

e Er hatte es schon erlebt, ________ er durch eine Verletzung große Schmerzen erleiden musste.

Ersatzprobe: ____

____

242 Prüfe mithilfe der **Ersatzprobe**, ob es sich bei dem Wort **Das/Dass** ... am Satzanfang um das Demonstrativpronomen **das** oder um die Konjunktion **dass** handelt. Trage die richtige Schreibweise anschließend in die Lücke ein.

a Der Köhler antwortete nicht, als Siegfried nach ihm rief. ________ wunderte ihn.

b Er rief noch einmal. ________ er jetzt nur ein merkwürdiges Kratzen hörte, fand er seltsam.

c Er drehte sich um und sah einen Drachen. ________ erstaunte ihn.

d Der Drache warf mit einem Stein nach ihm. ________ hielt Siegfried für ein Spiel.

e Daraufhin warf er mit Bäumen nach dem Untier. ________ der Drache wütend schnaubte, beachtete er nicht.

Kommasetzung in Satzgefügen

Haupt- und Nebensatz werden durch Komma voneinander getrennt. Wenn ein **Nebensatz in einen Hauptsatz eingeschoben** ist, wird er sowohl am Anfang als auch am Ende durch ein Komma abgetrennt.

Beispiel: Der Drache, gegen den Siegfried kämpfte, konnte Feuer speien.

Hauptsatz (1. Teil), Nebensatz, Hauptsatz (2. Teil)

243 Unterstreiche in den folgenden Satzgefügen den eingeschobenen Nebensatz und trage die fehlenden Kommas ein.

a Die Geschichte von Siegfrieds Kampf mit dem Drachen die im „Nibelungenlied" erzählt wird klingt sehr unglaubwürdig.

b Ein junger Mann der einen ganzen Wald von Bäumen ausreißt muss über unglaubliche Kräfte verfügen.

c Und ein Drache der mit Steinen wirft ist auch unvorstellbar.

d Allerdings ist so ein Heldenepos das sich die Menschen vor langer Zeit erzählten immer ein wenig fantastisch.

e Der Leser der eine solche Geschichte liest hält die Handlung ja auch nicht für wahr.

f Er versteht dass diese Abenteuer ausgedacht sind und liest solche Texte nur zur Unterhaltung.

Sich schriftlich äußern

Eine literarische Vorlage umgestalten

Mitunter bekommst du die Aufgabe, einen Text nach einem bestimmten Muster umzugestalten. Beispielsweise wirst du aufgefordert, die Geschichte von Siegfrieds Kampf mit dem Drachen **nach Art eines Märchens** neu zu erzählen.

In diesem Fall gehst du am besten so vor:

- Überfliege noch einmal den Originaltext und notiere dir stichwortartig alle wichtigen **Schritte des Handlungsverlaufs**.
- Sieh dir die besonderen **Merkmale** der **Textsorte Märchen** genau an:
  - Es wird eine fantastische Geschichte erzählt, die vor langer Zeit an einem unbekannten Ort spielt.
  - Tiere und Pflanzen können oft sprechen.
  - Bestimmte Zahlen (drei, sieben, zwölf) spielen häufig eine Rolle.
  - Die Hauptfigur muss in der Regel eine gefährliche Probe bestehen oder sich gegen böse Mächte durchsetzen.
  - Häufig kommen ihr dabei Zauberwesen, z. B. Feen, zur Hilfe.
  - Formelhafte Wendungen kennzeichnen vor allem den Anfang und den Schluss eines Märchens.
- Entscheide dich, welche Märchenmerkmale du in deinem neu zu gestaltenden Text berücksichtigen möchtest. Markiere sie, damit du sie nicht vergisst.
- Erzähle die Handlung des Originaltextes so, dass deine Erzählung die Besonderheiten eines Märchens enthält.

244 Wandle die Geschichte vom Kampf zwischen Siegfried und dem Drachen in ein **Märchen** um.

Schreibe ungefähr 500 Wörter in dein Heft.

Hinweis: Halte dich nicht zu eng an den Originaltext. Gestalte deinen Text frei. Achte aber darauf, dass die wesentlichen Handlungsschritte in deinem Märchen zu finden sind. Textstellen mit wörtlicher Rede brauchst du nicht zu übernehmen.

Test

Die drohende Klimakatastrophe

Das Klima auf unserer Erde verändert sich. Es wird immer wärmer. Wenn man die Erdgeschichte betrachtet, ist eine solche Veränderung eigentlich nichts Neues. Schon immer haben wärmere Perioden und Eiszeiten einander abgelöst. Neu ist jedoch, dass sich das Klima noch nie so schnell verändert hat wie heute. Neu ist auch, dass zum ersten Mal der Mensch für den Klimawandel verantwortlich ist. Dass es auf der Erde immer wärmer wird, liegt vor allem am Treibhauseffekt.

In einem Treibhaus für Pflanzen sorgt ein Glasdach dafür, dass Sonnenstrahlen hineingelangen, Wärmestrahlen jedoch nicht wieder entweichen können. Ähnlich wie das Glasdach wirken in unserer Atmosphäre bestimmte Gase. Die wichtigsten sind Kohlendioxid, Methan, Fluorkohlenwasserstoffe und Lachgas. Sie lassen die einfallenden Sonnenstrahlen passieren, verhindern aber, dass die Wärme, die von der Erde zurückgestrahlt wird, in den Weltraum entweichen kann. Dadurch erhöht sich die Temperatur auf der Erde.

Dabei ist der natürliche Treibhauseffekt eigentlich etwas Gutes. Ohne ihn wäre Leben auf der Erde nicht möglich. Die Durchschnittstemperatur würde weit unter null Grad Celsius liegen. Doch seit die Menschen Fabriken bauen und immer mehr Energie verbrauchen, gelangt immer mehr Kohlendioxid in die Atmosphäre und verstärkt so den Treibhauseffekt um ein Vielfaches. Das meiste Kohlendioxid entsteht, wenn zur Energiegewinnung Öl, Kohle und Erdgas verbrannt werden. Zugleich werden große Waldgebiete vernichtet, sodass es weniger Bäume gibt, die das Kohlendioxid aus der Luft aufnehmen können.

Forscher gehen davon aus, dass die Durchschnittstemperatur der Erde in den nächsten hundert Jahren zwischen zwei und 4,5 Grad Celsius ansteigt. Das klingt im ersten Moment vielleicht gar nicht nach sehr viel. Die Veränderungen, die dieser Temperaturanstieg mit sich bringt, sind aber in Ansätzen heute schon zu spüren.

Am deutlichsten zeigen sich die Folgen des Klimawandels am Nord- und Südpol. Dort gibt es immer weniger Eis. Wenn weiterhin so viel Kohlendioxid in die Atmosphäre entlassen wird wie bisher, könnte der Nordpol schon in 34 Jahren eisfrei sein. Mit dem Packeis würden auch die Eisbären und viele andere Tierarten verschwinden.

Auch die Gletscher schmelzen. Die Alpen könnten noch vor Ende dieses Jahrhunderts eisfrei sein. Die höher gelegenen Gletscher des tibetischen Hochgebirges werden bis dahin um die Hälfte geschrumpft sein. Schon heute brechen riesige Felsen ab und geraten ins Rutschen, weil das Eis die Hänge rings um den Gletscher nicht mehr stützen kann.

Schon jetzt zwingt der Klimawandel viele Tiere zum Umsiedeln. Die Orkas, die sogenannten Killerwale, ziehen infolge der Eisschmelze viel höher in den Norden. Vor der englischen Küste wurden in diesem Sommer Mondfische beobachtet, die eigentlich in der Nähe des Äquators zu Hause sind.

Viele Tier- und Pflanzenarten werden durch den Klimawandel ihren Lebensraum verlieren. Feuchtgebiete werden verschwinden und Wüsten Platz machen. Auch der Mensch muss sich auf schlimme Veränderungen gefasst machen. Durch die warmen Wassertemperaturen und durch das Abschmelzen der Pole wird der Meeresspiegel ansteigen. Einige Inseln und manche Küstenregionen könnten langsam im Meer versinken. Forscher gehen außerdem davon aus, dass es in Zukunft immer häufiger zu extremen Wetterereignissen wie Stürmen, Überschwemmungen und extremer Dürre kommen wird. Auch vor Wassermangel und vor der Ausbreitung von Infektionskrankheiten warnen sie.

Dass es auf der Erde wärmer wird, ist unvermeidbar. Selbst wenn es möglich wäre, ab sofort jeglichen Ausstoß von Kohlendioxid einzustellen, wenn also kein Auto mehr fahren würde, alle Kohlekraftwerke abgestellt würden und keine Fabrik mehr in Betrieb wäre, selbst dann würde die Temperatur auf der Erde noch ein paar Jahrzehnte weiter zunehmen. Denn ein Kohlendioxid-Molekül ist träge und kann bis zu 200 Jahre in der Atmosphäre verweilen.

Dennoch ist die Lage nicht hoffnungslos. Entscheidend ist nämlich, wie schnell das Klima wärmer wird. Wenn die Erderwärmung zwei Grad nicht überschreitet, könnten die schlimmsten Folgen des Klimawandels verhindert werden und die Situation bliebe beherrschbar. Wenn wir den Ausstoß von Treibhausgasen weltweit reduzieren, ist es möglich, dieses Ziel zu erreichen.

Temperaturwandel in Deutschland seit 1901

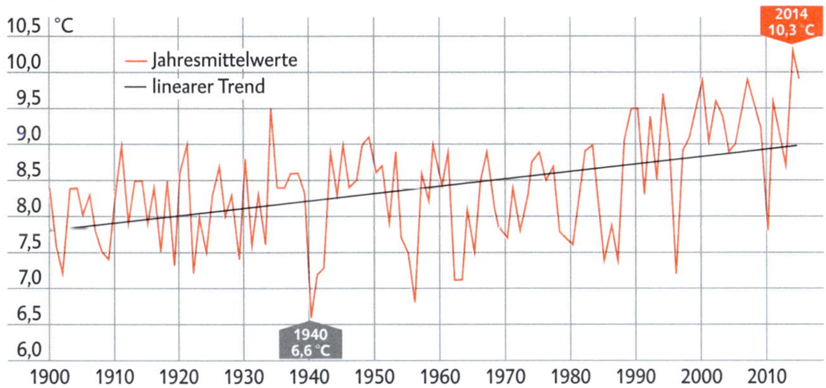

Daten nach: Deutscher Wetterdienst: Nationaler Klimareport 2016. Klima – Gestern, heute und in der Zukunft, S. 15 (eigene Darstellung)

Textsorten kennen

Punkte

1 Bestimme die Textsorte. 1 P.

____

2 Welches ist die **Hauptinformation**, die sich dem Text entnehmen lässt? Beantworte die Frage mit einem vollständigen Satz. 2 P.

____

____

3 Welche Art von **Diagramm** ist dem Text beigefügt? Kreuze an. 1 P.

- ☐ Balkendiagramm
- ☐ Säulendiagramm
- ☐ Kurvendiagramm
- ☐ Kreisdiagramm

Lesestrategien entwickeln

4 Untergliedere den Text in drei große **Sinnabschnitte**. Ordne die folgenden Zwischenüberschriften den Abschnitten zu, indem du die entsprechenden Zeilennummern angibst. 3 P.

a **Ursachen des Klimawandels:** Zeile ____ bis Zeile ____

b **Folgen des Klimawandels:** Zeile ____ bis Zeile ____

c **Ausblick in die Zukunft:** Zeile ____ bis Zeile ____

5 Formuliere drei **allgemeine Aussagen** über die Folgen des Klimawandels und nenne für jede ein **Beispiel**. Orientiere dich an den Informationen des Textes und gib diese mit eigenen Worten wieder. 6 P.

1. ______________________________

____

Beispiel: ______________________________

____

2. ______________________________

____

Beispiel: ______________________________

____

3. ______________________________

____

Beispiel: ______________________________

____

Den Text verstehen

6 Welche Erscheinung des zu beobachtenden Klimawandels ist **nicht** neu? Kreuze die richtige Antwort an. 1 P.

☐ Das Klima verändert sich viel schneller als früher.
☐ Klimaschwankungen hat es schon immer gegeben.
☐ Der Mensch ist für den Klimawandel verantwortlich.

7 Belege deine Aussage von Aufgabe 6 anhand des beigefügten Diagramms. 2 P.

____

____

____

____

____

____

____

____

____

____

8 Um wie viel Grad ist die Durchschnittstemperatur in Deutschland zwischen 1910 und 2010 gestiegen? Sieh dir die Darstellung im Diagramm genau an und bestimme die Differenz. Orientiere dich am **linearen Trend**. 1 P.

Hinweis: Der lineare Trend ist in der geraden Linie abgebildet.

Der Temperaturanstieg beträgt …

- ☐ 0,5 Grad Celsius.
- ☐ etwa 1 Grad Celsius.
- ☐ etwa 2 Grad Celsius.
- ☐ mehr als 2 Grad Celsius.

9 Wie sieht die **Prognose** der Forscher für den Temperaturanstieg in den nächsten hundert Jahren aus? Kreuze an. 1 P.

Die Forscher nehmen an, dass der Temperaturanstieg …

- ☐ größer sein wird als in den letzten hundert Jahren.
- ☐ genauso sein wird wie in den letzten hundert Jahren.
- ☐ geringer sein wird als in den letzten hundert Jahren.

10 Was ist der **Hauptgrund** für den Klimawandel? Schreibe die passenden Wörter in die Lücken. 3 P.

Seitdem die Menschen immer mehr ____________________ verbrauchen, gelangt auch immer mehr ________________________ in die Atmosphäre. Dadurch verstärkt sich der __________________________ enorm, was zum Klimawandel führt.

11 Was bewirkt auf den zwei Bildern jeweils den Anstieg der Temperatur, weil es Wärmestrahlung nicht wieder entweichen lässt? Trage die passenden Begriffe in die Skizze ein. 2 P.

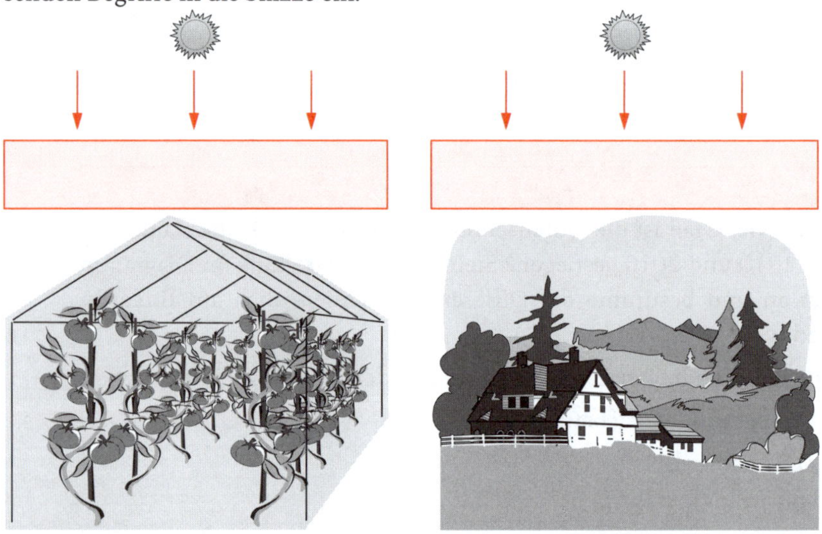

Gewächshaus   Erde

12 Was bedeutet das Verb „passieren" in Z. 12? Kreuze an. 1 P.

☐ geschehen ☐ hindurchlassen ☐ zerkleinern

13 Wie wären die Temperaturen auf der Erde, wenn es keinen Treibhauseffekt gäbe? Kreuze an. 1 P.

Ohne den Treibhauseffekt wären die Temperaturen …

☐ niedriger.

☐ höher.

☐ nicht anders als jetzt.

14 Was ist schlecht am jetzigen Treibhauseffekt, der von den Menschen bedingt wird?
Beantworte die Frage mit einem vollständigen Satz. 2 P.

____

____

15 Wodurch wird der Treibhauseffekt verursacht?
Antworte mit einem vollständigen Satz. 1 P.

____

____

16 Weshalb wird der Treibhauseffekt durch das Abholzen von Wäldern verstärkt? Beantworte die Frage in zwei Sätzen. 2 P.

____

____

____

____

17 In welchen zwei Gebieten kann man jetzt schon erkennen, dass das Klima im Wandel ist? Kreuze an. 2 P.

- ☐ Anden
- ☐ Nord- und Südpol
- ☐ Alpen
- ☐ Himalaya

18 Der Klimawandel wirkt sich auch negativ auf die Tierwelt aus. Ordne den Auswirkungen des Klimawandels auf der linken Seite das jeweils betroffene Tier zu. 3 P.

Sie wandern im Sommer bis vor die englische Küste.	Killerwale (Orkas)
Aufgrund der Eisschmelze ziehen sie weit in den Norden.	Eisbären
Sie verlieren ihren natürlichen Lebensraum, das Packeis.	Mondfische

19 Weshalb könnte auch der Mensch infolge des Klimawandels Teile seines Lebensraums verlieren? 3 P.

Trage die möglichen Folgen stichwortartig in die leeren Felder ein.

Temperatur steigt an	⇒		⇒		⇒	

20 Nenne zwei weitere Folgen, die der Klimawandel mit sich bringt, wenn er ungebremst weitergeht. 2 P.

____

____

21 Lässt sich der Anstieg der Erderwärmung noch aufhalten? Kreuze an. Begründe deine Entscheidung anschließend. 2 P.

- ☐ Ja, der Anstieg der Erderwärmung lässt sich noch aufhalten.
- ☐ Nein, der Anstieg der Erderwärmung lässt sich nicht mehr aufhalten.

Begründung: ________________________________

____

____

22 Erkläre mit eigenen Worten, warum der Verfasser des Textes die Lage als „nicht hoffnungslos“ (Z. 61) einschätzt. Schreibe 3 bis 4 Sätze. 4 P.

____

____

____

____

____

____

Die Sprache untersuchen

23 a Ordne die Wörter im Kasten den passenden **Wortarten** zu.

b Kennzeichne Wortarten, die in einem Satz ihre Form verändern können, mit ✱. 17 P.

ablösen – an – auf – betrachten – dass – die – es – eine – eisfrei – falls – für – immer – in – jedoch – Klima – man – Mensch – neu – nie – ohne – schmelzen – schnell – unser – Veränderung – verantwortlich – vor – warm – wichtig – wie

Nomen: ____________________

Verben: ____________________

Adjektive: ____________________

Adverbien: ____________________

Artikel: ____________________

Konjunktionen: ____________________

Präpositionen: ____________________

Pronomen: ____________________

24 Bestimme in den folgenden Sätzen die **Satzglieder**. 6,5 P.

Gehe so vor:

- Markiere die Grenzen zwischen den Satzgliedern so: |
- Trage jeweils die Fachbegriffe für die einzelnen Satzglieder ein. Verwende dabei diese Abkürzungen: S → Subjekt, P → Prädikat, O → Objekt, A → Adverbiale
- Bei Adverbialien ergänzt du jeweils, um welche Art es sich handelt (AL: lokal; AT: temporal; AM: modal; AK: kausal).

a Das Erdklima macht den Fachleuten große Sorgen.

____

b Die Temperaturen sind nach und nach immer mehr angestiegen.

____

c Der Mensch hat den Klimawandel verschuldet.

____

25 Erweitere die folgenden Sätze jeweils um ein **Adverbiale**. 5 P.

a Es wird wärmer.

b Der Meeresspiegel steigt.

c Es kommt zu Unwettern.

d Infektionskrankheiten werden zunehmen.

e Der Klimawandel kann sich verlangsamen.

26 Verbinde die folgenden Satzpaare durch eine passende **Konjunktion**. Verwende mindestens **zweimal** eine **unterordnende Konjunktion**.

a Es ist bekannt. Das Klima auf der Erde verändert sich. 5 P.

b Die Temperaturen steigen an. Die Gletscher in den Alpen schmelzen.

c Ohne den Treibhauseffekt wäre Leben auf der Erde nicht möglich. Die Durchschnittstemperatur würde dann weit unter null Grad Celsius liegen.

d Die Menschen stoßen weiter ungebremst Kohlendioxid in die Atmosphäre aus. Die Temperaturen können um mehr als vier Grad ansteigen.

____

____

____

e Der Klimawandel ist nicht mehr aufzuhalten. Er kann abgemildert werden.

____

____

27 Suche im Text nach zwei Sätzen, die ein **Adverb** enthalten, mit dem an das, was vorher gesagt wurde, angeknüpft wird. 2 P.
Schreibe diese Sätze heraus und kreise das entsprechende Adverb ein.

Hinweis: Beispiele findest du im fünften und im letzten Absatz des Textes.

____

____

28 Erkläre den Unterschied zwischen einer **Satzreihe** und einem **Satzgefüge**, indem du die passenden Wörter in die Lücken schreibst. 2 P.

______________________ besteht nur aus aneinandergereihten Hauptsätzen. ______________________ besteht aus Haupt- und ______________________, die miteinander ______________________ sind.

29 Gib die folgenden Äußerungen in Form von **indirekter Rede** wieder. Verwende dabei die Konjunktion **dass** und den **Konjunktiv I**. 3 P.

a Die meisten Forscher sagen: „Die Temperatur wird weiter ansteigen."

____

____

b Einige Menschen meinen: „Es handelt sich bloß um Panikmache."

c Viele Bürger sind aber der Meinung: „Man muss dringend etwas gegen den Klimawandel unternehmen."

30 Gib die folgenden Äußerungen in Form von **indirekter Rede** wieder. Verwende dabei **nicht** die Konjunktion **dass**, sondern nur den **Konjunktiv I**. Füge einen passenden Begleitsatz hinzu. 3 P.

a Jens: „Ich mache mir Sorgen um die Zukunft."

b Sein Vater: „Das kann ich verstehen."

c Seine Mutter: „Die Prognosen sind vielleicht übertrieben."

31 Stelle dir vor, welche Folgen der Klimawandel haben kann, wenn nichts geschieht, um ihn zu bremsen.
Formuliere dazu fünf Sätze, indem du die vorgegebenen Satzbausteine miteinander verbindest. Verwende dabei den **Konjunktiv II** oder, falls nötig, eine entsprechende Umschreibung mit „würde". 5 P.

a Erde – immer wärmer – werden

b Die Gletscher – schmelzen

c Der Meeresspiegel – ansteigen

d Das Meer – ganze Landstriche – überfluten

e Tiere und Menschen – verlieren – Lebensraum

Richtig schreiben

32 Unterstreiche die Begleiter zu den fett gedruckten Wörtern.
Erkläre anschließend ihre **Großschreibung**. 4 P.

a Der natürliche Treibhauseffekt ist etwas **Gutes**.

b Der steigende Energieverbrauch verstärkt den Treibhauseffekt um ein **Vielfaches**.

c Das **Schmelzen** der Eisflächen führt zu einer Erhöhung des Meeresspiegels.

d Viele Felsen brechen ab und geraten ins **Rutschen**.

33 Erkläre, warum die folgenden Wörter **groß- bzw. kleingeschrieben** werden, indem du das jeweilige Grundwort nennst. 4 P.

a **eisfrei:** Das Grundwort ist ein ______________________________.

b **Packeis:** Das Grundwort ist ein ______________________________.

c **weltweit:** Das Grundwort ist ein ______________________________.

d **Weltraum:** Das Grundwort ist ein ______________________________.

34 Schreibe den folgenden Text richtig in dein Heft ab.
Achte auf die korrekte **Groß- und Kleinschreibung** und trage auch die **fehlenden Kommas** ein. 16,5 P.

> INZWISCHEN HABEN DIE MENSCHEN BEGRIFFEN DASS SIE ETWAS GEGEN DEN DROHENDEN KLIMAWANDEL UNTERNEHMEN MÜSSEN. WENN SIE DEN ENERGIEVERBRAUCH NICHT SENKEN WIRD DIE TEMPERATUR WEITER ANSTEIGEN. EINE ZUNAHME DER DURCHSCHNITTSTEMPERATUREN WIRD ZU EINEM ANSTIEG DES MEERESSPIEGELS FÜHREN. GANZE LANDSTRICHE KÖNNTEN DANN IM MEER VERSINKEN. ANDERE GEBIETE DIE HEUTE BLÜHENDE LANDSCHAFTEN SIND VERWANDELN SICH VIELLEICHT IN WÜSTEN. DIE LAGE IST ZWAR ERNST ABER NICHT HOFFNUNGSLOS. NOCH IST ES NICHT ZU SPÄT NOCH KANN ETWAS UNTERNOMMEN WERDEN.

35 Erkläre die **Schreibweise** der folgenden Wörter, indem du sie von einem passenden verwandten Wort ableitest. 3,5 P.

Hinweis: Es geht um die fett gedruckten Buchstaben.

a in Ans**ä**tzen	
b Betrie**b**	
c Ver**ä**nderung	
d unvermei**d**bar	
e W**ä**rme	
f behe**rr**schbar	
g Trei**b**haus	

36 Streiche im Text **falsch geschriebenen Wörter** durch und notiere die richtige Schreibweise rechts davon. Trage die **fehlenden Kommas** ein. 14,5 P.

Das Macht die Gewohnheit …

Obwohl seit mehreren Jahren bekannt ist das uns eine Klimakatastrophe drot sind nur wenige Menschen bereit auf die gewonten Anehmlichkeiten zu verzichten. Das betrift vor allem die Autofahrer. Jeden morgen steigen sie in ihre Autos weil sie zum Arbeits Platz gelangen müssen. Dabei kommt es regelmeßig zu Staus auf den Straßen. Das erstaunliche ist dass in den meisten Fahrzeugen in der Regel nur ein Einzelner Mensch sitzt: der Fahrer. Wenn die Berufspendler fahr Gemeinschaften einrichten würden könnten viele Berufstetige ihr Auto stehenlassen. Aber dazu ist kaum jemand bereit weil es fiel bequemer ist ohne umwege von Tür zu Tür zu fahren. Allerdings könnten die Benzin Preise in der nächsten zeit wieder stark steigen. Vielleicht würde das ja dazu führen das immer mehr Menschen ihr verhalten endern.

Sich schriftlich äußern

37 Schreibe einen **Brief** an eine Schülerzeitung. Appelliere an die Leser, Energie zu sparen. Erkläre ihnen, dass der Beitrag eines jeden Einzelnen helfen kann, die drohende Klimakatastrophe doch noch abzuwenden. 28 P.

Gliedere deinen Text so:

- Stelle zunächst zusammenfassend dar, wodurch der Klimawandel entstanden ist und welche Folgen er haben kann.
- Richte deine **Appelle** an die Leser. Beziehe dich auch auf Beispiele.
- Zeige dich am Schluss optimistisch: Sage, dass es noch nicht zu spät ist und dass das Schlimmste vielleicht noch verhindert werden kann.

Beginne den Brief mit einer **Anrede** und beende ihn mit einem **Gruß**. Schreibe ungefähr 400 Wörter in dein Heft.

Lösungen

Auf den folgenden Seiten findest du die Lösungen zu allen Aufgaben.

- Bei manchen Aufgaben sind **mehrere Lösungen möglich**. Die angegebene Antwort ist dann als Lösungsvorschlag zu sehen. Lass dich deshalb **nicht beirren**, wenn dein Ergebnis einmal von der Musterlösung abweicht! Wenn du dir nicht sicher bist, fragst du am besten bei deiner Deutschlehrerin oder deinem Deutschlehrer nach.
- Besonders die Lösungen zu Aufgaben aus dem Bereich „Sich schriftlich äußern“ sind als **Vorschlag** zu verstehen. Um deine Leistung beim **Schreiben von Texten** selbst besser einschätzen zu können, kannst du dir diese Fragen stellen:
  - Habe ich die Schreibaufgabe richtig verstanden?
  - Konnte ich den Text flüssig schreiben?
  - Ist mein Text ausführlich genug?
  - Konnte ich mich geschickt ausdrücken?
  - Gibt es keine unschönen Wortwiederholungen?
  - Ist mein Text gut zu verstehen?
  - Kann ich meinen Text ansprechend laut vorlesen?

  Orientiere dich im Zweifelsfall an diesen Gesichtspunkten. Je mehr Fragen du positiv beantworten kannst, umso besser kannst du deine Lösung bewerten.
- Prüfe immer auch deine **Rechtschreibung** genau!
- War deine Lösung einer Aufgabe falsch, solltest du die **Übung** später noch einmal **wiederholen**.

Kapitel 1: Die Geschichte vom Ei

1 Das Tagebuch erstreckt sich über … ☒ mehr als zwei Wochen.

Hinweis: Der erste Tagebucheintrag erfolgt am 23. 8., der letzte am 7. 9. Das sind insgesamt 16 Tage (9 Tage im August + 7 Tage im September), also etwas mehr als zwei Wochen.

2 *Fragen:* Wie ist das mit dem „Ich"? Habe ich auch so etwas, was im Innersten von mir drin ist? Und was keiner sehen kann? (Z. 27 f.)
Unsicherheiten der Ich-Erzählerin: Sie ist sich nicht sicher, wie sie wirklich ist. Außerdem fragt sie sich, ob es etwas in ihr gibt, das ihr wahres Ich ist und das man von außen nicht erkennen kann.

Hinweis: Die erste Frage ist im Text nicht als Frage formuliert. Der Satzanfang „Und dann habe ich mich gefragt […]" (Z. 26 f.) zeigt aber, dass das Folgende als Frage zu verstehen ist.

3 **a** *Du solltest diese Textstellen unterstrichen haben:*
Ein komisches Gefühl ist das! (Z. 3 f.)
→ *Mögliche Gefühle:* Aufregung, Begeisterung

Alles, was ich allein machen möchte, verbietet sie mir! (Z. 30)
→ *Mögliche Gefühle:* Empörung, Ärger

Ich kann sie alle nicht leiden! (Z. 35)
→ *Mögliche Gefühle:* Ärger, Hass, Wut, Zorn, Trotz

Eine Woche lang habe ich jetzt nur das getan, was ich wollte, also, was mein Innerstes wollte! (Z. 36 f.)
→ *Mögliche Gefühle:* Befriedigung, Zufriedenheit, Trotz

Aber es war eine schreckliche Zeit! (Z. 40 f.)
→ *Mögliche Gefühle:* Sorge, Verzweiflung, Selbstmitleid

Heute war dann der schlimmste Tag! (Z. 46)
→ *Mögliche Gefühle:* Selbstmitleid, Verzweiflung

Ich konnte die blöden Zöpfe einfach nicht mehr sehen! (Z. 48 f.)
→ *Mögliche Gefühle:* Protest, Trotz

Dem habe ich jetzt aber einen Riegel vorgeschoben, – ich habe mir nämlich meine Haare ganz kurz schneiden lassen!!! (Z. 50 f.)
→ *Mögliche Gefühle:* Befriedigung, Protest, Trotz

b ☒ negative Gefühle

Begründung: Meist empfindet die Ich-Erzählerin negative Gefühle: Ärger, Hass, Wut, Zorn, Trotz, Sorge, Verzweiflung, Selbstmitleid. Positive Gefühle sind nur am Anfang zu erkennen (Aufregung, Begeisterung); im weiteren Verlauf des Tagebuchs nur noch selten (Befriedigung, Zufriedenheit).

4 Sie will keine Zöpfe mehr tragen.
Außerdem will sie sich gegen ihre Mutter durchsetzen.

5 Sie hat keine Geschwister.
Begründung: Im Text ist an keiner Stelle von Geschwistern die Rede (dagegen von Verwandten und Freundinnen).

6 *Mögliche Antwortsätze:*
Er will nett zu ihr sein.
Er will ihr eine Freude bereiten.
Er will ihr zeigen, dass sie älter und erwachsener geworden ist.

7 Ihr ist aufgefallen, dass das englische Wort **„I“**, das auf Deutsch **„ich“** bedeutet, so ähnlich klingt wie das deutsche Wort **„Ei“**. Sie weiß, dass sich in der Mitte des **Eis** der **Dotter** befindet. Jetzt fragt sie sich, ob es in ihrem **Innersten** auch so etwas gibt, das man von außen nicht **sehen** kann.

8 Ihr wird verboten, **darüber zu bestimmen, was sie anzieht**.
Ihr wird verboten, **die Möbel in ihrem Zimmer umzustellen**.
Ihr wird verboten, **zu entscheiden, wann sie ihre Hausaufgaben erledigt**.
Ihr wird verboten, **zu entscheiden, wann sie ihre Freundin besucht**.

Hinweis: Die Antworten findest du in Zeile 30–34.

9 Sie ist fast nicht mehr zu Hause gewesen.
Sie hat ihre Schulaufgaben nicht gemacht.
Sie hat zweimal die Schule geschwänzt (und ist in die Stadt gegangen).
Sie hat nur noch angezogen, was sie wollte (*oder:* was ihr gefällt)

10 Die Freundinnen haben sich darüber geärgert, dass die Ich-Erzählerin sie als kindisch bezeichnet hat.
Oder: Die Freundinnen haben sich darüber geärgert, dass sie ihnen vorgeworfen hat, sie würden alles tun, was man ihnen sagt/vorschreibt.

11 Sie hat sich ohne Rücksprache einfach die Haare abschneiden lassen (und dafür ihr erspartes Geld ausgegeben).

12 Das Geschenk ist **ein Fläschchen Parfüm**.
Sie hat sich darüber gefreut, weil **sie sich dadurch erwachsen fühlt**.
(Parfüm ist normalerweise ein Geschenk für erwachsene Frauen.)

13 Sie versteht sich besser ...

☒ mit ihrem Vater.

Begründung: Bei ihrem Vater hat sie nicht das Gefühl, dass er sie wie ein Kind behandelt. Er hört ihr zu und nimmt sie ernst.

14 Die Ich-Erzählerin ...

☒ ist sich nicht sicher, ob sie richtig gehandelt hat.

Begründung: Der letzte Satz des Tagebuchs lautet: „Es ist wohl alles recht schwierig ...“ (Z. 69) Damit bezieht sich die Ich-Erzählerin auf die Worte ihres Vaters, der gesagt hat, dass es schwierig ist, sein „Innerstes“ zu finden. Er meint sogar, dass er selbst noch nicht herausgefunden hat, wie sein „Innerstes“ aussieht. Andererseits findet sie es nach wie vor wichtig, sich mit ihrem „Innersten“ zu beschäftigen. Sie kann das, was sie getan hat, also nicht völlig falsch finden. Aber völlig richtig findet sie es auch nicht, sonst hätte sie nicht so ernsthaft mit ihrem Vater darüber gesprochen.

15 *Mögliche Antwort:*
Ich finde das Verhalten der Ich-Erzählerin ziemlich dumm. Sie behauptet, dass sie herausfinden will, wie ihr „Innerstes“ ist. Aber sie denkt nur an Äußerlichkeiten, z. B. an ihre Kleidung oder an ihre Haare. Eigentlich verhält sie sich vor allem trotzig. Sie tut nicht wirklich das, was sie selber will, sondern sie tut das Gegenteil von dem, was ihre Mutter von ihr erwartet. Jedenfalls kann ich mir nicht vorstellen, dass es ihr innerster Wunsch ist, keine Hausaufgaben zu machen. Ich glaube, ihr Hauptproblem ist gar nicht die Suche nach ihrem „Innersten“. Sie möchte bloß von ihren Eltern nicht mehr wie ein Kind behandelt werden. *(103 Wörter)*

16

Wortformen	Genus	Numerus	Kasus
der kleine Vogel	*Maskulinum*	*Singular*	*Nominativ*
die kleinen Vögel	**Maskulinum**	**Plural**	**Nominativ** oder: **Akkusativ**
dem kleinen Vogel	**Maskulinum**	**Singular**	**Dativ**
der kleinen Vögel	**Maskulinum**	**Plural**	**Genitiv**

17

Sätze	Person	Numerus	Tempus
a Sie lachten über den Scherz.	3.	**Plural**	**Präteritum**
b Du wirst dich noch wundern.	2.	**Singular**	**Futur I**
c Ihr kommt zu spät.	2.	**Plural**	**Präsens**
d Er hatte den Bus verpasst.	3.	**Singular**	**Plusquamperfekt**
e Das Telefon klingelte.	3.	**Singular**	**Präteritum**

18 a Wir **werden** hundert Meter **schwimmen**.
b Ihr **hattet** die Nachricht **gehört**.
c Ich **habe** einen Brief **geschrieben**.
d Ihr **tanztet** gestern Abend in der Disco.

19 *Mögliche Sätze:*
a Eva liest.
b Das Kind spielt.
c Oma lacht.
d Die Gäste essen.

20 a Luise feierte. ✓
b Ihre Verwandten kamen. ✓
c Sie gratulierten. ✓
d Die Oma schenkte.

21 **Seit heute Morgen um 8 Uhr** sitzen wir **hier im Klassenraum.**
Unentwegt hören wir **dem Lehrer** zu.
Ständig müssen wir **etwas in unsere Hefte** schreiben.
Auch lesen wir **immer wieder lange Texte über verschiedene Themen.**
Im Mathematikunterricht rechnen wir **schwierige Aufgaben.**
Wir lernen **täglich viele neue Dinge.**
Der Lehrer fragt **uns von Zeit zu Zeit Vokabeln ab.**
Wir antworten **manchmal nicht auf seine Fragen.**
Stattdessen gähnen wir **vor lauter Langeweile und Müdigkeit.**
Voller Ärger ermahnt **uns** der Lehrer **dann.**
Wir würden lieber tanzen.

Hinweis: Das Wort „lieber" muss bleiben, sonst ergibt der Text keinen Sinn.

22 *Du kannst sowohl die Originalversion als auch die veränderte Version bevorzugen. Beides lässt sich begründen:*

Die **Originalversion** gefällt mir besser. Die Sätze sind zwar sehr kurz, und sie klingen nicht sehr elegant. Aber es geht ja darum, dass die Schüler sich mehrere Stunden lang in der Schule plagen. Sie haben keine Lust, ständig immer nur zuzuhören, zu schreiben, zu lesen, zu rechnen usw. Ihre Lustlosigkeit und ihre Langeweile kommen durch die verkürzten Sätze besser zum Ausdruck.

Oder:

Die **Version mit den erweiterten Sätzen** gefällt mir besser. Zum einen klingen die Sätze schöner, weil sie nicht so kurz sind. Zudem versteht man viel leichter, was den Schülern nicht gefällt, weil genauere Informationen gegeben werden. Dass der letzte Satz kurz ist, passt auch: Die Schüler wissen ja, dass sie nicht das tun dürfen, was ihnen mehr Spaß machen würde. Die Kürze des Satzes deutet an, dass sie sich keine Hoffnungen zu machen brauchen.

23
- **a** Artikel
- **b** Possessivpronomen
- **c** Präposition + Artikel
- **d** Demonstrativpronomen
- **e** Zahlwort
- **f** Indefinitpronomen
- **g** Adjektiv (als Attribut)

24 a Eines Tages passierte etwas Tolles. → **Artikel**, **Indefinitpronomen**

b Luise schrieb das gleich in ihr Tagebuch. → **Possessivpronomen**

Hinweis: Das Wort „das" ist in diesem Satz kein (begleitender) Artikel, sondern ein Demonstrativpronomen.

c In der Englischstunde lernte sie, wie man das Wort „ich" im Englischen sagt. → **Artikel**, **Artikel**, **Artikel mit Präposition verschmolzen**

d Es klingt so ähnlich wie das deutsche Wort „Ei". → **Artikel**, **Adjektiv**

e Da kam dem Mädchen ein seltsamer Gedanke. → **Artikel**, **Artikel**, **Adjektiv**

f Diesen Gedanken wollte es für sich behalten. → **Demonstrativpronomen**

g Es wollte ihn auch nicht seinen Eltern erzählen. → **Possessivpronomen**

h Luise dachte: „Jedes Ei hat ein Dotter." → **Indefinitpronomen**, **Artikel** (*oder:* **Zahlwort**)

i Das Dotter ist das Innerste eines Eis. → **Artikel**, **Artikel**, **Artikel**

j Und sie fragte sich: „Habe ich auch so etwas, das mein Innerstes ist?" → **Possessivpronomen**

Hinweis: Das Wort „das" ist in diesem Satz kein (begleitender) Artikel, sondern ein Relativpronomen.

25 a Nachmittags traf sie sich mit ihren ~~besten~~ Freundinnen.
Nachmittags traf sie sich mit ihren Freundinnen.

b Sie machte keine ~~einzige~~ Schulaufgabe mehr.
Sie machte keine Schulaufgabe mehr.

c Sie ging nicht mehr in den ~~langweiligen~~ Unterricht.
Sie ging nicht mehr in den Unterricht.

d Stattdessen ging sie in das ~~nächste~~ Einkaufszentrum und sah sich die ~~schön dekorierten~~ Schaufenster an.
Stattdessen ging sie in das Einkaufszentrum und sah sich die Schaufenster an.

e Ihr ~~chaotisches~~ Zimmer räumte sie nicht mehr auf.
Ihr Zimmer räumte sie nicht mehr auf.

f Einmal brach sie ihre ~~schon halb gefüllte~~ Spardose auf.
Einmal brach sie ihre Spardose auf.

g Mit dem ~~ersparten~~ Geld ging sie zu einem ~~bekannten~~ Friseur.
Mit dem Geld ging sie zu einem Friseur.

h Von ihm ließ sie sich ihre ~~schönen langen~~ Haare ganz kurz schneiden.
Von ihm ließ sie sich ihre Haare ganz kurz schneiden.

26 *Luises Tagebucheintrag könnte so aussehen:*

8. 9. Ich habe wohl doch einiges falsch gemacht. Dass ich keine Schulaufgaben mehr gemacht habe, war nicht in Ordnung. Und ich hätte auch nicht die Schule schwänzen dürfen. Mein größter Fehler war aber, dass ich heimlich meine Spardose aufgebrochen habe und mit dem Geld zum Friseur gegangen bin. Warum habe ich das bloß gemacht?
Über mein Innerstes nachzudenken, finde ich trotzdem richtig. Ich glaube schon, dass es etwas Besonderes in mir gibt. Und solange ich nicht herausfinde, was das ist, kenne ich mich eigentlich gar nicht.
Ich muss allerdings richtig darüber nachdenken. Eigentlich habe ich mich bisher nur an Äußerlichkeiten festgehalten. Die Kleidung oder die Frisur, die ich trage, ist gar nicht mein Innerstes! Und ob mein Bett rechts oder links im Zimmer steht, hat auch nichts mit meinem Innersten zu tun …
Ich muss wohl überlegen, was mir wichtig ist und was nicht. Ich muss herausfinden, worüber ich mich freue und worüber ich mich ärgere.
Eigentlich weiß ich das schon: Ich freue mich immer dann, wenn Mutti oder BoBo mich ernst nehmen und nicht wie ein Kind behandeln. Und ich ärgere mich, wenn sie mir immer alles vorschreiben wollen. Vielleicht sollte ich mal mit ihnen darüber reden … *(200 Wörter)*

Kapitel 2: Kringel fürs Leben

27 Es geht um Tätowierungen.

28 Bei Tätowierungen wird die Farbe nicht auf die Haut gemalt, sondern in die Haut hineingestochen.
Tätowierungen halten ein Leben lang.

29 Mit Tätowierungen wurden Menschen früher gekennzeichnet, z. B. als Sklaven oder Verbrecher.
Im Mittelalter wurden Tätowierungen in Europa von einem Papst verboten und gerieten danach lange in Vergessenheit.

30 ☒ Er findet es eher problematisch, dass dieser Brauch wieder in Mode gekommen ist.

Begründung: Der Autor befasst sich am Schluss vor allem mit Problemen, die Tätowierungen mit sich bringen können. Beispielsweise erwähnt er, dass Tätowierfarben krebserregend sein können.

31 Das Pronomen „man“ steht für …
☒ die Maori.

32 Die Maori sind die Ureinwohner Neuseelands.

33 Moko

34 Geschichte der Ahnen, Stammeszugehörigkeit, Ansehen des Trägers

35 ☒ Er hat sich eine Tätowierung nach Art der Maori machen lassen.

36
- **a** Bei ägyptischen Priesterinnen: **1**
- **b** Bei Sklaven der Römer: **4**
- **c** Bei Verbrechern unter den Römern: **4**
- **d** Bei Kriegern auf der Insel Borneo: **2**
- **e** Bei Frauen der Dayak: **3**

37 Verboten hat sie **Papst Hadrian I.**

38 *Das Verbot muss in folgendem Jahrhundert erfolgt sein:*

[X] im 8. Jahrhundert

Begründung: Im Jahr 1774 brachte der Engländer James Cook von seinen Reisen einen tätowierten Menschen mit nach Hause. Das war 1 000 Jahre nach dem Verbot durch Papst Hadrian I. Folglich muss das Verbot 1 000 Jahre früher erlassen worden sein, also im 8. Jahrhundert.

39 James Cook entdeckte tätowierte Menschen in der Südsee, und zwar auf der Insel Tahiti.

40 Zuerst hieß das Wort „**tatau**". Dieses Wort benutzten die **Einwohner Tahitis**. Die **Engländer** machten daraus das Wort „**tattoo**". In **Deutschland** wurde daraus das Wort „**Tätowierung**".

41 Das Wort „tätowieren" bedeutete „kunstvoll hämmern".

42 Der Heilungsprozess dauert …

[X] etwas länger als einen Monat.

Hinweis: Es heißt im Text, der Heilungsprozess dauere „gut einen Monat" (Z. 36). Das bedeutet, dass er etwas länger dauert als genau einen Monat.

43 Einige Farben können krebserregende Stoffe enthalten.

44 [X] Ja, es ist aber nicht sicher, ob Narben zurückbleiben.

45
- **a** Als sich Robbie Williams eine Tätowierung im Stil der Maori verpassen ließ, ärgerten sich diese darüber. → **Sätze**
- **b** Eine Tätowierung ist für sie fast eine Art Personalausweis, Geburtsurkunde und Familienalbum zusammen. → **Wörter**
- **c** Bei den Dayak war eine Tätowierung wie eine Art Orden auf der Haut. → **Wortgruppen**
- **d** Frauen trugen besondere Zeichen, wenn sie etwa Stoffe weben konnten. → **Sätze**

46 a Viele Jugendliche möchten sich eine Tätowierung machen lassen, **denn** Tätowierungen sind in Mode.
b Sie fassen den Entschluss **und** (sie) gehen in ein Tätowierstudio.
c Sie suchen sich eine Zeichnung aus(,) **und** diese wird ihnen mithilfe eines Gerätes auf ein Körperteil übertragen.
d Tätowierungen halten ein Leben lang, **denn** die Farbtröpfchen werden unter die Haut gespritzt.
e Nur mithilfe von Laserstrahlen lassen sich Tätowierungen wieder entfernen, **aber** vielleicht bleiben dann Spuren zurück.

47 a Ehe man sich eine Tätowierung machen lässt, sollte man gründlich darüber nachdenken.
b Man darf nicht vergessen, dass sich Tätowierungen nur schwer wieder entfernen lassen.
c Weil sie in die Haut geritzt werden, lässt sich die Farbe der kunstvollen Zeichnungen nicht einfach wieder abwaschen.
d Wenn man seine Tätowierung nicht mehr leiden mag, muss man eine aufwendige Behandlung mit Laserstrahlen über sich ergehen lassen.

48 a Meine Freunde sagen mir manchmal, dass ich mir endlich eine Tätowierung machen lassen sollte.
b Aber ich weiß genau, dass meine Eltern mir das nie erlauben würden.
c Sie sind gegen Tätowierungen, weil sie die Farbstoffe für krebserregend halten.
d Da fast alle meine Freunde eine Tätowierung haben, ärgert mich die Einstellung meiner Eltern.
e Allerdings ist es natürlich nicht sicher, ob mir eine Tätowierung immer gefallen würde.
f Falls ich die Tätowierung eines Tages nicht mehr leiden mag, müsste ich sie mir für viel Geld entfernen lassen.

49 a Im Jahre 1769 kam Kapitän James Cook nach Neuseeland. Er nahm die Insel für England in Besitz.
b Die Maori boten ihm einen ungewöhnlichen Anblick. Sie waren größer und kräftiger als die meisten Europäer.
c Außerdem trugen sie Tätowierungen am ganzen Körper; sogar im Gesicht hatten sie Körperbemalungen.

d Regelmäßig führten sie Kriegstänze auf. Dabei rissen sie ihre Augen weit auf und verdrehten sie teuflisch.

e Gleichzeitig streckten sie ihre Zunge heraus, sie sangen auch furchterregende Lieder.

Hinweis: An einigen Stellen lassen sich auch andere Satzzeichen verwenden, um die Satzgrenzen zu markieren. Wichtig ist, dass du die Grenze zwischen zwei Sätzen erkannt und mit einem Satzzeichen gekennzeichnet hast.

50

51

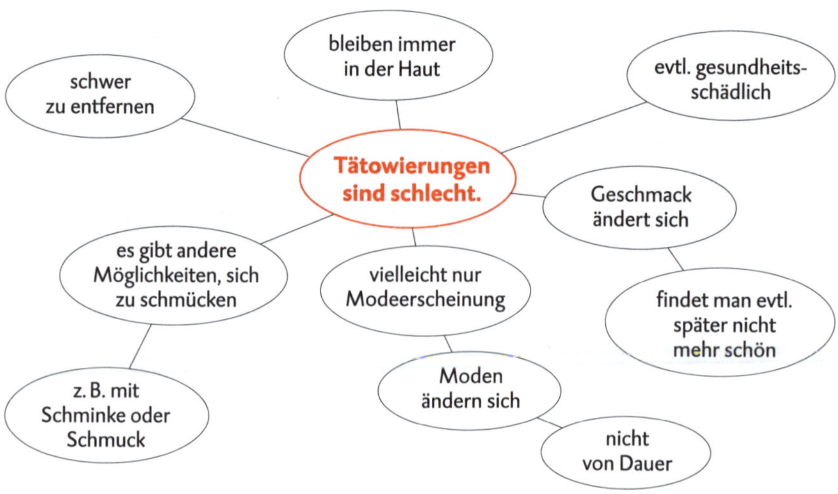

52 *Mögliches Pro-Argument (Behauptung steht am Schluss des Arguments):*
Tätowierungen sind schon seit einigen Jahren in Mode. Nicht nur Jugendliche, sondern auch viele Erwachsene lassen sich tätowieren. Wer keine Tätowierung hat, ist heutzutage einfach nicht „in“! Im schlimmsten Fall wird man zum Außenseiter, weil die anderen einen für zu brav halten. Meine große Schwester wird von den anderen belächelt, weil sie keine modische Kleidung trägt und weil sie keine Tätowierung hat. Man kann fast schon sagen: Eine Tätowierung gehört inzwischen einfach dazu, weil so viele Menschen eine haben. Das heißt natürlich nicht unbedingt, dass Tätowierungen gut sind. Wenn man aber zu einer bestimmten Clique dazugehören und mit der Mode gehen will, sind Tätowierungen wichtig. *(105 Wörter)*

Mögliches Kontra-Argument (Behauptung steht am Anfang des Arguments):
Tätowierungen sind schlecht. Angenommen, ich gehe morgen in ein Tätowierstudio und lasse mir ein Bild auf den Oberarm tätowieren, das mir heute gefällt, dann weiß ich doch gar nicht, ob ich diese Zeichnung auch in fünf Jahren noch schön finde. Falls mir meine Tätowierung irgendwann nicht mehr gefällt, müsste ich sie mir entweder für teures Geld durch eine Behandlung mit Laserstrahlen wieder entfernen lassen – und dabei könnte ich nicht einmal sicher sein, ob nicht vielleicht Narben zurückbleiben – oder ich müsste ständig langärmelige Oberteile tragen, um die Tätowierung zu verstecken. Es gibt doch andere Möglichkeiten, sich hübsch zu machen, z. B., indem man sich schminkt oder Schmuck trägt. Man muss ja nicht alles mitmachen, was gerade Mode ist!
(117 Wörter)

Kapitel 3:
Kinderarmut – Das ist unfair!

53 *Diagramm 1:* Säulendiagramm
Diagramm 2: Balkendiagramm

54 *Diagramm 1:* 2015
Diagramm 2: 2015 und 2011

55 *Diagramm 1:* Dieses Diagramm informiert darüber, wie hoch der Anteil armer Menschen in verschiedenen Altersgruppen war.

Diagramm 2: Dieses Diagramm informiert darüber, wie hoch der Anteil armer Kinder in den verschiedenen Bundesländern war.

56 Die Zahlen sind angegeben in …
[X] Prozent.

57 In der Altersgruppe der 18-bis 24-Jährigen.

58 In der Altersgruppe der 50-64-Jährigen.

59 Die meisten armen Kinder gab es in **Berlin**.
Die wenigsten armen Kinder gab es in **Bayern**.

60 Bremen

61

Textstellen
Die Kinder und ihre Familien müssen oft täglich ums Überleben kämpfen. (Z. 6–8)
Die Familien können zwar gerade so überleben, sich jedoch darüber hinaus nichts leisten. (Z. 11–12)
[...] um in einem Land wie Deutschland glücklich und gesund aufzuwachsen, braucht es [...] ein wenig mehr. (Z. 18–20)

Fußnoten
Das nennt man **gefühlte Armut:** Die Betroffenen fühlen sich unglücklich und ausgegrenzt, weil sie sich viele Dinge nim,cht leisten können, die andere haben.
Das nennt man **absolute Armut:** Die Betroffenen haben so wenig Geld, dass sie nie wissen, wie sie am nächsten Tag satt werden sollen.
Das nennt man **relative Armut:** Die Betroffenen gehören zur unteren Gesellschaftsschicht. Ihr Einkommen beträgt weniger als 40 Prozent von dem, was der Durchschnitt der Bevölkerung zur Verfügung hat.

62 *Man erfährt mithilfe der Fußnote,* was man unter der Armutsgefährdungsquote versteht: Als arm gilt eine Person, deren Einkommen unter 60 % des mittleren Einkommens liegt.

63 **a** Alle Staaten, die den Vertrag unterzeichnet haben, verpflichten sich, dafür zu sorgen, dass alle Kinder unter angemessenen Lebensbedingungen aufwachsen können.

b Die Abkürzung UN steht für „United Nations". Das sind 193 Staaten, die sich zusammengeschlossen haben, um für die Sicherung des Weltfriedens, des Völkerrechts und der Menschenrechte einzustehen und die internationale Zusammenarbeit zu fördern.

c Unterzeichnet wurde die Konvention von allen Mitgliedsstaaten der UN mit Ausnahme der USA. Insgesamt haben 195 Staaten die Vereinbarung unterschrieben, darunter sogar Staaten, die gar nicht den Vereinten Nationen angehören, z. B. Palästina.

64 In dem Text geht es um …

[X] Kinderarmut allgemein.

Hinweis: Nur die Aussage, die sich auf den ganzen Text bezieht, ist richtig.

65 [X] Armut ist nicht überall gleich, denn es gibt verschiedene Arten von Armut.

66 In den Ländern der Dritten Welt sind viele Menschen so arm, dass sie tagtäglich ums Überleben kämpfen müssen.

67

Die Betroffenen …	trifft zu	trifft nicht zu
a müssen nicht ums Überleben kämpfen.	[X]	[ ]
b können sich alles, was sie unbedingt brauchen, kaufen.	[ ]	[X]
c haben ein Dach über dem Kopf.	[X]	[ ]
d können sich vieles nicht leisten.	[X]	[ ]

68
- Sie können nicht ins Kino gehen.
- Sie können sich keine neue Kleidung kaufen.
- Sie können nicht in Urlaub fahren.
- Sie können keinen Vereinssport treiben.

69
- Sie sollten andere Kinder zu sich nach Hause einladen können.
- Sie brauchen Taschengeld, damit sie sich hin und wieder etwas kaufen können, was sie gern haben möchten, z. B. ein Eis.
- Sie müssen sich so kleiden können, dass sie wegen ihrer Kleidung nicht auffallen und deswegen gemobbt werden.

70 Angemessen sind Lebensbedingungen dann, wenn sie so ähnlich sind wie die anderer Kinder. Ein Kind sollte nicht darunter leiden, dass es sich nicht das leisten kann, was für andere Kinder selbstverständlich ist, sonst besteht die Gefahr, dass es zum Außenseiter wird.

71

Er meint, …	trifft zu	trifft nicht zu
a das entspreche der Natur von Kindern.	☐	☒
b es sei selbstverständlich.	☒	☐
c niemand würde das bestreiten.	☒	☐
d man brauche darüber nicht zu diskutieren.	☒	☐

72 **a** Man wird dann fair behandelt, wenn man gegenüber anderen nicht benachteiligt wird.

b Kinderarmut ist unfair, weil es den betroffenen Kindern schlechter geht als ihren Freunden und Mitschülern. Das ist ungerecht – also unfair.

73

Positiv	Komparativ	Superlativ
sicher	**sicherer**	**am sichersten**
wenig	**weniger**	am wenigsten
schlecht	schlechter	**am schlechtesten**
viel	**mehr**	am meisten
schlimm	**schlimmer**	**am schlimmsten**
gesund	**gesünder**	**am gesündesten**
glücklich	**glücklicher**	am glücklichsten

74 Diese Adjektive nennen einen Zustand, der sich nicht mehr steigern lässt. Was z. B. leer ist, ist leer – es kann nicht noch leerer werden. Gleiches gilt für die Adjektive „einzig", „tot", „falsch", „fertig" und „schwanger".

75 Arme Kinder haben schlechtere Chancen **als** reiche Kinder.
Sie können sich weniger leisten **als** ihre Klassenkameraden.
Arme Kinder haben die gleichen Bedürfnisse **wie** alle anderen Kinder.
Kinder wohlhabender Eltern fahren öfter in den Urlaub **als** Kinder armer Eltern.

76 **a** Viele Kinder in Entwicklungsländern sind ärmer **als** Kinder in Industrieländern.

b Sie haben weniger zu essen **als** ihre Altersgenossen in Europa.

c Natürlich haben sie die gleichen Bedürfnisse **wie** Kinder in den westlichen Staaten.
d Beispielsweise wären sie gern genauso gut gekleidet **wie** diese.

77 a In unserer Klasse sitzen **dreißig** Schüler.
b Jeder **Vierte** von uns fährt mit dem Bus zur Schule.
c Wenn **zwei** sich streiten, freut sich der **Dritte**.
d Jetzt hat mein Bruder schon wieder eine **Sechs** gewürfelt!
e Eine Eintrittskarte kostet **acht** Euro.
f Der Autofahrer fuhr mit mehr als **achtzig** Stundenkilometern durch eine Ortschaft.
g Die Rednerin war erst **dreizehn** Jahre alt.
h Meine Freundin hat in Mathematik eine **Eins**.
i Ich habe zu meiner Geburtstagsparty **fünfzehn** Gäste eingeladen.
j Unsere Fußballmannschaft hat den **ersten** Platz belegt.
k **Ein Drittel** der Einnahmen wird für einen guten Zweck gespendet.

78 14: **vierzehn**
36: **sechsunddreißig**
98: **achtundneunzig**
472: **vierhundertzweiundsiebzig**

79 a Seit gestern wird ein ~~zwölf-jähriger~~ Junge vermisst. → **zwölfjähriger** (*oder:* **12-jähriger**)
b Die Menschen werden immer älter; es gibt immer mehr ~~hundertjährige~~. → **Hundertjährige**
c Kartoffeln werden häufig in 5-Kilo-Säcken verkauft. ☑
d Die 80-jährige Frau kam in ein Altersheim. ☑
e Zigaretten dürfen nicht an ~~14jährige~~ Jugendliche verkauft werden. → **14-jährige** (*oder:* **vierzehnjährige**)
f Mit einem ~~hundert-Euro-Schein~~ kann man im Bus keine Fahrkarte lösen. → **Hunderteuroschein** (*oder:* **Hundert-Euro-Schein**, *oder:* **100-Euro-Schein**)
g Anlässlich des 800-jährigen Bestehens gab es in der Stadt ein Volksfest. ☑

80 *Mögliche Lösung:*

Fast jedes fünfte Kind ist arm

Wenn man das Wort „Kinderarmut“ hört, denkt man normalerweise an arme Kinder in Entwicklungsländern. Man stellt sich vor, dass sie barfuß laufen und in einem Zelt oder einer Hütte schlafen, weil ihre Eltern sich keine Wohnung leisten können. Vielleicht meint man auch, dass sie zum Wasserholen weit laufen müssen, und dass sie arbeiten, statt zur Schule zu gehen, weil sie ihre Familien finanziell unterstützen müssen. Im Fernsehen sieht man ja oft, wie arme Kinder in Dritte-Welt-Ländern Teppiche knüpfen oder Schuhe putzen statt schreiben und lesen zu lernen.

Eigentlich dürfte es eine solche Kinderarmut gar nicht mehr geben. Die Vereinten Nationen haben nämlich schon vor Jahren die sogenannte Kinderrechtskonvention unterzeichnet, in der festgelegt wurde, dass jedes Kind das Recht auf angemessene Lebensbedingungen hat. Aber arme Kinder gibt es nach wie vor, und zwar weltweit. Das gilt nicht nur für Entwicklungsländer, sondern auch für die Industriestaaten. Fast jedes fünfte Kind in Deutschland – nämlich 19 Prozent – wächst in einem Hartz-IV-Haushalt auf und ist demnach als arm anzusehen.

Die staatliche Unterstützung, die solche Familien bekommen, reicht nur für das Nötigste. Das bedeutet: Verhungern muss bei uns niemand, aber die Armen können sich nur das leisten, was sie zum Leben unbedingt brauchen. Coole Klamotten, ein Smartphone, ein Urlaub am Meer? Für arme Kinder wird das immer ein Wunschtraum bleiben. Und das ist für sie ein Problem. Denn natürlich vergleichen sie sich mit ihren Altersgenossen, z. B. mit ihren Klassenkameraden.

Tagtäglich gehen sie in die Schule und sehen, dass es ihren Mitschülern besser geht als ihnen. Die erzählen nach den Sommerferien von ihrem Urlaub auf dem Ponyhof, tauschen sich in den Pausen über Filme aus, die sie im Kino gesehen haben, oder verabreden sich für nachmittags zum Shoppen im Einkaufszentrum. Denn sie kriegen natürlich genügend Taschengeld, sodass sie sich das leisten können. Kinder armer Eltern können da nur zusehen. Sie wissen genau, dass sie vieles von dem, was für andere ganz selbstverständlich ist, nicht haben können. Deshalb fühlen sie sich oft als Außenseiter.

Wir sollten uns deshalb davor hüten, Mitschüler schlecht zu behandeln, bloß weil sie nicht die Klamotten tragen, die gerade angesagt sind. Ihre Eltern können sich das eben einfach nicht leisten.

(363 Wörter)

Kapitel 4: Das Austauschkind

81 Es geht um die Beziehung zwischen Eltern und ihren Kindern. Dabei spielen Ordnung und Sauberkeit eine große Rolle. Vor allem die Mutter legt übertrieben viel Wert auf Ordnung.

82 der Ich-Erzähler (ein dreizehnjähriger Junge namens Ewald Mittermeier), der englische Austauschschüler Jasper, die Eltern des Ich-Erzählers

83 ☒ Ja, die Sprache spricht jugendliche Leser an.

Begründung: Die Sprache passt zur Sprache eines dreizehnjährigen Jungen. Einiges ist auch übertrieben dargestellt, und das wirkt lustig.

Mögliche Beispiele: Dass die Mama beim Anblick dessen, was ich da gesehen hatte, einen Anfall kriegen würde, war mir klar. (**Z. 3 f.**)
Und die leer gefutterten Marmeladengläser und die Sardinendosen und Eispackungen lagen natürlich auch dazwischen. (**Z. 8–10**)
Die Mama jagt wirklich hinter jedem Fuzerl Dreck her wie der Teufel hinter der armen Seele. (**Z. 21 f.**)

84 Er verfolgt das Geschehen …

☒ eher aus der Nähe.

Begründung: Das Geschehen spielt in der Wohnung, in der der Ich-Erzähler und seine Eltern leben. Er erzählt, als würde er direkt danebenstehen und alles beobachten.

85 *Darstellung der Mutter:* eher ablehnend
Begründung: Der Ich-Erzähler sagt vor allem Folgendes über seine Mutter: dass sie übertrieben auf Ordnung achtet und dass sie beim Anblick von Unordnung so entsetzt ist, dass sie fast in Ohnmacht fällt.

Darstellung des Vaters: eher ablehnend
Begründung: Der Ich-Erzähler stellt den Vater als bestimmend, grob und rücksichtslos dar.

Darstellung Jaspers: überwiegend neutral
Begründung: Der Ich-Erzähler scheint Jasper ein wenig in Schutz zu nehmen, denn er sagt mehrmals, dass die Unordnung in seinem Zimmer gar nicht so schlimm sei.

86 Er will dabei sein, wenn seine Mutter Jaspers Zimmer betritt.

87 Der Ich-Erzähler ist neugierig darauf, wie seine Mutter **auf die Unordnung in dem Zimmer reagiert.**
Der Ich-Erzähler möchte miterleben, wie Jasper **sich verhält, wenn sich die Mutter über die Unordnung beschwert.**
Der Ich-Erzähler will wissen, wie das Zimmer **aussieht.**

88 Der Ich-Erzähler hat schon einmal einen Blick in Jaspers Zimmer geworfen, deshalb weiß er, dass es dort sehr unordentlich ist. Außerdem kennt er die Ordnungsliebe seiner Mutter. Deshalb kann er davon ausgehen, dass seine Mutter erschrocken sein wird, wenn sie die Unordnung in dem Zimmer sieht.

89 *Allgemeine Aussage:* Es ist in dem Zimmer sehr unordentlich.
Einzelheiten: Auf dem Fußboden liegen Kleidungsstücke, Eisenbahnteile und leere Marmeladengläser (*auch möglich:* Konservendosen, Eisverpackungen, benutzte Taschentücher. Das Öl, das in den Fischkonserven war, ist ausgelaufen.)

90 *in Bezug auf das Zimmer:* Er findet die Unordnung nicht so schlimm, weil kein „nicht mehr wiedergutzumachendes Malheur geschehen" (Z. 14) ist.
in Bezug auf seine Mutter: Ihre Reaktionen sind übertrieben.
in Bezug auf sich selbst: Ihn stört die Unordnung nicht so sehr. (Wahrscheinlich ist er selbst auch etwas unordentlich.)

91 *Du könntest diese Sätze unterstrichen haben:*
Aber Kleider kann man ja waschen! Und der Fußboden im Zimmer ist aus Plastik! (Z. 13 f.)

92 Der Vater hat recht, wenn er …
[X] Jasper für sehr schmutzig hält.
Begründung: Dass Jasper schmutzig ist, stimmt. Seitdem er bei der Familie ist, war er noch kein einziges Mal im Badezimmer. Der Ich-Erzähler sagt, dass er bereits einen „richtigen Schmutzbelag" (Z. 34) auf sich hatte.

93 **a** **Jaspers Stiefbruder hatte sich das Bein gebrochen.** Deshalb kam Jasper als Austauschkind zu Besuch.
b Jasper zeigte seltsame Verhaltensweisen. **Er war in schwierigen Familienverhältnissen aufgewachsen.**

c Er räumte nie seine Sachen weg. **Ewald hatte einmal das Chaos in seinem Zimmer gesehen.**

d **Die Mutter hatte die Tür zu Jaspers Zimmer geöffnet.** Beim Anblick der Unordnung fing sie gleich an zu schluchzen.

e Sie startete gleich eine Putz- und Aufräumaktion. **Sie hatte die Unordnung und den Dreck gesehen.**

f Der Vater steckte Jasper in die Badewanne. **Der Junge hatte sich tagelang nicht gewaschen.**

g **Es war dem Vater gelungen, Jasper zu waschen.** Er wirkte zufrieden.

h Das Zimmer sah wieder ordentlich aus. **Die Mutter hatte es geputzt.**

94 *Als der Vater es geschafft hat, Jasper zu waschen, nimmt er seine Pläne vom Ausflug wieder auf. Die Mutter hat inzwischen einige von Jaspers Kleidungsstücken aussortiert, die ihr nicht gefallen, und ihre Tochter aufgefordert, ihm einen ihrer großen Pullover und ein Paar Socken zur Verfügung zu stellen.*
[...] Nachdem Bille sich wortlos in ihr Zimmer zurückgezogen hat, beschließt der Vater, sie vom Ausflug auszuschließen. Auch Jasper nimmt nicht daran teil, denn er hat sich mittlerweile im Badezimmer eingeschlossen und weigert sich, die Tür zu öffnen. [...] Um Bille daran zu hindern, die Wohnung zu verlassen, hat der Vater die Wohnungstür von außen abgeschlossen. Billes Schlüsselbund und den Reserveschlüssel hat er zuvor eingesteckt. [...] Kaum haben ihre Eltern und Ewald das Haus verlassen, greift sie zum Telefon und ruft den Hausmeister an [...]. Am frühen Abend lässt sie sich wieder zusammen mit Jasper vom Hausmeister in der Wohnung einschließen, damit ihre Eltern nichts davon merken, dass sie unerlaubt nach draußen gegangen sind. [...]

95

Zusammensetzungen	Bestandteile
annehmen	an | nehmen
lehrreich	**lehr | reich**
Brennnessel	**Brenn | nessel**
weggehen	**weg | gehen**
Farbbeutel	**Farb | beutel**
gelbbraun	**gelb | braun**
Fertiggericht	**Fertig | gericht**
abbeißen	**ab | beißen**

96

Kompositum	richtige Schreibweise	Wortart des Grundwortes
FAHRKARTE	Fahrkarte	Karte: Nomen
HELLWACH	**hellwach**	**wach: Adjektiv**
LESEBRILLE	**Lesebrille**	**Brille: Nomen**
HAARGENAU	**haargenau**	**genau: Adjektiv**
NOTLANDEN	**notlanden**	**landen: Verb**
ORDNUNGSLIEBE	**Ordnungsliebe**	**Liebe: Nomen**
STERNENKLAR	**sternenklar**	**klar: Adjektiv**
MONDSÜCHTIG	**mondsüchtig**	**süchtig: Adjektiv**

97 Es gibt insgesamt zehn Aufzählungen im Text, bei denen die einzelnen Glieder der Aufzählung durch Kommas getrennt sind:

Aufzählung 1: Ich hatte nämlich zwei-, dreimal einen Blick in Jaspers Zimmer erhascht. (Z. 1 f.)

Aufzählung 2: Es war also kein wirkliches, nicht mehr wiedergutzumachendes Malheur geschehen. (Z. 14 f.)

Aufzählung 3: Die Sets auf dem Tisch, mein Schreibzeug auf dem Schreibtisch. (Z. 28 f.)

Aufzählung 4: Mein Vater bekam plötzlich ein grimmig entschlossenes Gesicht, packte Jasper an der Schulter und rief: […] (Z. 37 f.)

Aufzählung 5: Er zog Jasper von der Tür weg, durchs Vorzimmer, ins Badezimmer hinein. (Z. 40 f.)

Aufzählung 6: Mama […] lief um Wäschekorb, Staubsauger und Abfalleimer. (Z. 42 f.)

Aufzählung 7/8: […] schaufelte sie Jaspers verstreute Textilien in den Korb, warf Dosen, Eispapierln, Papiertaschentücher und auch die leeren Gläser in den Abfallkübel […]. (zwei Aufzählungen: schaufelte sie […], warf Dosen, […] *und:* Dosen, Eispapierln, Papiertaschentücher, Z. 44–46)

Aufzählung 9: „Bille, […]!“, und: „Bille, […]!“, und: „Bille, […]!“ (Z. 47 f.)

Aufzählung 10: Der Staubsauger surrte laut, die Mama kommandierte noch lauter […]. (Z. 49)

98

Gegensatz, Teil 1	Konjunktion	Gegensatz, Teil 2
Sie saugt nicht nur den Lurch weg,	**sondern**	**sie saugt die ganze Wohnung.**
Die Schuhe sind nicht wie zum Paradeschritt ausgerichtet,	**sondern**	**ein bisschen quer […].**
Der Staubsauger surrte laut,die Mama kommandierte noch lauter,	**aber**	**am lautesten war das Geschrei, das aus dem Bad kam.**
Er wirkte erschöpft,	**aber**	**zufrieden.**

99 *Der englische Junge Jasper war für ein paar Wochen zu Gast bei der Familie Mittermeier in Wien. Eigentlich sollte sein Stiefbruder als Austauschkind kommen, doch der hatte sich kurz vor der Reise das Bein gebrochen. Deshalb wurde sein Halbbruder Jasper nach Österreich geschickt. Jasper schockierte seine Gasteltern durch sein merkwürdiges Benehmen, seine Unordnung und seine mangelnde Hygiene. Beim Blick in sein Zimmer war seine Gastmutter einmal vollkommen entsetzt: Dort lagen leere Fischdosen, Teile der elektrischen Eisenbahn, benutzte Papiertaschentücher, Kleidungsstücke und Verpackungen überall auf dem Boden verstreut. Jasper selbst war auch völlig verdreckt. Er war zwar schon seit einigen Tagen da, aber er hatte sich noch nicht ein einziges Mal gewaschen. Der Engländer wollte zwar nicht gewaschen werden, doch das kümmerte seinen Gastvater wenig. Er zerrte den Jungen energisch ins Badezimmer, steckte ihn in die Badewanne und schrubbte ihn sauber. In der Zwischenzeit brachte die Mutter das Zimmer in Ordnung. Sie warf den Müll in den Mülleimer, ordnete die Eisenbahnteile wieder in die Kisten ein, fegte den Boden und wischte ihn feucht auf. Ihr Sohn Ewald fand Jaspers Unordnung eher harmlos. Er meinte: „Die Kleider kann man doch waschen, den Boden kann man säubern, der Müll lässt sich beseitigen und die Spielsachen kann man einfach wegräumen!“ Er konnte die Aufregung seiner Mutter nicht verstehen, aber er kannte sie ja. Und so wusste er: Sie war nicht nur ordnungsliebend, sondern geradezu pedantisch. Das sagte seine Oma auch immer.*

100 *Mögliche Darstellung aus Sicht der Mutter:*
Sie wissen doch, dass wir gerade Besuch von einem jungen Engländer haben, nicht wahr? Jasper heißt er. Eigentlich sollte ja sein Stiefbruder kommen, aber der hatte sich kurz vor der Reise das Bein gebrochen, und deshalb schickten die Eltern ihren anderen Sohn zu uns. Sie glauben gar nicht, wie schwierig es mit dem Jungen ist! Er ist so unordentlich, dass man es kaum beschreiben kann! Gestern ging ich morgens in sein Zimmer, um ihn zu wecken. Wir wollten nämlich einen Ausflug mit ihm unternehmen, und am späten Vormittag schlief er immer noch. Was ich da sah, verschlug mir fast die Sprache! Der ganze Fußboden war übersät mit Kleidungsstücken. Und dann hatte er Ewalds elektrische Eisenbahn aus den Kästen geholt; die einzelnen Teile waren überall verstreut. Aber damit nicht genug: Außerdem hatte er mehrere Gläser Marmelade ausgelöffelt und einige Fischkonserven geleert. Glauben Sie bloß nicht, dass er die leeren Gläser und die Konservendosen in den Mülleimer geworfen hätte! Nein, die hatte er einfach auf den Boden fallen lassen. Und dann war noch das Öl aus den Fischdosen ausgelaufen. Seine vollgeschnäuzten Taschentücher lagen auch dazwischen. Es sah in dem Zimmer einfach furchtbar aus! Mir blieb vor Schreck fast die Luft weg. Zum Glück kam dann mein Mann. Er griff sich den Jungen und steckte ihn erst mal in die Badewanne. Denn Jasper hatte sich die ganzen Tage noch nicht ein einziges Mal gewaschen. In der Zwischenzeit habe ich zusammen mit meinen Kindern das Zimmer wieder in Ordnung gebracht. Gut und gerne eine Stunde hat es gedauert, bis alles wieder an seinem Platz war und ich den verdreckten Fußboden sauberwischen konnte. Ich weiß gar nicht, wie es weitergehen soll. Am besten wäre es, der Engländer würde schon morgen wieder abreisen. Aber das geht wohl nicht. Wir können ihn ja nicht einfach wegschicken … *(301 Wörter)*

Kapitel 5:
Die Kirschen

101 **Merkmal 1:** Die Beteiligten sind ganz normale Menschen.

☒ trifft zu

Begründung: Es handelt sich um einen Vater und seinen Sohn. Die beiden sind weder besonders berühmt noch besonders heldenhaft, sondern ganz normale Menschen.

Merkmal 2: Erzählt wird von einem alltäglichen Ereignis.

☒ trifft zu

Begründung: Es ist nichts Besonderes, wenn ein Junge krank wird. Und es ist auch nichts Besonderes, wenn es zwischen einem Vater und seinem Sohn zu einem Missverständnis kommt.

Merkmal 3: Die Sprache ist einfach und der Umgangssprache angenähert.

☒ trifft zu

Begründung: Die Geschichte wird mit einfachen Worten erzählt, die Sätze sind meistens kurz. Einige Sätze sind sogar unvollständig.

Merkmal 4: Es gibt keine Einleitung.

☒ trifft zu

Begründung: Die Geschichte beginnt mit den Worten: „Nebenan klirrte ein Glas." Man erfährt nicht, wo die Handlung spielt, und man weiß am Anfang auch nicht, welche Figuren daran beteiligt sind, weil es anschließend heißt: „Jetzt isst er die Kirschen auf, die für mich sind, dachte er." Es wird nicht gesagt, von wem die Rede ist.

Merkmal 5: Der Schluss ist offen.

☒ trifft zu

Begründung: Man weiß nicht, ob Vater und Sohn das Missverständnis, das zwischen ihnen aufgekommen ist, klären.

102 Der Ich-Erzähler denkt, sein Vater habe „die ganze Hand voll Kirschsaft" (Z. 8). Wenn es sich um frische Früchte handeln würde, würde er das nicht annehmen.

103 Damit die Kirschen kühl werden, hat „sie" (vermutlich die Mutter des Jungen) sie vor das Fenster gestellt. Im Text heißt es: „Sie hat sie doch extra vors Fenster gestellt […]." (Z. 9) Wenn es einen Kühlschrank gegeben hätte, wäre das nicht nötig gewesen.

104

anwesend	abwesend
der Vater, der Sohn	die Mutter

105 Der Sohn ist krank.

106 Der Vater war krank.

Begründung: Er weiß noch, dass es sich im Bett aus dem Glas schlecht trinken lässt. Das zeigt, dass er auch krank gewesen sein muss, denn sonst hätte es für ihn keinen Grund gegeben, im Bett zu trinken.

107 Als der Junge aufsteht und in die Küche geht, **schiebt er sich an der Wand entlang.** (vgl. Z. 5)
Als er in der Küche angekommen ist, **hält er sich am Türdrücker fest.** (vgl. Z. 14)

108 Er hat ein klirrendes Geräusch gehört und denkt, dass sein Vater die für ihn bestimmten Kirschen aufisst.

109
a Es ist der Sohn, der denkt, dass der Vater Kirschsaft auf der Hand hat.
b In Wirklichkeit handelt es sich um Blut.

110 Der Vater denkt, der Sohn würde sich Sorgen um seine Verletzung machen.

Beleg: Er versucht ihn zu beruhigen, indem er sagt: „Ach, das ist nicht so schlimm. Das ist nur ein kleiner Schnitt. Das hört gleich auf." (Z. 32 f.)

111 Am wenigsten Sorgen macht er sich …

☒ um sich selbst.

Begründung: Er versucht seinen Sohn zu beruhigen und sagt, dass seine Verletzung „nicht so schlimm" (Z. 32) sei.

112 Er hat Schmerzen.

113 Er will nicht, dass sich sein Sohn Sorgen um ihn macht; deshalb lächelt er. Der Sohn soll denken, dass ihm durch den Sturz nichts Schlimmes passiert ist.

114 Er schämt sich, weil er verstanden hat, dass der Vater gar nicht daran gedacht hat, seine Kirschen aufzuessen. Dass er ihn fälschlicherweise verdächtigt hat, ist ihm sehr unangenehm.

115 Der Junge liegt krank im Bett und wartet schon sehnsüchtig darauf, dass sein Vater ihm die Kirschen bringt, die seine Mutter „extra" vors Fenster gestellt hat, damit sie „schön kühl" sind. Als er in der Küche ein Klirren hört, denkt er, sein Vater würde die für ihn bestimmten Kirschen aufessen.
Der Vater hat vorgehabt, die Kirschen aus einem Glas in eine Tasse umzufüllen. Dazu hat er die Tasse vorher kalt ausspülen wollen. Dabei ist er ausgerutscht und hingefallen; die Tasse ist ihm zerbrochen und durch eine Scherbe der Tasse hat er sich an der Hand verletzt.
Der Vater denkt nun, sein Sohn würde sich Sorgen um ihn machen, weil er das Blut gesehen hat, das ihm aus der Wunde tropft. Der Sohn hat aber gar nicht begriffen, dass sich sein Vater verletzt hat. Er denkt, dass es sich bei der roten Flüssigkeit, die seinem Vater von der Hand tropft, um Kirschsaft handelt.
(152 Wörter)

116 *Fast wörtlich wiederholt werden diese Textstellen:*
Dabei habe ich das Fieber. (Z. 2, 3 f., 8, 11)
Sie hat die Kirschen extra vors Fenster gestellt, damit sie ganz kalt sind. (Z. 2 f., 9, 21 f.)
Alles voll Kirschen. (Z. 7 (zweimal), Z. 16 f. (zweimal))
Waren sie kalt? (Z. 20, 21, 27)
[…] du musst doch zu Bett. (Z. 15 (zweimal), 18)

117

	trifft zu	trifft nicht zu
a Die Kirschen bedeuten dem kranken Sohn viel.	☒	☐
b Der Sohn ist vergesslich und wiederholt deshalb viele Sätze.	☐	☒
c Der Sohn nimmt sich selbst mit seiner Krankheit sehr wichtig.	☒	☐
d Er ist durch sein Fieber verwirrt und kann nicht klar denken.	☒	☐

118 **a** Meine Freundin sagte, sie gehe nach Hause.
b Der Junge sagte, er brauche mehr Taschengeld.
c Meine Eltern sagten, der Spielfilm fange an.
d Ich sagte dem Lehrer, mein Bruder sei krank.
e Die Schülerin sagte, sie verstehe das nicht.
f Mein Vater sagte, es regne schon wieder.

119 **a** Der Junge dachte, er habe ein Klirren gehört.
b Er meinte, er müsse in die Küche gehen.
c Er sagte seinem Vater, die Mutter habe die Kirschen vors Fenster gestellt.
d Der Vater sagte, er sei auf dem Fußboden ausgerutscht.

120 *„Alles Kirschen", flüsterte der Kranke. „Alles meine Kirschen." „Waren sie kalt?", fragte er laut. „Ja? Sie waren doch sicher schön kalt, wie? Sie hat sie doch extra vors Fenster gestellt, damit sie ganz kalt sind. Damit sie ganz kalt sind."*
Der Vater sah ihn hilflos von unten an. Er lächelte etwas. „Ich komme nicht wieder hoch", lächelte er und verzog das Gesicht. „Das ist doch zu dumm, ich komme buchstäblich nicht wieder hoch."
Der Kranke hielt sich an der Tür. Die bewegte sich leise hin und her von seinem Schwanken. „Waren sie schön kalt?", flüsterte er, „ja?"

121 **a** Der Junge ist sehr krank.
Beleg: Der Erzähler sagt: „Er schob sich die Wand entlang." (Z. 5)
b Der Junge verdächtigt seinen Vater, die Kirschen gegessen zu haben.
Beleg: Nachdem er in der Küche ein Klirren gehört hat, denkt er: „Jetzt isst er die Kirschen auf, die für mich sind [...]." (Z. 1)
c Der Vater ist gestürzt.
Beleg: Er sagt zu seinem Sohn: „Ich bin nämlich hingefallen [...]." (Z. 28)

122 *Deine Inhaltszusammenfassung sollte ungefähr so aussehen:*
In der Kurzgeschichte „Die Kirschen" von Wolfgang Borchert geht es um ein Missverständnis, das zwischen einem kranken Jungen und seinem Vater aufkommt. Der Sohn verdächtigt zu Unrecht seinen Vater, die für ihn bestimmten Kirschen gegessen zu haben.

Der Junge liegt mit Fieber im Bett und wartet darauf, dass sein Vater ihm die Kirschen bringt, die seine Mutter zum Kühlen vor das Fenster gestellt hat. Als er in der Küche ein Klirren hört, denkt er, sein Vater esse seine Kirschen auf; er meint, dabei sei ihm das Glas, in dem sich die Kirschen befunden haben, aus der Hand gefallen. Daraufhin wankt er in die Küche, um nachzusehen, ob sich sein Verdacht bestätigt. Dort sieht er seinen Vater auf dem Boden sitzen. Dieser ist gestürzt und hat sich an der Scherbe einer Tasse geschnitten; deshalb tropft ihm Blut von der Hand. Der Junge hält das Blut aber für Kirschsaft und glaubt, sein Vater habe tatsächlich seine Kirschen gegessen. Erst nach einigem Hin und Her versteht er, dass sein Vater gar nicht die Absicht gehabt hat, die Kirschen zu essen, und legt sich wieder ins Bett. Als der Vater kommt, um ihm seine Kirschen zu bringen, hat er den Kopf unter die Decke gesteckt.

Die Kurzgeschichte zeigt, wie leicht es zu einem Missverständnis kommen kann, wenn die beteiligten Personen vor allem sich selbst und ihre eigenen Probleme im Kopf haben. *(227 Wörter)*

Kapitel 6: Sudoku

123 Sudoku ist ein Logikrätsel.

124 [X] Japanisch

125 **Hockey:** Hockey (altfranz.: hoquet, „Schäferstock“) ist eine Sportart, bei der zwei Teams gegeneinander spielen und versuchen, mit einem Hockeyschläger einen Ball oder Puck ins gegnerische Tor zu befördern.
Taxi: Ein Taxi (Pl. die Taxis) ist ein von einem Kraftfahrer mit Personenbeförderungsschein gegen Bezahlung gelenktes Individualverkehrsmittel zur Personenbeförderung.
Sauna: Eine Sauna (finn.: sauna, „Schwitzstube“; finnisches Bad) ist ein auf eine sehr hohe Temperatur erwärmter Raum oder eine Raumgruppe, worin ein Schwitzbad genommen wird.

126

Abschnitt	Beginn in Zeile	Ende in Zeile
1. Allgemeine Informationen	**1**	**8**
2. Genauere Erklärungen	**9**	**24**
3. Sonderform	**25**	**27**
4. Schwierigkeiten	**28**	**32**
5. Methoden	**33**	**45**
6. Folgen	**46**	**51**

127 Howard Garus

128 Ihren Siegeszug traten die Sudoku-Rätsel in Japan an.

129 Jede Zahl darf in jeder Zeile, in jeder Spalte und in jedem Block nur einmal vorkommen.

130 üblich („In der <u>üblichen</u> Version […]“, Z. 2)

Hinweis: Damit wird ausgesagt, dass es auch unübliche, also weitere Versionen gibt.

131 Das Gitterfeld, das man beim Sudoku-Rätsel benutzt, besteht aus 9 Spalten und 9 Zeilen. Das ist der Grund, warum es genau 81 Felder gibt (9 x 9 = 81).

132 Bei einem X-Sudoku werden auch die beiden Diagonalen des Gitterfeldes mit einbezogen (neben Zeilen, Spalten und Blöcken).

133 Eine Zahl kommt dann nicht infrage, wenn sie in einer Zeile, einer Spalte oder einem Block schon einmal eingetragen ist.

134 1, 2, 4, 6, 8, 9

Hinweis: Die Zahlen 3, 5 und 7 sind in dieser Zeile schon eingetragen, also kommen sie als Kandidaten nicht infrage.

135 1, 2, 3, 9

Hinweis: Die Zahlen 4, 5, 6, 7 und 8 sind in dieser Spalte schon eingetragen, also kommen sie als Kandidaten nicht infrage.

136 1, 2, 4, 7

Hinweis: Die Zahlen 3, 5, 6, 8 und 9 sind in diesem Block schon eingetragen, also kommen sie als Kandidaten nicht infrage.

137 1 und 2

Begründung: Das sind die einzigen Zahlen, die in der ersten Spalte und im ersten Block noch nicht eingetragen sind. Also kommen nur diese beiden Zahlen als Kandidaten infrage.

138 Man sondert alle Zahlen, die in einer Zeile, einer Spalte oder einem Block bereits eingetragen sind, aus. So bleiben nur die Zahlen übrig, die als Kandidaten infrage kommen.

139 Im Text heißt es, dass Sudoku-Rätsel in „einer weltweit stark zunehmenden Zahl an Zeitungen und Zeitschriften“ (Z. 7 f.) veröffentlicht werden. Seit 2006 gibt es Sudoku-Weltmeisterschaften (Z. 46–53).

140

Aussage	Form von „werden“	Partizip Perfekt	Aktiv/ Passiv?
Das Rätsel wurde 1979 von dem Amerikaner Howard Garus erfunden.	✓	✓	Passiv
Es wurde jedoch erst in Japan 1986 unter dem Namen „Sudoku“ populär.	✓		**Aktiv**
In […] Zeitungen und Zeitschriften werden heute regelmäßig Sudoku-Rätsel veröffentlicht.	✓	✓	**Passiv**
Die drei Bereiche […] werden jeweils als „Einheiten“ bezeichnet.	✓	✓	**Passiv**
In einem Block […] wird ausgezählt, welche Ziffern dort noch fehlen.	✓	✓	**Passiv**
[…] 2006 wurden […] Sudoku-Weltmeisterschaften abgehalten.	✓	✓	**Passiv**
Weltmeisterin wurde […] Jana Tylova.	✓		**Aktiv**

141 Das Spiel besteht aus einem Gitterfeld mit 3 x 3 Blöcken, die jeweils in 3 x 3 Felder unterteilt sind. (Z. 9–11)
Typischerweise sind 22 bis 36 Felder von 81 möglichen vorgegeben. (Z. 15–17)
Systematisches Vorgehen, genaue Analyse und logisches Denken sind gefordert. (Z. 28 f.)

142
- **a** Sudoku spielt man in vielen Ländern.
- **b** Inzwischen führt man schon Weltmeisterschaften durch.
- **c** Man verfolgt die Ergebnisse der Meisterschaften weltweit.
- **d** Logikrätsel druckt man weltweit in Zeitungen und Zeitschriften ab.
- **e** Sudokus löst man mit besonderer Begeisterung.

143
- **a** In Europa erfolgte das erste Abdrucken eines Sudoku-Rätsels in einer Londoner Tageszeitung.
- **b** Von da an war ein regelmäßiges Erscheinen solcher Logikrätsel in vielen Zeitungen und Zeitschriften üblich.
- **c** Heute ist das Lösen von Sudoku-Rätseln weltweit beliebt.

d Das Ziel besteht im Ausfüllen von leeren Feldern.
e Man kann beim Lösen eines Sudokus verschiedene Methoden anwenden.
f Bei schweren Sudokus führt irgendwann kein Weg am Ausprobieren vorbei.

144 **a** Raten führt selten zum Erfolg.
Erweiterungsprobe: Das Raten führt selten zum Erfolg.
b Mit Nachdenken kommt man oft weiter.
Erweiterungsprobe: Mit etwas Nachdenken kommt man oft weiter.
c Durch Fragen wird man manchmal schlauer.
Erweiterungsprobe: Durch das Fragen wird man manchmal schlauer.
d Sie glaubt, dass Lernen Spaß machen sollte.
Erweiterungsprobe: Sie glaubt, dass das Lernen Spaß machen sollte.

145 *Benötigte Materialien:* Spielvorlage aus einer Zeitung oder Zeitschrift, Stift, feste Unterlage zum Schreiben, evtl. Notizblätter

Anzahl der Spieler: einer (evtl. auch zwei oder drei)

Ort: jeder Ort, an dem man eine feste Schreibunterlage hat (z. B. ein Tisch)

Ziel des Spiels: in einem aus 81 Feldern bestehenden Gitternetz (neun Zeilen, neun Spalten, neun Blöcke), in das schon einige Zahlen eingetragen sind, alle noch freien Felder mit Zahlen von 1 bis 9 so füllen, dass jede Zahl in einer Zeile, einer Spalte und einem Block nur ein einziges Mal vorkommt

Deine Anleitung könnte ungefähr so aussehen:
Um ein Sudoku-Rätsel zu lösen, benötigt man eine Rätselvorlage (z. B. aus einer Zeitschrift), einen Stift (am besten einen Bleistift mit Radiergummi) und eine feste Unterlage. Es empfiehlt sich, auch einige leere Blätter für Notizen bereitzuhalten.
In der Regel löst man ein Sudoku-Rätsel allein, es können aber auch mehrere Personen gemeinsam rätseln. Sudoku-Rätsel können praktisch überall gelöst werden, günstig ist es aber, wenn eine feste Schreibunterlage wie ein Tisch vorhanden ist.
Ein Sudoku-Rätsel besteht aus einem Gitterfeld, das aus neun Zeilen und neun Spalten gebildet wird. Jeweils neun Felder aus drei benachbarten Zeilen und Spalten bilden einen Block. In einige der insgesamt 81 Felder sind bereits Zahlen eingetragen. Ziel des Rätselspiels ist es, sämtliche Felder in dem Gitternetz mit Zahlen von 1 bis 9 so zu füllen, dass eine bestimmte Zahl (z. B. die 1) in jeder Zeile, in jeder Spalte und in jedem Block nur einmal vorkommt.
Für den Anfang eignet sich die Methode des Eliminierens am besten. Das heißt, der Spieler prüft, welche Zahlen in welcher Zeile, in welcher Spalte und in

welchem Block nicht infrage kommen. Zahlen, die dabei übrig bleiben, sind mögliche „Kandidaten“ für die noch freien Felder.
Anschließend kann der Spieler ausprobieren, welche der „Kandidaten“ in welche Felder passen. Bei jedem Versuch muss er erneut prüfen, ob die Zahl in einer Zeile, der zugehörigen Spalte und dem zugehörigen Block nicht doppelt vorkommt. Es ist sinnvoll, mit einem Block zu beginnen, in den bereits viele Zahlen eingetragen sind. Dort müssen nur wenige Kandidaten überprüft werden. Wenn ein Kandidat doch nicht in ein Feld passt, wird der nächste Kandidat geprüft – so lange, bis alle Kandidaten den richtigen Platz gefunden haben und das ganze Gitterfeld ausgefüllt ist. *(279 Wörter)*

Kapitel 7: Es ist alles eitel

146 Das Gedicht besteht aus insgesamt 14 Versen. Diese sind in zwei Quartetten und zwei Terzetten angeordnet.

147 ❶

Vers	Reim
1	a
2	b
3	b
4	a

❷

Vers	Reim
5	a
6	b
7	b
8	a

❸

Vers	Reim
9	c
10	c
11	d

❹

Vers	Reim
12	e
13	e
14	d

148 Die Texte einer Epoche haben oft **ähnliche** Merkmale. Die Merkmale betreffen sowohl den **Inhalt** als auch die **Form**. Wenn man weiß, dass ein Text aus einer bestimmten **Epoche** stammt und wenn man wichtige Epochenmerkmale kennt, kann man den Text gezielt daraufhin **untersuchen**. Das hilft, einen Text zu **verstehen**.

149 ☒ Die Mühen des Menschen sind vergeblich, denn es kann sein, dass alles, was sie aufbauen, schon bald wieder zerstört ist.

Begründung: Anhand mehrerer Beispiele wird in dem Gedicht aufgezeigt, dass nichts ewig hält und alles was jetzt ist, bald nicht mehr so sein wird. Gryphius schreibt z. B. von Städten, die irgendwann Wiesen sein werden (vgl. V. 3), oder von prächtig blühenden Blumen, die bald zertreten sein werden (vgl. V. 5).

150 Das Wort „eitel“ bedeutet im Gedicht …

☒ vergänglich.

151 ☒ Alles Bemühen ist vergeblich.

152 ☒ Was die Menschen tun, wird nicht dauerhaft bleiben.

153 Der lyrische Sprecher…

☒ spricht mit sich selbst.
☒ spricht sein Gegenüber an.
☒ spricht den Leser an.
☒ spricht alle Menschen an.

154

Heute	Morgen
Jemand baut ein Haus.	Der nächste reißt es wieder ein.
Es gibt eine Stadt.	Die Stadt liegt in Trümmern.
Dort blüht etwas.	Alle Blüten sind zertreten.
Man strengt sich an.	Alle Mühen sind umsonst.
Es geht einem sehr gut.	Es geht einem schlecht.
Jemand ist berühmt für große Taten.	Sein Ruhm gerät in Vergessenheit.
Wir halten etwas für wunderbar.	Es ist unwichtig.

155 Damit ist ein Mensch gemeint, …

☒ der oberflächlich ist.

156 ☒ Er seufzt.

157

Der lyrische Sprecher meint, …	trifft zu	trifft nicht zu
a die Menschen denken alle nur an ihr heutiges Leben.	☒	☐
b niemand denkt an die Ewigkeit.	☒	☐
c es wird wohl nie zu einem Umdenken kommen.	☐	☒
d eines Tages werden die Menschen umdenken.	☒	☐

158 Mit dem Ausrufezeichen drückt er Folgendes aus:

☒ Erstaunen

159 Dies ist die Kernaussage des Gedichts „Es ist alles eitel“ von Andreas Gryphius:

☒ Alles ist vergänglich.

160 ☒ Das Gedicht ist immer noch aktuell.

Begründung: Die Situation hat sich bis heute nicht wirklich geändert. Zwar leben wir seit Langem im Frieden, aber in vielen Regionen der Welt herrscht Krieg, und viele Menschen sind auf der Flucht. Auch unser Leben kann sich von einem Tag auf den anderen schlagartig ändern – etwa durch einen schweren Unfall – und ist damit „vergänglich“.

161

Sprachbild	Fachbegriff
Bei dem Erdbeben stürzten viele Gebäude ein wie Kartenhäuser.	**Bildhafter Vergleich**
Die Bauunternehmen hatten die Bauvorschriften auf die leichte Schulter genommen.	**Metapher**
Nun sah die Stadt aus, als hätte dort eine Bombe eingeschlagen.	**Bildhafter Vergleich**
Viele verließen die Region; ein Strom von Flüchtlingen ergoss sich über das Land.	**Metapher**
Ihnen saß von morgens bis abends die Angst im Nacken.	**Personifikation**
Später wagten die Menschen mit eisernem Willen einen Neuanfang.	**Metapher**
Sie waren wie besessen von dem Gedanken, ihre Stadt wieder aufzubauen.	**Bildhafter Vergleich**
Nach und nach gewann das Land wieder an Zuversicht.	**Personifikation**

162 *Bildhafter Vergleich:* Der hohen Taten Ruhm muss **wie** ein Traum vergehn. (V. 9)

Metapher: [...] Was ist alles dies, was wir für köstlich achten, Als schlechte Nichtigkeit, als Schatten, Staub und Wind; (V. 11–12)

Hinweis: Die Begriffe *Nichtigkeit*, *Schatten*, *Staub* und *Wind* sind hier Metaphern für die Endlichkeit des irdischen Lebens.

Personifikation: Jetzt lacht das Glück uns an, bald donnern die Beschwerden. (V. 8)

163

	Synonym
Streichholz	**Zündholz**
Apfelsine	**Orange**
reden	**sprechen**
beginnen	**anfangen**
Fahrstuhl	**Lift, Aufzug**
immer	**andauernd**
Cousin	**Vetter**

	Antonym
alt	**jung, neu**
heiß	**kalt**
Hass	**Liebe**
Armut	**Reichtum**
gewinnen	**verlieren**
Krieg	**Frieden**
leer	**voll**

164 bauen – einreißen, dieser – jener, heute – morgen, Glück – Beschwerden

165
- a *Richtfest:* ein Fest zur Errichtung eines Hauses → ein Ding
- b *Bauherr:* ein Herr, der ein Haus baut → eine Person
- c *feiern fröhlich:* Tätigkeit (feiern) und die Art und Weise, wie die Tätigkeit ausgeführt wird (fröhlich) → zwei „Dinge“
- d *Sonnenenergie:* Energie, die aus der Kraft der Sonne gewonnen wird → ein Ding

166
- a Verb + Verb
- b Nomen + Verb
- c Adjektiv + Verb
- d Verb + Verb

167
- a Zwei Jungen beschlossen, auf dem Gehweg Fußball **zu spielen/~~zuspielen~~**.
- b Es störte sich nicht, dass die Passanten sie aufforderten, damit **~~auf zu hören~~/aufzuhören**.
- c Sich machten sich einen Spaß daraus, die Fußgänger **zu ärgern/~~zuärgern~~**.

d Ein Radfahrer ermahnte sie, aus dem Weg **zu gehen/~~zugehen~~**.
e Sie dachten nicht daran, ihr Spiel **~~ein zu stellen~~/einzustellen**.
f Da stürzte der Radfahrer plötzlich **zu Boden/~~zuboden~~**.
g Nun erst sahen die Jungen, dass sie **zu weit/~~zuweit~~** gegangen waren.

168 *Mögliche Lösung:*
Hallo zusammen,
in letzter Zeit hört man immer öfter von Jugendlichen, die sich sinnlos betrinken. Erst gestern habe ich in den Nachrichten gehört, dass ein Mädchen ins Krankenhaus eingeliefert werden musste, weil es zu viel Alkohol getrunken hatte. Dass so etwas immer wieder vorkommt, liegt wahrscheinlich an den sogenannten „Flatrate-Partys“, die schon seit einiger Zeit in Mode sind. Es gibt Partys, auf denen jeder, der acht oder zehn Euro Eintritt bezahlt, so viel trinken darf, wie er will.
Aber wozu soll das gut sein? Was haben Jugendliche davon, wenn sie bis zur Bewusstlosigkeit Alkohol trinken? Mir kann niemand erzählen, dass es ein Vergnügen ist, so betrunken zu sein, dass man völlig die Kontrolle über sich verliert und am nächsten Tag mit Kopfschmerzen aufwacht.
Soll das eine Mutprobe sein? Oder wollen diese Jugendlichen zeigen, wie erwachsen sie sind? Vielleicht ist es ja auch ein Zeichen von Langeweile. Wer an solchen „Flatrate-Partys“ teilnimmt, weiß wahrscheinlich nichts mit sich anzufangen, und dann betrinkt er sich eben bis zur Bewusstlosigkeit.
Ehrlich gesagt: Warum jemand solche Mengen Alkohol trinkt, interessiert mich nicht sonderlich. Meiner Meinung nach ist es dumm und gefährlich. In Berlin ist ein Junge nach einem solchen Besäufnis sogar gestorben.
Lasst also besser die Finger davon! Wenn man hin und wieder einen Schluck trinkt, z. B. an Silvester, ist das ja in Ordnung. Aber regelmäßig eine Art Wetttrinken zu veranstalten, ist auf jeden Fall schädlich, und ich finde, niemand von uns sollte sich zu so etwas verleiten lassen.
Jedenfalls hoffe ich, dass diese Dummheit endlich aus der Mode kommt. Es gibt doch so viele schöne Dinge, die man unternehmen kann. Man braucht nur ein paar gute Ideen – und Freunde, die mitmachen. Packen wir es an!

(280 Wörter)

Kapitel 8: Das wohlbezahlte Gespenst

169 Eine Niederlage erleidet …

☒ ein Bauer, der neben dem Kirchhof einen Acker besitzt.

170 „[…] so musste das arme Gespenst die Schläge annehmen, wie sie fielen.“ (Z. 61)

171 *Eine mögliche Lehre könnte so lauten:*
Man sollte nicht zu unrechten Mitteln greifen, um sein Ziel zu erreichen, sonst kann es passieren, dass man dafür büßen muss.

172 **a** verständig (Z. 30), herzhaft (Z. 31), gut (Z. 44), handfest (Z. 66)

Hinweis: Das Adjektiv „ehrlich“ (Z. 36) gehört nicht dazu, denn es ist der Mann aus dem Nachbardorf, der diese Eigenschaft in Gedanken auf sich selbst bezieht. Gefragt war aber nach der Darstellung durch den Erzähler. Das Adjektiv „verfolgt“ (Z. 53) passt auch nicht, denn es bezieht sich auf die Aktivität des „Gespenstes“.

b Seine Persönlichkeit wirkt eher …

☒ positiv.

Begründung: „verständig“, „herzhaft“, „gut“ und „handfest“ sind positive Eigenschaften.

173

Recht ist es, dass …	Kein Recht ist es, wenn …
Wanderer den Weg benutzen.	sie bei schlechtem Wetter quer über den Acker laufen und dabei das Saatgut zerstören.

174 Der Fußweg wird „immer breiter“, wenn die Wanderer nicht auf, sondern neben dem Weg laufen. Dadurch wird der Acker „immer schmäler“, denn ein Teil davon wird zum Fußweg.

175 Der „unverständige Mensch“ ist ein Mensch, der nicht möchte, dass seine Schuhe nass und schmutzig werden und deshalb über den bepflanzten Acker geht, statt den Weg zu benutzen. Ob die Saat dadurch Schaden nimmt, interessiert ihn nicht.

176 Entweder er schlägt diejenigen, die über seinen Acker gehen, oder er nimmt ihnen etwas weg, damit sie den Schaden wiedergutmachen.

177 Er steckt dornige Äste und Zweige entlang der Grenze zwischen dem Acker und dem Fußweg in den Boden, um die Menschen am Betreten seines Ackers zu hindern.

178 Wer über den Acker gehen will, reißt die Äste und Zweige einfach heraus.

179 Eines Tages fängt es an, auf dem Kirchhof zu spuken. Eine weiß gekleidete Gestalt geht zwischen den Gräbern umher, und aus der Leichenhalle hört man seltsame Geräusche. Von da an gehen die Menschen nicht mehr durch den Gerstenacker.

180 Er sagt: „Wenn es ein Geist ist, dann brauche ich keine Angst zu haben, weil **ich ein ehrlicher Mann bin, der nichts Böses getan hat und der deshalb unter Gottes Schutz steht**.
Wenn es kein Geist ist, dann brauche ich auch keine Angst zu haben, weil **ich stark genug bin, um mich gegenüber einem Menschen zur Wehr zu setzen.**“

181 Als er über den Kirchhof geht, hört er hinter sich ein Ächzen und Stöhnen, und er sieht, dass sich hinter ihm eine weiße Gestalt erhebt und ihm folgt.

182 ☒ Er möchte dem „Gespenst“ nicht begegnen.

183 ☒ Das weiße Gewand behindert das „Gespenst“.

Begründung: Das weiße Gewand ist ein Bettlaken („Leintuch“, Z. 57); dieses hat sich das „Gespenst“ übergeworfen. Dadurch kann es nichts sehen und sich nicht richtig wehren (vgl. Z. 60).

184 Es verlässt den Kirchhof. Das ist ein Fehler, da Gespenster in der damaligen Vorstellung an einen bestimmten Ort gebunden sind.

185 Der Ackerbesitzer, der nachts so getan hat, als wäre er ein Gespenst, hat Angst davor, dass er sich wieder Prügel einhandelt, wenn er sich weiterhin nachts in einem weißen Gewand auf dem Kirchhof blicken lässt.

186 Er wünscht sich, dass es viele aufrechte Menschen gibt, die Betrügern eine Lehre erteilen, sodass sie mit dem Betrug aufhören.

187 Die Überschrift sagt aus, dass der Ackerbesitzer, der sich als Gespenst verkleidet hat, für seinen Betrug eine gerechte Strafe („Bezahlung“) erhalten hat.

188
- a Einem Bauern wurde der Acker zertrampelt, **deshalb** ärgerte er sich.
- b Der Weg war nass und unbegehbar, **folglich** gingen die Menschen einfach über den Acker.
- c Sie zertrampelten den Acker, **so** zerstörten sie das Saatgut.
- d Der Ackerbesitzer sah einen der Übeltäter, **dann** verpasste er ihm Ohrfeigen.
- e Die Wanderer wollten die Grobheiten des Bauern nicht über sich ergehen lassen, **darum** nahmen sie sich tagsüber in Acht.
- f Nachts wollte der Bauer in Ruhe schlafen, **deswegen** steckte er am Abend Dornenzweige in seinen Acker.

189

In einem Dorf ging ein Fußweg über den Kirchhof;	
anschließend führte er durch den Acker eines	Adverb
Mannes. **Wenn** der Ackerweg schlüpfrig war, gin-	Konjunktion
gen die Leute immer tiefer in den Acker hinein.	
Folglich zertraten sie dem Eigentümer die Saat,	Adverb
sodass der Weg immer breiter und der Acker	Konjunktion
immer schmäler wurde. **Schließlich** wusste der	Adverb
betroffene Bauer sich zu helfen. **Falls** jemand sei-	Konjunktion
nen Acker durchquerte, lief er schnell hinzu und	
verpasste ihm ein paar Ohrfeigen. Nachts wollte er	
aber schlafen; **deshalb** steckte er abends Dornen	Adverb
äste in den Boden. Er wollte den Wandernden ver-	
ständlich machen, wo der richtige Weg sei. **Aller-**	Adverb
dings wurden die Äste immer wieder niederge-	

rissen oder umgetreten. **Schließlich** kam dem	Adverb
Mann eine Idee: Er verwandelte sich einfach in ein	
Gespenst. **Danach** bekamen die Menschen es mit	Adverb
der Angst zu tun **und** sie wählten andere Wege,	Konjunktion
um nach Hause zu gelangen. **Als** sich einmal ein	Konjunktion
Mann aus einem Nachbardorf verspätet hatte,	
nahm er den kürzeren Weg. **Während** er über den	Konjunktion
Acker ging, wurde er von einer weißen Gestalt ver-	
folgt. **Weil** er merkte, **dass** das Gespenst nicht echt	Konjunktion (2 x)
war, verschaffte er sich mit seinen Fäusten Respekt.	
Seitdem ließ sich das Gespenst nie wieder blicken.	Adverb

190 Nachdem ein Mann aus einem Nachbardorf sich verspätet hatte, schlug er den kürzeren Weg über den Friedhof ein, weil er möglichst schnell zu Hause sein wollte. Bekannte hatten ihn jedoch zuvor gewarnt, indem sie ihm von dem Gespenst erzählt hatten. Aber der Mann ließ sich nicht einschüchtern und ging los. Da folgte ihm eine weiß gekleidete Gestalt und er bekam es mit der Angst zu tun. Als die Gestalt den Kirchhof verließ, hielt er sie nicht mehr für ein Gespenst und er verpasste dem Verfolger Schläge. Schließlich ließ die Gestalt von ihm ab, sodass der Mann problemlos nach Hause gelangte. Er hatte das Gespenst ein für alle Mal vertrieben, denn es ließ sich nie wieder blicken.

191

vorgegebene Wörter	verwandtes Wort
Gelächter	**lachen**
väterlich	**Vater**
Bestechung	**stechen**
belästigen	**Last**
bemerken	**merken**
Stärke	**stark**
Erlebnis	**leben**
entkräften	**Kraft**

192

Immer wieder **pflegten/pflekten (?)** Wanderer durch den Acker eines Bauern zu gehen.	pflegen → pflegten
Doch der Bauer **glaupte/glaubte (?)** zu wissen, wie er die Übeltäter loswerden könnte.	**glauben → glaubte**
Er benutzte seine **Feuste/Fäuste (?)** und verprügelte die dreisten Wanderer.	**Faust → Fäuste**
Bloß des Nachts wollte er den **Pfad/Pfat (?)** nicht bewachen.	**Pfade → Pfad**
Da steckte er dornige **Este/Äste (?)** in den Boden.	**Ast → Äste**
Aber diese Methode **schregte/schreckte (?)** die unliebsamen Besucher nicht.	**schrecken → schreckte**
Sie **beseitigten/beseitikten (?)** die Hindernisse einfach.	**beseitigen → beseitigten**

193 *Mögliche Lösungen:*

Nachricht: Falsches Gespenst gefasst

Einem Mann aus Ambach ist es vor zwei Tagen gelungen, das „Gespenst", das in der letzten Zeit auf dem Kirchhof von Niederau herumgegeistert war, mit ein paar Faustschlägen zu vertreiben. Bei dem „Gespenst" handelte es sich in Wirklichkeit um den Besitzer des an den Kirchhof angrenzenden Ackers. Er hatte sich nachts in ein weißes Tuch gehüllt, um ahnungslose Wanderer zu erschrecken und so am Betreten seines Ackers zu hindern. Nun ist das Rätsel um den nächtlichen Spuk gelöst. *(81 Wörter)*

Bericht: Rätsel um nächtlichen Spuk gelöst

Einem Mann aus Ambach ist es vor zwei Tagen gelungen, das „Gespenst", das seit einiger Zeit auf dem Kirchhof von Niederau herumgegeistert war, mit ein paar Faustschlagen zu vertreiben. Bei dem „Gespenst" handelte es sich in Wirklichkeit um den Besitzer des an den Kirchhof angrenzenden Ackers. Er hatte sich nachts in ein weißes Tuch gehüllt, um ahnungslose Wanderer zu erschrecken und so am Betreten seines Ackers zu hindern.

Der „Geisterbanner" war wegen einer Besorgung in Klarstadt gewesen und hatte sich verspätet. Um so schnell wie möglich wieder zu Hause zu sein, hatte er den kürzeren Weg über den Kirchhof gewählt. Obwohl er vor der Gefahr gewarnt worden war, die von dem nächtlichen Gespenst ausgehen könnte, wagte er es, die angeblich gefährliche Route einzuschlagen.

Kaum hatte er den Kirchhof betreten, merkte er, dass ihm eine weiße Gestalt folgte. Die Angst, die ihn daraufhin beschlich, überwand er, als er sah, dass das „Gespenst“ das Gelände des Kirchhofs verließ. Ihm war nun klar, dass es sich bei der weißen Gestalt um einen Menschen handeln musste. Entschlossen hieb er auf seinen Verfolger ein. Dieser zog sich bald darauf zurück.
Dass es sich bei dem „Gespenst“ in Wirklichkeit um den Besitzer des Gerstenackers handelte, stellte sich gestern heraus. Der Landwirt, der die ahnungslose Dorfbevölkerung wochenlang in Angst und Schrecken versetzt hat, weist überall im Gesicht blaue Flecken auf. Diese stammen eindeutig von den Faustschlägen, die er in der Nacht zuvor einstecken musste.
Seither herrscht wieder Ruhe auf dem Friedhof. Das Rätsel um den nächtlichen Spuk ist gelöst. *(257 Wörter)*

Kapitel 9: Der Totentanz

194

Merkmal	trifft zu	trifft nicht zu
a Der Text ist als Gedicht gestaltet.	☒	☐
b Der Text erzählt eine Geschichte.	☒	☐
c Der Text enthält wörtliche Rede.	☒	☐

Hinweis: Wörtliche Rede (sie ist nicht durch Anführungszeichen gekennzeichnet) findest du in Vers 21.

195 Es überwiegen …

☒ helle Vokale.

☒ harte Konsonanten.

Hinweis: In der ersten Strophe überwiegen noch die dunklen Vokale und weichen Konsonanten. Wenn du dir aber das ganze Gedicht ansiehst, wirst du insgesamt viel mehr helle Vokale und harte Konsonanten finden.

196 Durch den Klang der Wörter wirkt der Text eher …

☒ keck und fröhlich.

197 Er dauert …

☒ weniger als eine Stunde.

Hinweis: Der Tanz findet zur Geisterstunde statt, also zwischen Mitternacht und ein Uhr. Doch um Mitternacht verlassen die Toten erst nach und nach ihre Gräber, und ehe sie zu tanzen beginnen, lassen sie erst ihre Totengewänder fallen. Als die Turmuhr eins schlägt, sind die Toten schon wieder in ihre Gräber zurückgekehrt. Deshalb dauert der Tanz etwas weniger als eine Stunde.

198 ein Uhr

199 Der Mond scheint hell.

200 Die Gräber liegen …

☒ geordnet nebeneinander.

201 ☒ Sie sind so lang wie eine Schleppe.

202 Gemeint ist …

☒ die Gruppe der Toten.

203 ☒ Sie haben einen Kreis gebildet.

204 **a** arm, jung, alt, reich

b ☒ Die Toten waren zu ihren Lebzeiten unterschiedliche Menschen.

205 Die Totenhemden behindern sie beim Tanzen.
Weil sie tot sind, schämen sie sich nicht mehr, wenn sie nichts anhaben.

206 Der Schalk ist …

☒ eine innere Stimme des Türmers.

207 Er fordert ihn auf, …

☒ den Toten eines ihrer Totenhemden wegzunehmen.

208 ☒ Die Toten sind ihm nicht geheuer.

209 Die Toten verschwinden wieder bekleidet in ihren Gräbern.

210 **a** Es ist …

☒ der Tote, dem der Türmer das Hemd weggenommen hat.

b ☒ Er sucht sein Hemd.

211 **a** Er ahnt, dass sein Totenhemd dort ist.

b Es heißt: „Der Türmer erbleichet, der Türmer erbebt […].“ (V. 43)

212 Die Geisterstunde ist zu Ende. Das Gespenst kann sich nicht mehr an den Zinnen des Kirchturms halten, weil es um ein Uhr erstarrt.

213

heutiges deutsches Wort	ursprüngliche Sprache(n)
a Sofa	**Arabisch**
b Kopf	**Latein**
c Gardine	**Latein (danach Französisch)**
d Tomate	**Nahuatl (Sprache der Azteken in Mexiko; danach Spanisch, dann Französisch)**
e Mode	**Latein (danach Französisch)**
f Kirche	**Griechisch**

214

Infinitiv	Präteritum	Konjunktiv II
sitzen	er *saß*	er *saße*
wissen	ich **wusste**	ich **wüsste**
können	du **konntest**	du **könntest**
denken	ihr **dachtet**	ihr **dächtet**
schlafen	du **schliefst**	du **schliefest**
haben	ihr **hattet**	ihr **hättet**
fahren	er **fuhr**	er **führe**
werden	ich **wurde**	ich **würde**

215 *Mögliche Lösungen:*
Ich führe jeden Tag mit dem Taxi zur Schule.
Ich würde meine Eltern zu einer Kreuzfahrt einladen.
Ich würde eine tolle Party feiern.
Ich ginge jedes Wochenende ins Kino.
Ich hielte mir einen Diener, der mein Zimmer aufräumt.
Ich ließe mir für den Schulbesuch ein Gehalt zahlen.

216 **t → th:** Mythos, Pathos, Prothese, Rhythmus, Thema, These, Theater

f → ph: Atmosphäre, Phänomen, Phantom, Phase, Philosophie, Physik, Xylophon

k → qu: Mannequin

ö → eu: Chauffeur, Friseurin, Ingenieur, Jongleur, Malheur, Redakteur

e → ai: E-Mail, fair

i → ea: Beamer, Beat, Jeans, Leasing

sch → g: Blamage, Genie, Girokonto, Ingenieur, Manege, Montage

217 **Aggression:** aggressiv, Aggressivität, Aggressor
Interesse: interessant, (sich) interessieren, Interessent

218 *Dein Hauptteil der Schilderung des Türmers könnte ungefähr so aussehen:*
Nach und nach öffnen sich die Gräber, und die Toten steigen heraus. Vorsichtig fangen sie an, ihre morschen Knochen zu rühren, erst langsam, dann immer schneller. Anscheinend fühlen sie sich aber durch ihre langen Totenhemden behindert, denn nach einiger Zeit werfen alle ihre Laken von sich. Jetzt geht es richtig los: Die Toten bilden einen Kreis, fassen sich bei ihren knöchernen Händen und tanzen Ringelreihen. Dabei stoßen sie mit ihren dürren weißen Gebeinen aneinander, sodass ganz merkwürdige Geräusche ertönen.
Ich finde das so lustig, dass mich der Übermut packt. „Wie wär's, wenn ich einer der Gestalten das Hemd raube?", frage ich mich. Gedacht, getan! Ich laufe nach unten, schnappe mir eines der Hemden, die neben dem Kirchturm verstreut auf dem Rasen liegen, und eile wieder hinauf in mein Turmzimmer.
Doch plötzlich geschieht etwas, das mir das Blut in den Adern gefrieren lässt. Ab einem bestimmten Zeitpunkt werfen die Toten ihre Hemden wieder über und ziehen sich in ihre Gräber zurück. Nur einer bleibt draußen und irrt auf dem Kirchhof umher; er sucht wohl nach seinem Hemd. Anscheinend ahnt er, dass es oben bei mir im Turmzimmer liegt, denn er wankt zum Kirchtor, fängt an, daran zu rütteln, bekommt es aber nicht auf. Das liegt bestimmt an den heiligen Kreuzen, mit denen sie verziert sind. Doch das Gerippe gibt nicht auf. Nun steigt es, Zinne für Zinne, von außen am Turm hoch. Von oben sieht es aus, als würde ein langbeiniges, weißes Spinnentier an den Mauern hochklettern.
Jetzt kriege ich es doch mit der Angst zu tun! „Was passiert, wenn er in mein Zimmer kommt?", denke ich. Wie gerne wäre ich das Hemd wieder los! Immer näher kommt das Gerippe. „Gleich hat deine letzte Stunde geschlagen!", denke ich. Vor Angst schlotternd öffne ich ein Fenster, um der Gestalt ihr Hemd zu reichen. Schon schnappt sie danach, doch kurz darauf hängt es an einer Zinne fest und reißt ein. In dem Moment gibt die Kirchturmuhr einen einzigen, aber mächtigen Schlag von sich: Das Gerippe erstarrt, lässt sein Laken los und stürzt in die Tiefe, wo es in tausend Stücke zerschellt. *(348 Wörter)*

Kapitel 10: Siegfrieds Kampf mit dem Drachen

219 *Mögliche Beispiele:*
Siegfried trifft auf einen Drachen, der Feuer speien kann.
Er reißt einen ganzen Wald aus und wirft damit nach dem Drachen.
Er badet im heißen Fett des Drachen und wird dadurch unverwundbar.
Ein kleiner Lindenbaum will sich rächen.

220 Er ist unglaublich stark.

221
- **a** Er ist gehorsam.
- **b** Er ist verspielt. (*Auch möglich:* Er ist naiv.)
- **c** Er ist unglaublich stark.
- **d** Er hat eine schnelle Auffassungsgabe. (*Oder:* Er ist intelligent.)

222

a Wichtige Textstellen:	**b Kommentare:**
Als Siegfried in die Schlucht ging, rief er, wie ihm aufgetragen wurde, nach dem Köhler.	gehorsam
Aber er bekam keine Antwort, und er rief noch einmal.	gibt nicht gleich auf
Da hörte er hinter sich ein Kratzen, und als er sich umdrehte, sah er den Drachen, den Lindwurm.	den: dort bekannt
Der Drache warf einen Stein nach ihm. Verfehlte ihn.	ungeschickt
„Ah!“, rief Siegfried. „Einer, der spielen will!“	naiv
Siegfried wusste nicht, was das für ein Wesen war,	kennt sich nicht aus
das da Steine nach ihm warf. Er ging davon aus, dass ihm der Drache nichts Böses antun wollte.	naiv
Er wich den Steinen aus, glaubte, es sei ein Spiel,	naiv!
riss einen Baum aus, einen kleinen Baum, warf den Baum nach dem Drachen.	stark
„Hier, versuch doch, ihn zu fangen!“	verspielt, naiv
Dann warf der Drache wieder einen Stein nach ihm, und nun schnaubte er wütend.	gefährlich, schnell wütend
„Gut“, rief Siegfried, „wenn es dir nicht passt, dass ich Bäume werfe, dann lass ich es.	gutmütig
Aber du wirf dann bitte auch keine Steine!“	naiv
Der Drache schnaubte noch zorniger, und er warf noch einen Felsbrocken nach Siegfried. Und Siegfried riss noch einen Baum aus.	sehr gefährlich!

Text	Randnotiz
So ging das hin und her. Bald hatte Siegfried einen kleinen Wald ausgerissen. Er war schneller und stärker als der Drache. Schließlich war der Drache ganz zugedeckt mit Bäumen.	sinnloses Tun dem Drachen überlegen
„Lassen wir es genug sein“, sagte Siegfried.	naiv, gutmütig
Aber der Drache besann sich seiner schlimmsten, seiner gefährlichsten Waffe: Er konnte Feuer speien. Er wollte seinen Feueratem über seinen Gegner hauchen.	gefährlich will Siegfried vernichten
[...] und er wollte sich befreien, und wer weiß, vielleicht hätte er es auch geschafft.	Drache auch sehr stark, gefährlich
Da sagte Siegfried: „Ja, nun gut. Wenn du mir Böses willst, ich kann das auch.“	fühlt sich nicht in ernster Gefahr → naiv
Er griff in seine Tasche und holte das feine Netz heraus, das er in monatelanger Arbeit beim Schmied Mime geschmiedet hatte.	geduldig, fleißig
„Das“, sagte er sich, „will ich nun ausprobieren!“	sieht darin ein Experiment
[...] Da geschah etwas Merkwürdiges, etwas Unglaubliches: Siegfried schlief ein.	müde, nicht heldenhaft
[...] Siegfried war ein blonder Typ, [...].	blond
[...] Als das Fett an seiner Hand abgekühlt war, da sah er, dass er so etwas wie eine zweite Haut bekommen hatte. Und diese Haut ließ sich nicht durchstoßen. Er zog seinen Dolch und versuchte, seine Hand zu ritzen. Es gelang nicht.	aufmerksam überprüft seine Beobachtungen
Da schaltete Siegfried sehr schnell! Er sagte zu sich: „Das ist eine einmalige Gelegenheit. Es wird ein paar Minuten lang wehtun, dafür werde ich ein Leben lang keine Schmerzen mehr haben!“	intelligent mutig beherzt
Er leitete das Drachenfett in eine Mulde, wartete, bis es einigermaßen erträglich in der Temperatur war, zog seine Kleider aus und wälzte sich darin.	geht gezielt/planmäßig vor
Er war unverwundbar geworden! Von nun an wurde er auch der „gehörnte Siegfried“ genannt. [...]	nicht mehr zu besiegen überall bekannt, berühmt
Wo das Blatt auf Siegfrieds Rücken gelegen hatte, war die einzige Stelle, an der er verwundbar blieb.	verwundbar nur an einer kleinen Stelle

c **Eigenschaften Siegfrieds:** gehorsam, fleißig, geduldig, stark, dem Drachen überlegen, intelligent, aber naiv, gutmütig, verspielt, mutig, beherzt, am Ende fast unverwundbar, berühmt
Eigenschaften des Drachen: kann Feuer speien, groß und stark, gefährlich, gerät leicht in Wut, nicht geschickt

223 Mit dem bestimmten Artikel wird ausgedrückt, dass …

☒ die Menschen in der Gegend von dem Drachen wissen.

224 Der Drache wirft einen Stein nach ihm.

225

Textstelle	Erklärung
„Er ging davon aus, dass ihm der Drache nichts Böses antun wollte.“ (Z. 8)	Es ist naiv, wenn Siegfried glaubt, dass dieses Ungeheuer bloß mit ihm spielen will. Immerhin wirft der Drache mit Felsbrocken nach ihm.

226 Der Drache wirft zunächst mit Steinen nach Siegfried, dann fängt er an, mit Felsbrocken nach ihm zu werfen. Dabei schnaubt er wütend. Schließlich beginnt er, Feuer zu speien.

227 ☒ Der Drache ist dumm.

Hinweis: Der Drache ist dumm, sonst wüsste er, dass die Bäume, die auf ihm liegen, zu brennen anfangen, wenn er Feuer speit. Seine Dummheit wird ihm zum Verhängnis – und sie ist Siegfrieds Glück.

228 Es ist nicht glaubhaft, dass ein einzelner Mann in Windeseile einen ganzen Wald von Bäumen ausreißen kann. Das ist auf jeden Fall übertrieben dargestellt.

229 „[…] er wollte sich befreien, und wer weiß, vielleicht hätte er es auch geschafft.“ (Z. 26 f.)

Hinweis: Der Erzähler hält es also für möglich, dass der Drache stark genug ist, um einen ganzen „Wald von Bäumen“, der auf ihm liegt, abzuwerfen.

230 Das Netz ist …

☒ aus Metallschlingen geschmiedet.

Begründung: Es muss aus Metall sein, sonst wäre es verbrannt. Außerdem hat Siegfried dieses Netz bei dem Schmied geschmiedet (vgl. Z. 30 f.).

231 *Adjektiv:* fein
Erklärung, warum es seltsam erscheint: Es erscheint seltsam, dass es dem großen, starken Drachen nicht gelingt, ein feines Netz zu zerreißen.

232 Er will ausprobieren, ob das Netz stark genug ist, um den Drachen festzuhalten, d. h., er will die Stärke des Netzes testen.

233 Der Erzähler meint, Siegfried habe, nachdem alle Bäume von ihm ausgerissen worden seien, einen Sonnenstich erlitten, das Bewusstsein verloren und sei eingeschlafen.

234 Siegfried wacht auf, als das heiße Fett, das aus dem Drachen quillt, auf seine Hand fließt.

235 Siegfried will das Fett, das auf seine Hand geflossen ist, wieder entfernen. Dann stellt er fest, dass das nicht möglich ist. Er kann es nicht einmal mit dem Dolch einzuritzen. Daraus schließt er, dass das Fett wie ein Schutzpanzer für ihn werden könnte, wenn er darin baden würde.

236 Ein Lindenblatt hat sich auf Siegfrieds Schulter gelegt, sodass das Drachenfett nicht an die vom Blatt bedeckte Stelle gelangen konnte; daher fehlt ihm an dieser Stelle der Schutzpanzer.

237 Er hat einen ganzen Wald von Linden ausgerissen („getötet“, Z. 62). Deshalb rächt sich eine kleine Linde für ihre „Brüder und Schwestern“ (Z. 61), indem sie ein Blatt auf ihn fallen lässt. Das wird ihm später zum Verhängnis.

238 **a** Siegfried wehrte sich nicht dagegen, als …
Fachbegriff: Reflexivpronomen
[X] Stellvertreter [ ] Begleiter

b Als er zur Erziehung zu einem Schmied geschickt wurde, …
Fachbegriff: Personalpronomen
[X] Stellvertreter [ ] Begleiter

c Eines Tages sollte er zu einem Köhler gehen.
Fachbegriff: Personalpronomen
[X] Stellvertreter [ ] Begleiter

d Dieser reagierte aber nicht, nachdem …
Fachbegriff: Demonstrativpronomen
☒ Stellvertreter ☐ Begleiter

e Stattdessen tauchte ein Drache auf, der Siegfried gefährlich wurde.
Fachbegriff: Relativpronomen
☒ Stellvertreter ☐ Begleiter

f Der Held wusste nicht um die Gefahr, die von dem Drachen ausging.
Fachbegriff: Relativpronomen
☒ Stellvertreter ☐ Begleiter

g Siegfried schätzte dieses Untier zunächst falsch ein.
Fachbegriff: Demonstrativpronomen
☐ Stellvertreter ☒ Begleiter

239 *Siegfried konnte das Fett des Drachen nicht wieder von seiner Hand entfernen. Das wunderte ihn. Deshalb nahm er seinen Dolch und versuchte, die Fettschicht einzuritzen. Aber auch das klappte nicht. Da begriff er, dass er unverwundbar werden würde, wenn er mit seinem ganzen Körper im Fett des Drachen baden würde. Also leitete er die ölige Flüssigkeit in eine Mulde und nahm in dieser ein Bad. Doch ein Lindenblatt flog auf seine Schulter. Dieses bedeckte eine kleine Stelle auf seinem Körper. Dorthin konnte das Fett nicht gelangen. Das merkte Siegfried aber nicht. Ihm war also nicht klar, dass er doch noch verwundet werden konnte. Aber andere Helden wussten das.*

240 **a** Siegfried hatte bei dem Schmied, zu dem ihn sein Vater in die Lehre geschickt hatte, schon eine Weile gearbeitet.
b Eines Tages schickten ihn seine Kollegen, die nicht gut auf ihn zu sprechen waren, in eine Schlucht.
c Angeblich gab es dort einen Köhler, bei dem er Holzkohle holen sollte.
d Doch als Siegfried nach dem Köhler rief, erhielt er keine Antwort, was ihn sehr wunderte.

241 **a** Durch das Fett, **das** Siegfried auf seiner Haut hatte, hätte er ganz und gar unverwundbar werden können.
Ersatzprobe: Durch das Fett, **welches** Siegfried auf seiner Haut hatte, …
→ **möglich**, also Relativpronomen **das**

b Ein Lindenblatt, **das** von einem Baum herabfiel, legte sich auf seine Schulter. *Ersatzprobe:* Ein Lindenblatt, **welches** von einem Baum herabfiel, … → **möglich**, also Relativpronomen **das**

c Siegfried wusste nicht, **dass** ein kleines Blatt auf seiner Schulter lag. *Ersatzprobe:* Siegfried wusste nicht, **welches/dieses** ein kleines Blatt … → **nicht möglich**, also Konjunktion **dass**

d Er hoffte, **dass** ihn das Drachenfett künftig vor Verletzungen bewahren würde. *Ersatzprobe:* Er hoffte, **welches/dieses** ihn das Drachenfett … → **nicht möglich**, also Konjunktion **dass**

e Er hatte es schon erlebt, **dass** er durch eine Verletzung große Schmerzen erleiden musste. *Ersatzprobe:* Er hatte es schon erlebt, **welches/dieses** er durch eine Verletzung große Schmerzen … → **nicht möglich**, also Konjunktion **dass**

242 **a** Der Köhler antwortete nicht, als Siegfried nach ihm rief. Dies ✓ → **Das** wunderte ihn.

b Er rief noch einmal. ~~Dieses~~ → **Dass** er jetzt nur ein merkwürdiges Kratzen hörte, fand er seltsam.

c Er drehte sich um und sah einen Drachen. Dies ✓ → **Das** erstaunte ihn.

d Der Drache warf mit einem Stein nach ihm. Dies ✓ → **Das** hielt Siegfried für ein Spiel.

e Daraufhin warf er mit Bäumen nach dem Untier. ~~Dies~~ → **Dass** der Drache wütend schnaubte, beachtete er nicht.

243 **a** Die Geschichte von Siegfrieds Kampf mit dem Drachen, die im „Nibelungenlied“ erzählt wird, klingt sehr unglaubwürdig.

b Ein junger Mann, der einen ganzen Wald von Bäumen ausreißt, muss über unglaubliche Kräfte verfügen.

c Und ein Drache, der mit Steinen wirft, ist auch unvorstellbar.

d Allerdings ist so ein Heldenepos, das sich die Menschen vor langer Zeit erzählten, immer ein wenig fantastisch.

e Der Leser, der eine solche Geschichte liest, hält die Handlung ja auch nicht für wahr.

f Er versteht, dass diese Abenteuer ausgedacht sind, und liest solche Texte nur zur Unterhaltung.

244 *Mögliche Lösung:*
Es war einmal ein junger Königssohn, der hatte gewaltige Kräfte. Weil er diese Kräfte aber manchmal allzu ungestüm einsetzte, machten sich seine Eltern Sorgen um ihn und gaben ihn zu einem Schmied in die Lehre. Sie hofften, dass er von dem erfahrenen Handwerker die nötige Erziehung erhalten würde.
Eines Tages schickten die anderen Lehrlinge Siegfried in den Wald zu einem Köhler, um Holzkohle zu holen. Nachdem er sieben Stunden gewandert war, erreichte er endlich den Wald. Dreimal rief er nach dem Köhler, erhielt jedoch keine Antwort. Nach einer Weile vernahm er hinter sich ein seltsames Kratzen. Er drehte sich um, und da sah er ein großes Ungeheuer, den Drachen. Dieser schnaubte und warf Steine nach Siegfried, doch sie verfehlten ihr Ziel.
Siegfried glaubte, dass das große Tier nur mit ihm spielen wolle. So griff er nach einem Baum, riss ihn aus der Erde und warf ihn zu dem Drachen hin. Danach entwurzelte er einen zweiten und einen dritten Baum, um ihn auf das Ungeheuer zu werfen. Nach einer Weile war der Drache ganz und gar unter einem Wald von Bäumen begraben.
Das Untier bäumte sich auf und wollte sich befreien. Als ihm das nicht gleich gelang, wurde es so zornig, dass es Siegfried töten wollte. Deshalb setzte es seine stärkste Waffe ein: den Feueratem. Den hauchte es gegen den Königssohn. Dabei fingen die Linden, unter denen der Drache begraben lag, Feuer und bald brannten alle Bäume. Nun erinnerte sich Siegfried an das feine, metallene Netz, das er beim Schmied geflochten hatte. Er nahm es aus seiner Tasche und warf es über den Drachen. Da war das Ungeheuer in dem Netz gefangen und musste jämmerlich verbrennen. Inzwischen war es Mittag geworden, und die Sonne brannte heiß vom Himmel. Und weil es keine Bäume mehr gab, die Schatten spenden konnten, wurde Siegfried müde und schlief ein.
Durch einen heißen Schmerz an seiner Hand erwachte der Held. Er betrachtete die Hand und sah, dass sie ganz von dem heißem Fett, das aus dem Drachen lief, bedeckt war. So sehr er sich auch bemühte, das Fett abzuwischen, es gelang ihm nicht. Als er schließlich vergeblich versuchte, es mit einem Dolch zu entfernen, begriff Siegfried, dass das Fett des Drachens wie ein Schutzpanzer war. Er beschloss, seinen ganzen Körper darin zu baden. Also leitete er das Fett in eine Mulde, wartete, bis es ein wenig abgekühlt war, und nahm dann ein Bad darin. Und hätte sich beim Baden nicht ein Lindenblatt auf seine Schulter gelegt, wäre er völlig unverwundbar geworden. So aber gab es eine kleine Stelle, an der ihn ein Feind verletzen konnte. Siegfried jedoch wusste nichts davon und ging fröhlich heim auf den Hof seiner Eltern. Bald darauf nahm er eine Prinzessin zur Frau und feierte glücklich und ausgelassen Hochzeit. Und wenn sie nicht durch einen Hinterhalt gestorben sind, so leben sie noch heute. *(471 Wörter)*

Test

1 Es handelt sich um einen Sachtext.

2 Das Klima auf der Erde verändert sich, denn es wird immer wärmer.

3 [X] Kurvendiagramm

4
a **Ursachen des Klimawandels:** Zeile **1** bis Zeile **22**
b **Folgen des Klimawandels:** Zeile **23** bis Zeile **54**
c **Ausblick in die Zukunft:** Zeile **55** bis Zeile **65**

5
1. Das Eis schmilzt; es gibt immer weniger Eis.
   Beispiel: In den Alpen schmelzen die Gletscher.
2. Tiere verlieren ihren Lebensraum und müssen umsiedeln.
   Beispiel: Die Killerwale ziehen höher in den Norden.
3. Es wird in Zukunft mehr extreme Wetterereignisse geben.
   Beispiel: Es wird Stürme, Überschwemmungen und extreme Dürren geben.

Für jede richtige Antwort und jedes Beispiel bekommst du jeweils 1 Punkt.

6 [X] Klimaschwankungen hat es schon immer gegeben.

7 Die Kurve zeigt für das 20. und beginnende 21. Jahrhundert immer wieder Temperaturschwankungen. Beispielsweise war in den Dreißigerjahren in einem Jahr die Durchschnittstemperatur merklich höher als in den meisten Jahren vorher und nachher (deutlich über 9 °Celsius). Und im Jahr 1940 lag die Durchschnittstemperatur plötzlich wesentlich tiefer als in den Jahren vorher (unter 7 °Celsius), aber in den Jahren danach stieg sie wieder (auf 8 bis 9 °Celsius).

8 Der Temperaturanstieg beträgt …

[X] etwa 1 Grad Celsius.

9 Die Forscher nehmen an, dass der Temperaturanstieg …

[X] größer sein wird als in den letzten hundert Jahren.

10 Seitdem die Menschen immer mehr **Energie** verbrauchen, gelangt auch immer mehr **Kohlendioxid** in die Atmosphäre. Dadurch verstärkt sich der **Treibhauseffekt** enorm, was zum Klimawandel führt.

11 *In das Schaubild solltest du Folgendes eingetragen haben:*
links: **Glas** – rechts: **Gase**

12 ☒ hindurchlassen

13 Ohne den Treibhauseffekt wären die Temperaturen …
☒ niedriger.

14 Durch den Treibhauseffekt wird es immer wärmer auf der Erde. Dadurch schmilzt in den kalten Regionen das Eis. Das führt dazu, dass der Meeresspiegel ansteigt.

15 Der Treibhauseffekt wird durch den hohen Energieverbrauch der Menschen verursacht. (*Oder:* Der Treibhauseffekt wird dadurch verursacht, dass immer mehr Kohlendioxid in die Atmosphäre gelangt.)

16 Je mehr Waldflächen abgeholzt werden, umso weniger Bäume gibt es, die Kohlendioxid aufnehmen können. Dadurch steigt der Kohlendioxidgehalt in der Atmosphäre an, und der Treibhauseffekt verstärkt sich.

17 ☒ Alpen
☒ Nord- und Südpol

18

Sie wandern im Sommer bis vor die englische Küste.	Killerwale (Orkas)
Aufgrund der Eisschmelze ziehen sie weit in den Norden.	Eisbären
Sie verlieren ihren natürlichen Lebensraum, das Packeis.	Mondfische

19

Temperatur steigt an	⇒	Eis schmilzt	⇒	Meeresspiegel steigt an	⇒	Überflutungen, Land geht verloren

Für jede richtig eingetragene Folge bekommst du 1 Punkt.

20 Wassermangel, Ausbreitung von Infektionskrankheiten

21 ☒ Nein, der Anstieg der Erderwärmung lässt sich nicht mehr aufhalten.

Begründung: Er lässt sich nur etwas abbremsen, nicht aufhalten, denn Kohlendioxid kann bis zu 200 Jahre in der Erdatmosphäre bleiben.

Für das richtige Kreuz und die Begründung bekommst du je 1 Punkt.

22 Es kommt darauf an, dass der Temperaturanstieg abgebremst wird. Wenn die Temperatur um nicht mehr als zwei Grad steigt, lässt sich das Schlimmste verhindern. Das kann gelingen, wenn weniger Kohlendioxid ausgestoßen wird.

23 Nomen: **Klima, Mensch, Veränderung ✱**
Verben: **ablösen, betrachten, schmelzen ✱**
Adjektive: **eisfrei, neu, schnell, verantwortlich, warm, wichtig ✱**
Adverbien: **immer, jedoch, nie**
Artikel: **die, eine ✱**
Konjunktionen: **dass, falls, wie**
Präpositionen: **an, auf, für, in, ohne, vor**
Pronomen: **es, man, unser ✱**

Für jedes richtig zugeordnete Wort und jedes richtig gesetzte **✱** *bekommst du 0,5 Punkte.*

24

a Das Erdklima | macht | den Fachleuten | große Sorgen.
S P O O

b Die Temperaturen | sind | nach und nach | immer mehr | angestiegen.
S P_1 AT AM P_2

c Der Mensch | hat | den Klimawandel | verschuldet.
S P_1 O P_2

Für jedes richtig zugeordnete Satzglied bekommst du 0,5 Punkte.

25 *Mögliche Lösungen:*
- **a** Es wird wärmer **auf der Erde**.
- **b** **Seit einiger Zeit** steigt der Meeresspiegel.
- **c** Es kommt **häufig** zu Unwettern.
- **d** **Infolge des Klimawandels** werden Infektionskrankheiten zunehmen.
- **e** Der Klimawandel kann sich **unter Umständen** verlangsamen.

26
- **a** Es ist bekannt, **dass** sich das Klima auf der Erde verändert.
- **b** **Weil** die Temperaturen ansteigen, schmelzen die Gletscher in den Alpen. *Oder:* Die Temperaturen steigen an **und** die Gletscher in den Alpen schmelzen.
- **c** Ohne den Treibhauseffekt wäre Leben auf der Erde nicht möglich, **weil** die Durchschnittstemperatur dann weit unter null Grad Celsius liegen würde. *Oder:* Ohne den Treibhauseffekt wäre Leben auf der Erde nicht möglich, **denn** die Durchschnittstemperatur würde dann weit unter null Grad Celsius liegen.
- **d** **Wenn** die Menschen weiter ungebremst Kohlendioxid in die Atmosphäre ausstoßen, können die Temperaturen um mehr als vier Grad ansteigen.
- **e** **Auch wenn** der Klimawandel nicht mehr aufzuhalten ist, kann er abgemildert werden. *Oder:* Der Klimawandel ist nicht mehr aufzuhalten, **aber** er kann abgemildert werden.

27 *Bei diesen Sätzen wird der Zusammenhang zum vorher Gesagten durch Adverbien deutlich gemacht:*

Dort gibt es immer weniger Eis. (Z. 33)

Dennoch ist die Lage nicht hoffnungslos. (Z. 61)

28 **Eine Satzreihe** besteht nur aus aneinandergereihten Hauptsätzen. **Ein Satzgefüge** besteht aus Haupt- und **Nebensätzen**, die miteinander **verknüpft** sind.

29
- **a** Die meisten Forscher sagen, dass die Temperatur weiter ansteigen werde.
- **b** Einige Menschen meinen, dass es sich bloß um Panikmache handle.
- **c** Viele Bürger sind aber der Meinung, dass man dringend etwas gegen den Klimawandel unternehmen müsse.

30
- **a** Jens sagt, er mache sich Sorgen um die Zukunft.
- **b** Sein Vater meint, das könne er verstehen.
- **c** Seine Mutter denkt, die Prognosen seien vielleicht übertrieben.

31 a Es **würde** immer wärmer auf der Erde. (*Oder*: Es **würde** immer wärmer **werden** auf der Erde.)

b Die Gletscher **schmölzen.** → Der Konjunktiv II „schmölzen" ist hier möglich, klingt aber sehr ungewohnt, deshalb bietet sich eine Umschreibung mit *würde* an: Die Gletscher **würden schmelzen**.

c Der Meeresspiegel **stiege an**.

d Das Meer **überflutete** ganze Landstriche. → Der Konjunktiv II „überflutete" entspricht der Präteritumform, daher eignet sich hier eine Umschreibung mit *würde*: Das Meer **würde** ganze Landstriche **überfluten**.

e Tiere und Menschen **verlören** ihren Lebensraum (*oder*: **würden** ihren Lebensraum **verlieren**).

32 a Der natürliche Treibhauseffekt ist etwas **Gutes**. → **Nominalisierung des Adjektivs „gut" durch den Begleiter „etwas"**

b Der steigende Energieverbrauch verstärkt den Treibhauseffekt um ein **Vielfaches.** → **Nominalisierung des Adjektivs „vielfach" durch einen Artikel**

c Das **Schmelzen** der Eisflächen führt zu einer Erhöhung des Meeresspiegels. → **Nominalisierung des Verbs „schmelzen" durch einen Artikel**

d Viele Felsen brechen ab und geraten ins **Rutschen**. → **Nominalisierung des Verbs „rutschen" durch einen Artikel, der mit der Präposition „in" verschmolzen ist**

33 a **eisfrei:** Das Grundwort ist ein **Adjektiv**.

b **Packeis:** Das Grundwort ist ein **Nomen**.

c **weltweit:** Das Grundwort ist ein **Adjektiv**.

d **Weltraum:** Das Grundwort ist ein **Nomen**.

34 Inzwischen haben die Menschen begriffen, dass sie etwas gegen den drohenden Klimawandel unternehmen müssen. Wenn sie den Energieverbrauch nicht senken, wird die Temperatur weiter ansteigen. Eine Zunahme der Durchschnittstemperaturen wird zu einem Anstieg des Meeresspiegels führen. Ganze Landstriche könnten dann im Meer versinken. Andere Gebiete, die heute blühende Landschaften sind, verwandeln sich vielleicht in Wüsten. Die Lage ist zwar ernst, aber nicht hoffnungslos. Noch ist es nicht zu spät, noch kann etwas unternommen werden.

Für jedes Wort, das du richtig großgeschrieben hast, bekommst du 0,5 Punkte. Für jedes richtig gesetzte Komma 1 Punkt.

35

a	in Ansätzen	Ansatz
b	Betrieb	Betriebe
c	Veränderung	anders
d	unvermeidbar	vermeiden
e	Wärme	warm
f	beherrschbar	Herr
g	Treibhaus	treiben

Für jede richtige Lösung bekommst du 0,5 Punkte.

36

Das ~~Macht~~ die Gewohnheit …	macht
Obwohl seit mehreren Jahren bekannt ist, ~~das~~ uns	dass
eine Klimakatastrophe drot, sind nur wenige Men-	droht
schen bereit, auf die ~~gewonten~~ ~~Anehmlichkeiten~~	gewohnten Annehmlichkeiten
zu verzichten. Das ~~betrift~~ vor allem die Autofah-	betrifft
rer. Jeden ~~morgen~~ steigen sie in ihre Autos, weil	Morgen
sie zum ~~Arbeits Platz~~ gelangen müssen. Dabei	Arbeitsplatz
kommt es ~~regelmeßig~~ zu Staus auf den Straßen.	regelmäßig
Das ~~erstaunliche~~ ist, dass in den meisten Fahrzeu-	Erstaunliche
gen in der Regel nur ein ~~Einzelner~~ Mensch sitzt:	einzelner
der Fahrer. Wenn die Berufspendler ~~fahr Gemein-~~	Fahrgemeinschaften
~~schaften~~ einrichten würden, könnten viele ~~Berufs-~~	Berufstätige
~~tetige~~ ihr Auto ~~stehenlassen~~. Aber dazu ist kaum	stehen lassen
jemand bereit, weil es ~~fiel~~ bequemer ist, ohne ~~um-~~	viel Umwege
~~wege~~ von Tür zu Tür zu fahren. Allerdings könn-	
ten die ~~Benzin Preise~~ in der nächsten ~~zeit~~ wieder	Benzinpreise Zeit
stark steigen. Vielleicht würde das ja dazu führen,	
~~das~~ immer mehr Menschen ihr ~~verhalten endern~~.	dass Verhalten ändern

Für jedes richtig korrigierte Wort bekommst du 0,5 Punkte, für jedes richtig gesetzte Komma ebenfalls 0,5 Punkte.

37 *Dein Brief könnte so aussehen:*

Liebe Mitschülerinnen und Mitschüler,

ihr habt ja sicher mitbekommen, dass die Politiker in letzter Zeit immer öfter über den Klimawandel diskutieren und sich Gedanken darüber machen, was dagegen getan werden kann. Es gibt natürlich auch Einzelne, die behaupten, das Gerede von der drohenden Klimakatastrophe sei Panikmache. Zwar hat es schon immer Temperaturschwankungen gegeben. Aber wenn man sich anschaut, wie sich die Durchschnittstemperaturen in den letzten hundert Jahren entwickelt haben, kann man nur sagen: Ja, das Klima ändert sich wirklich! Gerade in den letzten Jahren war es auffallend oft wärmer als früher.

Und diesen Klimawandel haben wir zu verantworten. Überall, wo wir Menschen leben, steigen Gase in die Luft, z. B. Kohlendioxid: aus Fabriken und Häusern, aus Autos und Flugzeugen. Diese Gase bilden in der Atmosphäre eine Schicht, durch die die Wärme nicht mehr entweichen kann. So steigt die Temperatur auf der Erde immer weiter an.

Wahrscheinlich denken einige von euch: Das ist doch gut! Dann wird es im Winter nicht mehr so kalt! Aber so einfach ist das nicht. Wenn es immer wärmer wird, schmelzen die Eisflächen an den Polen, und in den Alpen schmelzen die Gletscher. Und wohin fließt das Tauwasser? In die Meere! Das führt dazu, dass der Meeresspiegel ansteigt, und irgendwann werden Gebiete, die in Küstennähe liegen, überflutet. Doch es wird nicht nur Überschwemmungen geben, sondern auch andere extreme Wetterlagen, z. B. Hitze, Trockenheit und Stürme. Das schadet den Pflanzen, den Tieren und gefährdet auch uns unmittelbar. Einigen Tieren ist es dort, wo sie bisher gelebt haben, schon jetzt zu warm geworden. Beispielsweise sind die Orkas (Killerwale) weiter in den Norden gezogen. Das zeigt ja wohl, dass die Lage ernst geworden ist! Ich finde, der Klimawandel geht uns alle etwas an, und deshalb müssen wir alle etwas dagegen tun!

Das Wichtigste ist, dass wir Energie sparen, damit nicht unnötig viel Kohlendioxid in die Atmosphäre gelangt. Das ist gar nicht so schwierig: Ein Anfang könnte beispielsweise sein, elektrische Geräte richtig auszuschalten, wenn sie nicht benutzt werden. Ich fordere euch daher alle auf: Lasst eure Computer und Fernseher nicht im Stand-by-Betrieb laufen! Dadurch wird nur unnütz Strom verbraucht! Jetzt sagt ihr wahrscheinlich: Was bringt das, wenn wir unsere Geräte ausschalten und sonst niemand etwas ändert? Aber: Je mehr Menschen anfangen, etwas gegen den Klimawandel zu unternehmen, umso größer ist die Chance, dass wir die drohende Katastrophe noch abwenden. Fangen wir damit an – am besten sofort!

In diesem Sinne

Eure .../Euer ... *(400 Wörter)*

Bewertung des Briefs:
Gib den Brief, den du geschrieben hast, einer anderen Person zu lesen, z. B. deinem Vater, deiner Mutter oder einem/r Freund/in. Bitte deinen Testleser danach, im Bewertungsbogen unten einzukreisen, wie er deinen Text im Hinblick auf das jeweilige Kriterium einschätzt. Zähle am Schluss die erreichte Punktzahl zusammen.

Kriterium	gut erfüllt	z. T. erfüllt	nicht erfüllt
Du hast mind. 400 Wörter geschrieben.	4 Punkte	2 Punkte	1 Punkt
Der Text ist als Brief erkennbar, z. B. wird der Leser direkt angesprochen.	2 Punkte	1 Punkt	0 Punkte
Du hast darauf hingewiesen, dass es einen Klimawandel gibt.	3 Punkte	1,5 Punkte	0 Punkte
Du hast dargestellt, wodurch es zum Klimawandel gekommen ist.	2 Punkte	1 Punkt	0 Punkte
Du hast auf die möglichen Folgen des Klimawandels hingewiesen.	2 Punkte	1 Punkt	0 Punkte
Du hast gesagt, dass man die Klimakatastrophe noch abwenden kann.	2 Punkte	1 Punkt	0 Punkte
Du hast an die Leser appelliert, etwas gegen den Klimawandel zu tun.	2 Punkte	1 Punkt	0 Punkte
Dein Text ist gut zu verstehen und ansprechend formuliert.	3 Punkte	1,5 Punkte	0 Punkte
Du hast vollständige Sätze geschrieben.	2 Punkte	1 Punkt	0 Punkte
Du hast deine Sätze häufig durch Konjunktionen oder Adverbien verbunden.	2 Punkte	1 Punkt	0 Punkte
Der Text enthält kaum störende Wortwiederholungen.	2 Punkte	1 Punkt	0 Punkte
Du hast nur wenige Rechtschreib- und Kommafehler gemacht.	2 Punkte	1 Punkt	0 Punkte

Testauswertung

Zähle nun alle Punkte zusammen, die du im Test erreicht hast.
Wie schneidest du ab?

Meine Gesamtpunktzahl im Test: ___________ von 165 Punkten

165–145 Punkte:
Sehr gut! Ganz gelassen kannst du gelegentlich einige Kapitel vertiefen.

144–115 Punkte:
Das Ergebnis kann sich sehen lassen. Erkenne selbst, welche Abschnitte oder Aufgaben du noch einmal wiederholen solltest, um in deinem Grundwissen noch sicherer zu werden.

114–81 Punkte:
Es ist noch kein Meister vom Himmel gefallen. Mache dich auf die Suche nach Kapiteln und Übungen, mit denen du deine noch vorhandenen Unsicherheiten beheben kannst. Sieh dir dazu deine Testergebnisse noch einmal im Detail an.

80 Punkte und weniger:
Du solltest das Buch noch einmal durcharbeiten. Nimm dir Zeit und gehe Aufgabe für Aufgabe konzentriert durch. Besprich dich auch mit deinen Mitschülern oder hole dir Tipps von deiner Lehrerin/deinem Lehrer. Teile dir die Arbeit ein und versuche nicht, alles auf einmal zu machen. Viel Erfolg! Du wirst sehen, dass sich die Mühe lohnt!

Fachbegriffe

Adjektiv: eine → Wortart. Adjektive beschreiben Eigenschaften und Merkmale von Personen, Dingen oder Situationen genauer.
Beispiele: Liane ist *sportlich*, das Obst ist *reif*, die *hohen* Bäume, das *schöne* Auto

Adverb: S. 109 ff.

Adverbiale (Plural: Adverbialien): ein → Satzglied. Es gibt verschiedene Adverbialien, z. B. des Ortes (Lokaladverbialien), der Zeit (Temporaladverbialien), der Art und Weise (Modaladverbialien), der Begründung (Kausaladverbialien) (vgl. S. 11).
Beispiele: Ich gehe *nach Hause* (Lokaladverbiale). Wir kommen *heute Abend* (Temporaladverbiale).

Akkusativ: einer der vier → Kasus (Fälle); es ist der vierte Fall. Man fragt so danach: *Wen (oder was) …?*
Beispiel: Ich sehe den Zug. *Wen (oder was) sehe ich?* Ich sehe *den Zug*.

Aktiv: S. 81

Alphabet: Buchstabenreihe von A/a bis Z/z

Antonym: S. 96

Appell: eine Aufforderung, die sich an andere richtet. Meist richtet man einen Appell an jemanden, wenn man ihn dazu bewegen will, etwas zu tun – oder zu unterlassen (vgl. S. 99).

Argument: eine überzeugende Erklärung dafür, warum man es für richtig hält, in einer Angelegenheit eine bestimmte Meinung zu vertreten. Jedes Argument besteht aus zwei Teilen: einer → These und einer → Begründung. Zur Veranschaulichung fügt man meist noch ein → Beispiel hinzu (vgl. S. 27).

Artikel: eine → Wortart. Artikel sind Begleiter von Nomen. Es gibt unbestimmte Artikel (*der, die, das*) und bestimmte Artikel (*ein, eine*).

Attribut: eine Eigenschaft, die einer Person oder Sache zugesprochen wird. Wenn ein Adjektiv als Attribut verwendet wird, steht es unmittelbar vor dem Nomen (vgl. S. 104).
Beispiele: der *kluge* Junge, das *kleine* Kind, der *alte* Mann

Aufzählung: Bei einer Aufzählung werden mehrere gleichartige Dinge nacheinander genannt. Man kann Personen oder Dinge aufzählen, aber auch Wörter oder Sätze. Die einzelnen Glieder einer Aufzählung werden durch Komma voneinander getrennt oder durch die → Konjunktionen „und" oder „oder" miteinander verbunden (vgl. S. 55).
Beispiel: Ich brauche *drei Hefte, ein Lineal und einen Bleistift.*

Balkendiagramm: eine Art von → Diagramm. Die Häufigkeit eines Vorkommens ist in Form von (liegenden) Balken dargestellt (vgl. S. 31).

Ballade: eine besondere Art von → Gedicht. Balladen erzählen in Form eines Gedichts eine Geschichte. Dabei wird häufig auch → wörtliche Rede verwendet (vgl. S. 119).

Barock: eine literarische → Epoche im 17. Jahrhundert (vgl. S. 90)

Befehlsform: auch → Imperativ genannt

Beispiel: Im Gegensatz zu allgemeinen Aussagen beziehen sich Beispiele immer nur auf Einzelfälle. Beispiele werden oft angeführt, um allgemeine Aussagen zu veranschaulichen.

Begründung: ein wesentlicher Teil eines → Arguments. Mit der Begründung sagt man, warum man eine bestimmte → These für richtig hält (vgl. S. 27).

Bericht: S. 115

Bestimmungswort: ein Teil eines → Kompositums. Das Bestimmungswort sagt, wofür eine Person oder eine Sache „bestimmt" ist, wo sie vorkommt oder woraus sie besteht (vgl. S. 54).
*Beispiele: Geschirr*tuch (ein Tuch für Geschirr), *Regen*bogen (ein Bogen, der bei Regen zu sehen ist), *Fahr*rad (ein Rad zum Fahren), *Tisch*bein (das Bein eines Tisches)

Bildhafter Vergleich: ein → sprachliches Bild. Das Besondere an einem bildhaften Vergleich ist, dass eine Person oder eine Sache mit etwas verglichen wird, das aus einem anderen (Lebens-)Bereich stammt (vgl. S. 94). Man erkennt sie an bestimmten Vergleichswörtern (*wie, als ob*).

Beispiel: Er war *wie versteinert* (reglos wie ein Stein).

Dativ: einer der vier → Kasus (Fälle); es ist der dritte Fall. Man fragt so danach: *Wem ...?*

Beispiel: Der fürsorgliche Vater hilft seinem Sohn. *Wem hilft der Vater?* Er hilft *seinem Sohn.*

Definition: Erklärung der Bedeutung eines Begriffs

Demonstrativpronomen: eine Art → Pronomen. Demonstrativpronomen sind Wörter, mit denen man auf eine Person oder eine Sache „zeigen" kann (demonstrieren). Sie werden als Begleiter oder Stellvertreter eines Nomens verwendet (vgl. S. 140).

Beispiele: dieser Junge, *jenes* Haus

Diagramm: S. 31

Dialog: ein Gespräch. Wenn ein Text in Form eines Dialogs geschrieben ist, enthält er nur die Äußerungen der Personen, die an diesem Gespräch beteiligt sind (vgl. → Drama).

Doppelkonsonant: zwei gleiche → Konsonanten hintereinander. Sie klingen aber wie ein einziger Konsonant. Meist steht ein Doppelkonsonant zwischen zwei → Silben; dann trennt man den Doppelkonsonanten in der Mitte (z. B. *Mut-ter*). Vor einem Doppelkonsonanten klingt der → Vokal stets kurz.

Beispiele: Himmel, Mutter, Kette, Wasser

Drama (Plural: Dramen): ein Text, der nur aus Rede und Gegenrede besteht. Das Verhalten und die Äußerungen der einzelnen Figuren werden von Schauspielern auf der Bühne eines Theaters dargestellt. Deshalb bezeichnet man ein Drama auch als Theaterstück.

Dramatik: die Gesamtheit aller Texte, die nur aus → Dialogen bestehen

Epik: die Gesamtheit aller erzählerischen Texte, z. B. → Kurzgeschichten, → Märchen

Epoche (literarische): ein Zeitraum, in dem literarische Texte besondere Gemeinsamkeiten aufweisen (vgl. S. 89)

Beispiel: die Epoche des Barock (S. 90)

Epos: eine lange Erzählung, deren Form wie ein → Gedicht aussieht, weil sie in Versform geschrieben ist (→ Vers). Epen wurden schon vor langer Zeit verfasst, z. B. im Mittelalter. Meist steht im Mittelpunkt der Handlung ein Held, der gefährliche Abenteuer bestehen muss (vgl. S. 134).

Erzählerbericht: der Teil einer Geschichte, in der die Darstellung durch den Erzähler erfolgt. Er erzählt (berichtet), was passiert. Mitunter gibt er auch direkt wieder, was eine Person gesagt hat. Dann verwendet der Erzähler → wörtliche Rede.

Erzählperspektive: die Sicht (Perspektive), aus der etwas erzählt wird. Geschehnisse lassen sich aus der Perspektive eines Beteiligten oder eines Beobachters erzählen (vgl. S. 47).

Fremdwort: S. 127

Futur: ein → Tempus, mit dem Ereignisse oder Handlungen dargestellt werden, deren Eintreten erst in der Zukunft zu erwarten ist. Man unterscheidet zwei Arten von Futur: das Futur I (z. B. *wird fragen, werden kommen*) und das Futur II (z. B. *wird gefragt haben, werden gekommen sein*). Das Futur II ist eine Art „vollendete Zukunft".

Gedicht: eine besonders kunstvolle Form von Texten, bestehend aus Strophen und Versen. Viele Gedichte reimen sich (→ Reim) oder haben ein bestimmtes → Versmaß.

Gegensatz: Ein Gegensatz liegt vor, wenn zwei Dinge vollkommen unterschiedlich (gegensätzlich) sind.

Beispiel: Die Luft ist *warm*. – Die Luft ist *kalt*.

Genitiv: einer der vier → Kasus (Fälle); es ist der zweite Fall. Nach dem Genitiv fragt man so: *Wessen ...?*

Beispiel: Das ist das Auto meines Vaters. *Wessen Auto ist das?* Das Auto *meines Vaters.*

Genus des Nomens (Plural: Genera): Es gibt drei Genera des → Nomens: Maskulinum, Femininum und Neutrum.

Genus des Verbs (Plural: Genera): Es gibt zwei Genera des Verbs: → Aktiv und → Passiv (vgl. S. 81).

Grundwort: letztes Wort in einem → Kompositum. Das Grundwort sagt aus, worum es sich handelt.

Beispiele: Kinder*bett* (ein Bett), Schreib*tisch* (ein Tisch), Fuß*ball* (ein Ball)

Ob ein Kompositum groß- oder kleingeschrieben wird, richtet sich stets nach dem Grundwort (vgl. S. 54).

Beispiele: Spitz*maus* – *aber:* maus*grau*

Handlungsmotiv: ein Beweggrund, der eine Person veranlasst, eine bestimmte Handlung zu vollziehen (vgl. S. 5)

Hauptsatz: S. 10

Hilfsverb: eine besondere Art von → Verb. Es gibt drei Hilfsverben: *sein*, *haben* und *werden*. Sie werden gebraucht, um bestimmte Tempora (→ Tempus) zu bilden, z. B. das → Perfekt oder das → Plusquamperfekt, sowie zur Bildung des Passivs (vgl. S. 81).

Imperativ: eine Form des → Verbs, mit der Befehle oder Aufforderungen ausgesprochen werden

Beispiele: Warte! Komm! Antworte!

Indefinitpronomen: eine Art → Pronomen. Im Unterschied zu unbestimmten → Zahlwörtern können Indefinitpronomen nicht nur als Begleiter, sondern auch als Stellvertreter (Fürwörter) eines Nomens verwendet werden (vgl. S. 13).

Beispiele: alle, jeder, einige, manche, etwas, kein, nichts

Alle Kinder lachen. (Begleiter) *Alles* wird gut. (Stellvertreter)

Indikativ: „Normalform" des → Verbs. Mit dem Indikativ drückt man Sachverhalte aus, die als Tatsachen angesehen werden. Man sagt, was ist – und nicht, was sein könnte (→ Konjunktiv).

Indirekte Rede: Anders als die → wörtliche Rede gibt die indirekte Rede nicht Wort für Wort wieder, was jemand gesagt (oder gedacht) hat, sondern Äußerungen werden vermittelt duch einen Dritten, der von dem Gehörten berichtet. Dabei verwendet man den → Konjunktiv I (vgl. S. 68 f.).

Infinitiv: die Grundform des → Verbs. Der Infinitiv endet im Deutschen auf *-en* (Ausnahme: *sein*).

Beispiele: laufen, schweigen, tanzen

Inhaltszusammenfassung: eine knappe Wiedergabe des Inhalts eines Textes. Nur das Wesentliche wird sachlich dargestellt, und zwar im → Präsens (vgl. S. 72).

Interview: Befragung einer Person. Meist sind es Journalisten, die bekannte Persönlichkeiten interviewen; das Interview wird anschließend veröffentlicht, z. B. in einer Zeitung.

Jugendbuch: S. 46

Kalendergeschichte: S. 103

Kasus (Plural: Kasus): Es gibt vier Kasus (Fälle): → Nominativ, → Genitiv, → Dativ, → Akkusativ. → Nomen, → Artikel, → Adjektive und → Pronomen können in einem bestimmten Kasus stehen. In welchem, das hängt vom → Verb oder von der → Präposition ab.

Beispiele. Die Garage ist offen. (*Wer oder Was?* Nominativ) – Der Dieb stiehlt die Geldbörse *der Großmutter*. (*Wessen?* Genitiv) – Der Mann hilft *seiner kranken Schwester*. (*Wem?* Dativ) – Niko lädt *viele Freunde* ein. (*Wen?* Akkusativ).

Komparativ: die erste Steigerungsform eines → Adjektivs. Man bildet den Komparativ, indem man die Endung *-er* hinzufügt. Manchmal muss man dabei den → Umlaut verwenden.

Beispiele: mutig – *mutiger*, stark – *stärker*

Kompositum (Plural: Komposita): ein zusammengesetztes Wort. Es ist aus zwei oder mehr Wörtern zusammengefügt, wird aber als ein Wort geschrieben (vgl. S. 54).

Beispiele: Vogel|scheuche, Regen|bogen, Regen|bogen|forelle

Konjunktion: S. 23–25

Konjunktionaladverb: ein → Adverb, das (ähnlich wie eine Konjunktion) zwei Sätze miteinander verbindet (vgl. S. 110)

Beispiele: deshalb, also, anschließend

Konjunktiv: eine bestimmte Form des → Verbs. Mit dem Konjunktiv drückt man aus, dass das, was man sagt, nicht als Tatsache anzusehen ist. Man unterscheidet zwei Arten: den Konjunktiv I bei der → indirekten Rede und den Konjunktiv II, mit dem Dinge gesagt werden, die man sich nur vorstellen oder wünschen kann (vgl. S. 125 f.).

Konsonant: Mitlaut. Anders als → Vokale können Konsonanten nicht allein gesprochen werden; es klingt immer ein Vokal mit.

Beispiele: b (sprich: *be*), *h* (sprich: *ha*)
Konsonanten sind: *b, c, d, f, g, h, j, k, l, m, n, p, q, r, s, t, v, w, x, y, z.*

Kreisdiagramm: eine Art von → Diagramm. Es sieht aus wie ein Kreis, der in verschiedene Abschnitte unterteilt ist und somit einer Torte ähnelt. Daher wird es häufig auch als „Tortendiagramm" bezeichnet (vgl. S. 31).

Kreuzreim: ein Reimschema (→ Reim), bei dem sich jeweils zwei Verse „über Kreuz" reimen: abab

Kurvendiagramm: eine Art von → Diagramm, bei dem eine Entwicklung in Form einer Linie dargestellt ist. Oft sieht diese Linie wie eine Kurve aus (vgl. S. 31).

Kurzgeschichte: S. 61

Legende: Es gibt zwei Bedeutungen:
1. *Eine Geschichte,* in der von einem wundersamen Erlebnis erzählt wird, das vor langer Zeit geschehen ist. Oft geht es in Legenden um Personen, die etwas erleben, in dem sie einen Fingerzeig Gottes sehen, und die dadurch zum Glauben finden.
2. *Das Kleingedruckte,* das einem → Diagramm als Erläuterung beigefügt ist. Die Legende steht meist unter dem Diagramm. Sie enthält wichtige Einzelheiten für das Verständnis des Diagramms. Die Legende informiert z. B. über die befragte Personengruppe, über den Zeitpunkt der Befragung o. Ä. (vgl. S. 31).

Leserbrief: ein Brief, den man z. B. an eine Zeitung schreibt, um seine Meinung zu einem Ereignis oder einer Entwicklung zum Ausdruck zu bringen.

Lexikon: ein Buch, in dem zu bestimmten alphabetisch (→ Alphabet) angeordneten Stichworten Erklärungen gegeben werden. Der Leser kann so gezielt einzelne Wissenslücken schließen (vgl. S. 75).

Lyrik: die Gesamtheit aller Texte, die in Form von → Gedichten geschrieben sind

Märchen: eine Textsorte. In einem Märchen wird eine fantastische Geschichte erzählt, die vor langer Zeit an einem unbekannten Ort spielt. Tiere oder Pflanzen können oft sprechen, und auch bestimmte Zahlen (*drei, sieben, zwölf*) spielen eine Rolle. Die (gute) Hauptfigur muss in der Regel eine gefährliche Probe bestehen oder sich gegen böse Mächte durchsetzen. Häufig kommen ihr dabei Zauberwesen, z. B. Feen, zu Hilfe. Formelhafte Wendungen kennzeichnen vor allem den Anfang und den Schluss eines Märchentextes (*Es war einmal ... – Und wenn sie nicht gestorben sind, so leben sie noch heute.*).

Metapher: ein → sprachliches Bild. Bei einer Metapher wird eine Person oder Sache mit einem Wort bezeichnet, das normalerweise für etwas verwendet wird, das einem anderen (Lebens-)Bereich angehört (vgl. S. 94). Im Unterschied zum → bildhaften Vergleich fehlen hier die Vergleichswörter.

Beispiel: Sie hatte nur Stroh im Kopf. (Gemeint ist: Sie hatte genauso wenig Verstand wie Stroh.)

Nachricht: Kurzform des → Berichts (S. 115)

Nachsilbe: → Suffix

Nebensatz: ein Satz, der nur im Zusammenhang mit einem → Hauptsatz sinnvoll ist. Er ist dem Hauptsatz untergeordnet und von ihm abhängig. Oft beginnt ein Nebensatz mit einer → Konjunktion.

Beispiele: Wenn du kommst, freue ich mich. – Viele Menschen suchten Schutz, *als es in Strömen regnete.*

Nomen: eine → Wortart. Mit Nomen bezeichnet man Personen oder Sachen. Auch abstrakte, nicht-gegenständliche Dinge (z. B. Freude) werden mit Nomen bezeichnet (vgl. S. 13 f.).

Beispiele: Baum, Mann, Ereignis, Freude

Nomen-Begleiter: S. 13

Nominalisierung: Eine Nominalisierung liegt vor, wenn ein Wort, das nicht zur Wortart → Nomen gehört (z. B. ein → Verb), in einem Satz wie ein Nomen verwendet wird. Meist erkennt man das an den sogenannten → Nomen-Begleitern (vgl. S. 13, 83 f.).

Beispiel: Der Lehrer war erkältet; *das Reden* bereitete ihm noch Mühe.

Nominativ: einer der vier → Kasus (Fälle); es ist der erste Fall. Man fragt so danach: *Wer (oder was) ...?* Das → Subjekt steht immer im Nominativ.

Beispiele: Der Morgen hat gut angefangen. *Wer oder was …? Der Morgen.* – Tina ist zu spät zur Schule gekommen. *Wer? Tina.*

Numerus: Der Numerus gibt Auskunft darüber, wie viele (→ Singular oder → Plural) Personen (oder Dinge) an einer Handlung beteiligt sind. Den Numerus erkennt man an der Wortform, beim Verb z. B. an der → Personalendung.

Objekt: ein → Satzglied. Das Objekt ist gewissermaßen das „Opfer" einer Handlung.
Beispiel: Martin küsst *seine Freundin*. Das Objekt („Opfer") ist hier: *seine Freundin*.

Paarreim: ein Reimschema (→ Reim), bei dem sich jeweils zwei Verse paarweise reimen: aabb

Partizip Perfekt: die dritte Form eines → Verbs (sagen, sagte, *gesagt*). Oft beginnt das Partizip Perfekt mit dem → Präfix *ge-*. Es wird gebraucht für die → Tempora → Perfekt, → Plusquamperfekt und → Futur II sowie für das Passiv.
Beispiele: Ihr habt *gesehen*. – Sie hatten *gefragt*. – Er wird schon *angekommen* sein. – Wir werden *gefragt*.

Passiv: S. 81

Perfekt: eine Zeitform (→ Tempus) des → Verbs. Man könnte das Perfekt als „vollendete" Gegenwart bezeichnen (*perfekt* bedeutet: *fertig, erledigt*). Im Perfekt stehen Aussagen über Handlungen, die abgeschlossen sind. In der mündlichen Sprache werden oft alle vergangenen Handlungen im Perfekt ausgedrückt. Das Perfekt wird mit den → Hilfsverben *sein* oder *haben* und mit der dritten Form des Verbs, dem → Partizip Perfekt, gebildet.
Beispiele: Sie *hat gesagt*. – Wir *sind gekommen*. – Du *bist gewesen*.

Personalendung: die aus einem oder zwei Buchstaben bestehende Endung eines → Verbs, mit der angezeigt wird, wer der Handelnde ist
Beispiele: -e: ich frage; *-st:* du fragst; *-en:* wir fragen

Personalpronomen: eine Art von → Pronomen. Personalpronomen sind: *ich, du, er/sie/es, wir, ihr, sie* (vgl. S. 140).

Personifikation: ein → sprachliches Bild. Eine Personifikation erkennt man daran, dass ein Ding oder Lebewesen, wie ein Mensch dargestellt ist (vgl. S. 94).
Beispiel: Der Wind flüsterte.

Plural: Mehrzahl
Beispiele: Stühle, Tische, Äpfel, Frauen

Plusquamperfekt: eine Zeitform (→ Tempus) des Verbs. Man bezeichnet das Plusquamperfekt auch als „vollendete" Vergangenheit. (*Plusquamperfekt* bedeutet: *mehr als perfekt*). Es wird gebildet mit dem → Präteritum der → Hilfsverben *sein* oder *haben* und mit dem → Partizip Perfekt.
Beispiele: Ronald *hatte* noch gar nichts *gegessen*, als er zu uns kam. – Nachdem wir im Kino *gewesen waren*, gingen wir zusammen einen Burger essen.

Positiv: die Grundform eines → Adjektivs
Beispiele: gut, schnell, schön

Possessivpronomen: eine Art → Pronomen. Possessivpronomen sind: *mein, dein, sein/ihr, unser, euer, ihr.*

Prädikat: ein → Satzglied. Mit dem Prädikat wird eine Handlung zum Ausdruck gebracht. Ohne Prädikat gibt es keinen Satz. Weil das Prädikat so wichtig ist, nennt man es auch den Satzkern. Das Prädikat besteht immer aus einem (oder mehreren) → Verben. Man fragt so nach dem Prädikat: *Was tut …?*
Beispiele: Die Polizei verfolgt den Einbrecher. *Was tut die Polizei?* Sie *verfolgt* den Einbrecher. – Das Essen schmeckt gut. *Was tut das Essen?* Es *schmeckt* gut.

Präfix: kleiner Wortbaustein vor dem → Wortstamm. Häufig handelt es sich dabei um eine → Silbe.
Beispiele: be|arbeiten, auf|schreiben, ge|stehen, Ver|rat, Ge|rede

Präposition: eine → Wortart. Präpositionen geben Auskunft darüber, wie zwei Personen oder Dinge zueinander stehen.
Beispiele: auf, zwischen, an, in, mit, für, ohne

Präpositionalobjekt: ein → Objekt, das mit einer → Präposition beginnt

Präsens: eine Zeitform (→ Tempus) des → Verbs. Sie wird gebildet durch den → Wortstamm des Verbs und die → Personalendung. Mit dem Präsens kann eine

Handlung ausgedrückt werden, die in der Gegenwart geschieht.
Beispiel: Das Telefon *klingelt* (jetzt).

Präteritum: eine Zeitform (→ Tempus) des → Verbs. Mit dem Präteritum erzählt man von etwas, das in der Vergangenheit geschehen ist. Die meisten Erzählungen sind im Präteritum geschrieben. Bei regelmäßigen Verben wird das Präteritum gebildet, indem man zwischen dem Wortstamm des Verbs und der Personalendung den Buchstaben *-t* oder das Buchstabenpaar *-te* einfügt.
Beispiele: Im letzten Winter schneite es. Die Kinder spielten im Garten.

Pronomen: S. 140 ff.

Reflexivpronomen: eine Art → Pronomen. Mit einem Reflexivpronomen (*mich, dich, sich, uns, euch*) verweist man auf ein → Satzglied zurück, von dem im selben Satz die Rede ist.

Reim: Wenn zwei Wörter ähnlich klingen, reimen sie sich. Reime kommen vor allem in Gedichten vor.
Beispiele: Mutter – Futter, Land – Wand

Relativpronomen: eine Art → Pronomen. Mit einem Relativpronomen verweist man auf eine Person oder Sache zurück, von der gerade die Rede war (vgl. S. 140).
Beispiel: Der Mann, *der* spazieren geht, [...].

Sachtext: S. 19

Sage: eine märchenhaft wirkende Geschichte, die von einem Ereignis erzählt, das vor langer Zeit geschehen ist. Anders als ein → Märchen spielt eine Sage der Darstellung nach an einem bestimmten Ort und zu einer bestimmten Zeit.

Satz: Ein Satz ist eine Aussage über eine Sache oder über eine Person (auch in Form einer Frage oder einer Aufforderung). Jeder Satz besteht mindestens aus einem → Subjekt und einem → Prädikat. Längere Sätze enthalten außerdem ein oder mehrere → Objekte oder → Adverbialien.
Beispiele: Mein Freund liest. (Subjekt + Prädikat) – *Mein Freund liest ein Buch.* (Subjekt + Prädikat + Objekt) – *Seit Wochen liest mein Freund ein Buch.* (Adverbiale + Prädikat + Subjekt + Objekt)

Satzgefüge: Wenn ein → Hauptsatz und ein → Nebensatz miteinander verbunden sind, bilden sie ein Satzgefüge. Der Nebensatz kann vor oder nach dem Hauptsatz stehen (vgl. S. 25).
Beispiele: Als ich nach Hause kam (Nebensatz), *läutete das Telefon* (Hauptsatz).
Du solltest Bescheid sagen (Hauptsatz), *wenn du fertig bist* (Nebensatz).

Satzglied: Teil (Glied) eines → Satzes. Es gibt vier Arten von Satzgliedern: → Subjekt, → Prädikat, → Objekt, → Adverbiale (vgl. S. 11).

Satzreihe: eine Reihe von aufeinanderfolgenden → Hauptsätzen

Säulendiagramm: eine Art von → Diagramm. Die Häufigkeit eines Vorkommens ist darin in Form von (stehenden) Säulen dargestellt (vgl. S. 31).

Schilderung: S. 129

Schlüsselstelle: eine Textstelle, bestehend aus mehreren Wörtern, die für das Verständnis eines Textes von besonderer Bedeutung ist (vgl. S. 136)

Schlüsselwort: ein Wort, das für das Verständnis eines Textes von besonderer Bedeutung ist; es ist ein „Schlüssel" zum Verständnis. Man erkennt Schlüsselwörter oft daran, dass sie in einem Text mehrmals vorkommen (vgl. S. 136).

Semikolon: auch Strichpunkt genannt. Ein Semikolon besteht aus einem Komma, über dem noch ein Punkt steht. Man setzt ein Semikolon, um anzuzeigen, dass zwei Sätze inhaltlich zusammengehören. Nach dem Semikolon schreibt man klein weiter (vgl. S. 26).

Silbe: Teil eines Wortes. Man kann bei jeder Silbe einmal klatschen.
Beispiele: Ba-na-ne, wun-der-bar, ver-rei-sen

Singular: Einzahl
Beispiele: Tisch, Mann, Auto

Sonett: S. 87

Sprachliches Bild: Ein sprachliches Bild liegt vor, wenn man mit Worten eine Art Bild malt. Man bezeichnet eine Person oder Sache dann nicht mit dem üblichen Begriff, sondern verwendet ein Sprachbild, also ein Wort, das eigentlich zu Personen oder Sachen passt, die einem anderen (Lebens-)Bereich angehören. Es gibt verschiedene Arten von sprachlichen Bildern. Die wichtigsten sind: der → bildhafte Vergleich, die → Metapher und die → Personifikation (vgl. S. 94).

Strophe: ein Absatz in einem → Gedicht

Subjekt: ein → Satzglied. Das Subjekt sagt, von wem (oder was) in einem Satz die Rede ist. Dabei handelt es sich meist um den „Täter", also um denjenigen, der etwas tut. „Täter" kann auch eine Sache sein. Das Subjekt steht immer im → Nominativ. Man fragt nach dem Subjekt so: *Wer (oder was) …?*

Beispiele: Gestern kam mein Onkel aus Amerika. – *Wer kam gestern aus Amerika? Mein Onkel.* – Der Ball rollt. *Wer (oder was) rollt? Der Ball.*

Suffix: eine Endung, die einem → Wortstamm hinzugefügt wird

Beispiele: Ereign*is*, mut*los*, beden*klich*

Superlativ: die zweite Steigerungsform eines → Adjektivs. Man bildet den Superlativ, indem man die Endung *-st* (+ *-e*/ *-er*) hinzufügt.

Beispiele: bitter – *bitterste*, dick – *dickste* traurig – *traurigste*

Synonym: ein Wort, das die gleiche oder zumindest eine ähnliche Bedeutung hat wie ein anderes Wort (vgl. S. 96).

Tagebuch: ein Buch, in das man seine persönlichen Erlebnisse schreiben kann (vgl. S. 3)

Tempus (Plural: Tempora): Zeitform des → Verbs. Dadurch kann ausgedrückt werden, wann etwas geschieht: in der Gegenwart (→ Präsens), in der Vergangenheit (→ Präteritum, → Perfekt, → Plusquamperfekt) oder in der Zukunft (→ Futur) (vgl. S. 51).

These: eine ernsthafte Behauptung. Eine These ist wie eine Feststellung: Man behauptet, dass etwas Bestimmtes als zutreffend anzusehen ist.

Beispiel: Kinder hatten früher mehr Respekt vor ihren Lehrern als heute.

Eine These muss aber nicht unbedingt zutreffend sein. Deshalb braucht man eine triftige → Begründung, um den Gesprächspartner von der Richtigkeit der These zu überzeugen (vgl. S. 27).

Titel: ein anderes Wort für „Überschrift"

Umarmender Reim: ein Reimschema (→ Reim), bei dem zwei sich reimende Verse von zwei anderen Versen, die sich ebenfalls reimen, eingerahmt („umarmt") werden: abba (vgl. S. 87)

Umlaut: → Vokale, über denen Punkte stehen. Umlaute sind: *ä, ö, ü.*

Verb: eine → Wortart. Verben drücken aus, was eine Person (eine Sache) tut.

Beispiele: sprechen, singen, lachen

Vergleich: Mit einem Vergleich stellt man fest, worin sich zwei Sachen ähneln und worin sie sich unterscheiden (vgl. S. 38).

Beispiel: Der Sommer in diesem Jahr war nicht so warm *wie der Sommer im letzten Jahr.* (Ähnlichkeit: *die Jahreszeit Sommer;* Unterschied: *die Temperatur)*

Vers: eine Zeile in einem → Gedicht

Versmaß: Abfolge von betonten und unbetonten Silben in einem Gedicht, auch Metrum genannt.

Vokal: Selbstlaut. Vokale klingen ganz allein; sie brauchen keinen weiteren Laut, um gesprochen werden zu können. Es gibt fünf Vokale: *a, e, i, o, u.*

Vorgangspassiv: S. 82

Vorsilbe: → Präfix

Wortart: Es gibt verschiedene Arten von Wörtern. Wichtige Wortarten sind z. B. → Nomen, → Verben, → Adjektive, → Artikel, → Pronomen, → Konjunktionen, → Präpositionen.

Wortfamilie: eine Gruppe von Wörtern, die denselben → Wortstamm haben und daher wie Verwandte zur selben (Wort-)Familie gehören.

Beispiele: befahrbar, Fahrzeug, gefährlich, Gefährte, Einfahrt, Vorfahrt, fahrlässig

Wortstamm: der Kern eines Wortes. Bei → Verben findet man den Wortstamm, indem man vom Infinitiv die Endung *-en* entfernt.

Beispiel: fahren → fahr-

Der Wortstamm steckt in allen Wörtern, die zur selben → Wortfamilie gehören (vgl. S. 113).

Wörtliche Rede: Sie gibt wieder, was jemand spricht oder denkt. Die gesprochenen (oder gedachten) Worte werden in Anführungszeichen gesetzt (vgl. S. 70). Um deutlich zu machen, wer die Worte gesprochen hat, fügt man einen Begleitsatz hinzu.

Beispiel: Eva sagte: *„Ich habe dich gern."*

Zahlwort: eine → Wortart. Mit einem Zahlwort sagt man etwas über die Zahl oder Menge von Personen oder Sachen. Es gibt bestimmte und unbestimmte Zahlwörter (vgl. S. 40).

Beispiele: drei, sieben, zwölf, hundert (bestimmte Zahlwörter); *viel, wenig, andere, ganz* (unbestimmte Zahlwörter)

Zitat: Mit einem Zitat gibt man wortwörtlich wieder, was in einem Text steht (oder was man gehört hat). Man kennzeichnet Zitate mit Anführungszeichen.

Zusammensetzung: → Kompositum

Zustandspassiv: S. 82

Text- und Bildnachweis

Texte

S. 1: Simone Schneider: Luises Tagebuch oder Die Geschichte vom „Ei". In: Hans-Joachim Gelberg (Hrsg.): Wie man Berge versetzt. Beltz & Gelberg Verlag: Weinheim/Basel 1981 (gekürzt und leicht geändert).

S. 17: Martin Verg: Tätowierungen. Kringel fürs Leben. GEOlino Nr. 2/2004.

S. 29: Kinderarmut – Das ist unfair! Im Internet unter: http://www.kindersache.de/bereiche/deine-rechte/thema-des-monats/artikel/kinderarmut-%E2%80%93-weniger-chancen-ohne-geld

S. 43: Christine Nöstlinger: Das Austauschkind. Beltz & Gelberg Verlag: Weinheim/Basel 1995, S. 76–80 (leicht gekürzt).

S. 59: Wolfgang Borchert: Die Kirschen. In: Ders.: Die traurigen Geranien und andere Geschichten aus dem Nachlass. Rowohlt Verlag: Reinbek bei Hamburg 1967, S. 13–15.

S. 73: http://de.wikipedia.org/wiki/Sudoku (Stand: 12. 3. 2008, gekürzt und stellenweise geändert).

S. 87: Andreas Gryphius: Es ist alles eitel. In: Freuden und Trauer-Spiele auch Oden und Sonnette sampt Herr Peter Squentz Schimpff-Spiel. Sonnette. Das Erste Buch. Hrsg.: Johann Lischke, Breßlau 1658, S. 4 f. (an die heutige Rechtschreibung angepasst).

S. 101: Johann Peter Hebel: Das wohlbezahlte Gespenst. In: Ders.: Die Kalendergeschichten. dtv: München 2001, S. 91–93.

S. 115: Die Welt vom 5. 11. 2007, © dpa (Nachricht und Bericht).

S. 117: Johann Wolfgang von Goethe: Der Totentanz. In: Ders.: Werke, dtv-Gesamtausgabe, München 1961.

S. 124: Duden, Band 7: Das Herkunftswörterbuch. Etymologie der deutschen Sprache. Duden Verlag: Mannheim/Wien/Zürich 1989 (stellenweise leicht geändert).

S. 131: Michael Köhlmeier: Die Nibelungen, neu erzählt. Piper Verlag: München/Zürich 2005, S. 38–43 (gekürzt und stellenweise leicht geändert).

S. 147: Stefanie Wilhelm: Klimawandel. Es wird wärmer. In: Geolino vom 22. 1. 2007; im Internet unter: http://www.geo.de/GEOlino/natur/52565.html?q=klimawandel (Auszug).

Bilder

Umschlagbild: © sveta/Fotolia.com
Alle hier nicht eigens aufgeführten Illustrationen: Karin Bauer

S. 3: © Roman A. Kozlov/Fotolia.com
S. 7: © Bruno Sinnah/Fotolia.com
S. 17: links © Tim Graham/Getty Images, rechts: © picture alliance/dpa
S. 21: © bpk
S. 24: © iofoto/Fotolia.com
S. 26: Maori Chief (Abbildung aus dem Jahr 1784)
S. 32: © Tudor Photography/Pearson Education Ltd.
S. 35: © Angel_Vasilev77/Shutterstock.com
S. 36: © vladm/Shutterstock.com
S. 37: © Stanimir G.Stoev/Shutterstock.com

S. 52: © Nadezda/Shutterstock.com
S. 65: © Irochka/Dreamstime.com
S. 66: © AVprophoto/Shutterstock.com
S. 74: © AFP/Getty Images
S. 76: © Melissa Schalke/Dreamstime.com
S. 79: © Stu Griffith/Dreamstime.com
S. 80: © Heather Evans/Shutterstock.com
S. 85: © Pirus01/Dreamstime.com
S. 87: © STEVEN CHIANG/Shutterstock.com
S. 88: © Pearson Education, Inc.
S. 89: Vorderseite von Hans Memlings Triptychon der Irdischen Eitelkeit und der Himmlischen Erlösung, etwa 1485, Musée des Beaux-Arts, Straßburg
S. 91: Tanz der Gerippe, Holzschnitt von Michael Wolgemut in Hartmann Schedels Weltchronik von 1493
S. 92: Vanitas, Stilleben von Pieter Claesz, 1630, Royal Picture Gallery Mauritshuis
S. 119: Joseph Karl Stieler, Johann Wolfgang von Goethe im 80. Lebensjahr, 1828, Neue Pinakothek München
S. 125: © amlet/Fotolia.com
S. 145: © Darko Plohl/Dreamstime.com
S. 147: © FloridaStock/Shutterstock.com
S. 148: © Tom linster/Shutterstock.com
S. 228: © Iurii Konoval/Dreamstime.com

PRÜFUNGS-ANGST

STOPP DIE PANIK

Mit der Fußsohlen-Methode

Prüfungen können Angst- und Fluchtsituationen sein. Dein Körper schüttet Adrenalin aus und dämpft das Gefühl in den Füßen. Z. B. beim Weglaufen ist es gut, wenn man die Füße nicht spürt. Eine Prüfung ist aber **keine Gefahrensituation**. Signalisiere deinem Körper, dass du nicht weglaufen musst, und bring das Gefühl in deine Füße zurück:

Setze oder stelle dich hin.
Die Füße müssen den **Boden** berühren.

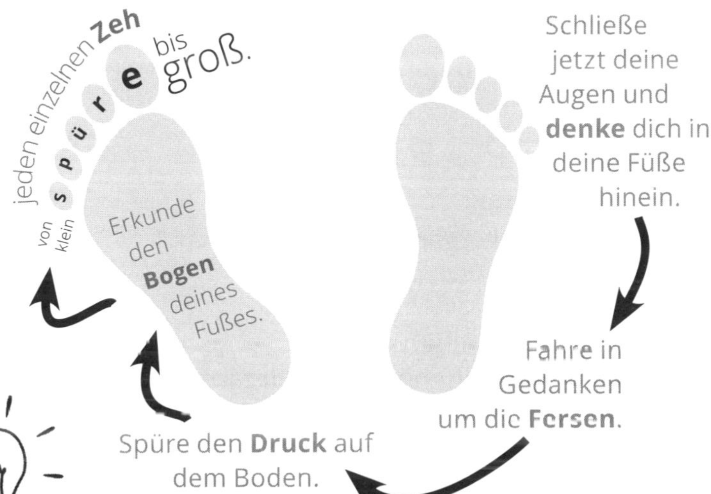

Dein Körper **fühlt** die Füße wieder und denkt, er sei in keiner Panik-Situation, sondern in **Sicherheit**.